Das Aupair-Handbuch
Europa und Übersee

Stadtbücherei Höchstadt
Bahnhofstr. 9
91315 Höchstadt
Tel. 0 91 93 / 50 33 16-12

interconnections

AIFS American Institute For Foreign Study

Baunscheidtstr. 11, 53113 Bonn
Tel: 0228 - 957 300, Fax: 0228 - 957 30 10
info@aifs.de, www.aifs.de

Bürozeiten: Montag – Freitag 08:30–17:30 Uhr
Gründungsjahr: 1983
Ansprechpartner: Daria Bitniok

AIFS ist Tochter der American Institute For Foreign Study Group, dem weltweit führenden Anbieter im Bereich Educational Travel mit Hauptsitz in Stamford, USA. Weitere Büros in Deutschland, Australien, England, Frankreich, Polen und Südafrika. In der Bonner Zentrale arbeiten rund 40 engagierte Mitarbeiter/innen, die alle eine Zeit im Ausland verbracht und oftmals sogar an einem der AIFS Programme teilgenommen haben. Aus dem deutschsprachigen Raum wagen jährlich über 3.000 Reiselustige mit AIFS den Sprung in ein neues Land, um dort Sprachen zu erlernen, fremde Kulturen zu entdecken und Menschen aus der ganzen Welt kennen zu lernen.

Seit über 20 Jahren besteht Au Pair in America von AIFS, das erste von der amerikanischen Regierung genehmigte Au pair Programm. Seit dem Start im Jahr 1985 haben insgesamt 90.000 Au Pairs aus der ganzen Welt ihr Jahr in den USA verbracht.

Programmdauer: mindestens 12 Monate, danach kann um 6 oder 12 Monate verlängert werden. Ausreisen mehrmals im Monat das ganze Jahr über.

Altersstufe: Für junge Frauen und Männer im Alter von 18–26 Jahren.

Au Pair in Australia: gut geeignet für junge Frauen und Männer zwischen 18 und 30 Jahren, die einen kürzeren Au Pair Aufenthalt planen. Programmdauer hier 6 Monate.

Vermittlungsgebühren:
USA: 495 € inkl. Hin- und Rückflug, Versicherung, Vorbereitungsseminar in Deutschland, 4-tägiger Workshop in den USA nach Ankunft, Handbücher etc.
Australien: ab 2.790 € inkl. Hin- und Rückflug, Versicherung, Vorbereitungsseminar in Deutschland und Australien, Handbücher etc.

Weitere Programme: High School International, Camp America / Resort America, Work and Travel Australia, New Zealand, Canada, Internship and Travel Australia, Volunteer and Travel Australia, New Zealand, Canada, South Africa, India, Thailand, Costa Rica

Verbandsmitgliedschaften: IAPA, WYSE, FDSV, DFH, CSIET

Sonstiges: Eigene Büros in Stamford, USA bzw. Sydney, Australien

Das Aupair-Handbuch
Europa und Übersee

Georg Beckmann

interconnections
Georg Beckmann

Jobben Weltweit
Arbeiten, Helfen, Lernen
Auslandserfahrung, Austausch, Begegnung, Sprachenlernen
Standardwerk für Schüler, Jugendliche und Studenten, Tausende von Möglichkeiten

ISBN: 978-3-86040-002-9
15,90 Eur, 240 S.

http://shop.interconnections.de

Impressum

Reihe Jobs und Praktika, Band 2

Georg Beckmann
Das Aupair-Handbuch – Europa und Übersee

Bearbeitung Hanna Markones

Umschlagdesign, DTP-Satz: A. Semling
Fotos Umschlag:
Pixelio.de: ganz links: „erysipel", ganz rechts: S. Meyer
Hintergrundbild: Pixelio.de: M. Granel

Schillerstr. 44, D-79102 Freiburg i.Br.
T. 0761-700 650, Fax 0761-700 688
info@interconnections.de
http://www.interconnections.de

Siebte neubearbeitete Auflage
2010

ISBN 978-3-86040-026-5

Inhalt

Vorwort 9

Allgemeiner Teil 10
  Das Aupair-System 10
  Zum Begriff »Aupair ...« 10
  Gründe für einen Aupair-Aufenthalt? 10
  Rechte und Pflichten 12
    Gesetzliche Grundlagen; Arbeitszeit; Kost & Logis .. 12
    Nachtwachen / Babysitting;Häusliche Arbeiten; Sprachkurse 14
    Kündigung und Umvermittlung 15
    Führerschein 15
    Unterschiedliche Regelungen 16
    Dauer des Aupairverhältnisses; Sonderregelungen 16
  Etwas Geschichte 20
  Aupair-Statistik 22
  Der Aupair-Alltag 23
  Ein Aupair-Tagesablauf 23
  Kinder und kulturelle Unterschiede 24
    Kleinkinder 25
    Ältere Kinder 26
    Schulpflichtige Kinder; Kinder verstehen lernen 27
    Großfamilien 28
    Alleinerziehende 30
  Putzfrau der Familie? 31
  Zusammenleben 32
    Kontakt zum anderen Geschlecht 32
    Unterschiedliche Einschätzung der Arbeit; Zeiteinteilung 33
    Babysitting; Freie Tage 34
    Abendessen; Täuschung und Ent-Täuschung 35
  Distanz oder Integration 36
  Verantwortung 37
  Erfahrungsberichte männlicher Aupairs; I 38
  Erfahrungsberichte männlicher Aupairs; II 40
  Die fremde Sprache 42
  Sprachkurse 45
    Wahl der Schule – Einschreibung 45
    Gebühren 46
    Räumliche Entfernung zur Sprachschule 47
  Taschengeld, Kost & Logis 48
    Taschengeld 48
    Sozial- und Krankenversicherung 50

Monatskarte; Eigenes Zimmer 50
Freizeit 51
Ferien 52
Sommer-Aupair 53
Wie Aupair werden? 56
Grundsätzliches 56
Allein oder zu zweit? 56
Stadt oder Land? 57
Stadt 57
Land 57
Mit Agentur oder ohne? 58
Probleme mit männlicher Aufdringlichkeit 61
Wie beschäftige ich die Kinder? 62
Säuglinge 62
Kleinkinder (1–3) 63
Kindergartenalter (3–6) 64
Grundschulkinder (6–10) 65
Im Auto 65
Erstes Telefonat 66
Vermittlung durch deutsche Agenturen 68
Persönliche Voraussetzungen; Bewerbungsunterlagen 68
Vermittler im Ausland 71
Vermittlung übers Internet 71
Private Kontakte 72
Weitere Möglichkeiten 73
Vor der Abreise 73
Reisekosten; Geldreserve; Versicherungen 73
Kindergeld 74
Vor der Rückkehr 75
Die Gastfamilie 76
Was spricht dafür, ein Aupair aufzunehmen? 76
Überlegungen vor der Einstellung 76
Rechtliche Dauer des Aupair-Verhältnisses 80
Wöchentliche Arbeitszeit 80
Anspruch auf Urlaub 80
Sprachkurs 80
Kündigung 80
Anforderungen 81
Integration in die Familie 81
Herkunftsländer 81
China – ein Exot unter den Sendeländern? 81
Konkrete Schritte 82
Telefonat 84

Vermittlungsagenturen 85
Sprachkurse 85
Erfahrungsberichte Gastfamilien (I.–IV.) 86
Gastländer 96
   Deutschland 96
      Einreise- und Aufenthaltsbestimmungen 96
      Versicherungen 97
      Erfahrungsbericht 98
   Österreich 100
      Einreise und Aufenthaltsbestimmungen 100
      Versicherungen 101
      Lohn 101
      Freizeit & Kontakte 102
   Schweiz 103
      Erfahrungsbericht 104

Länderteil 106
   Europa 106
      Belgien 108
      Dänemark 110
      Finnland 115
      Frankreich 119
      Griechenland 130
      Großbritannien 135
      Irland 141
      Island 147
      Italien 150
      Niederlande 153
      Norwegen 157
      Portugal 163
      Schweden 165
      Spanien 169
   Außereuropäische Länder 178
      Australien 179
      Neuseeland 187
      Kanada 190
      USA 202

Index 207

Zivi Weltweit – Internationale Alternativen zum Zivildienst

In einem Projekt für Straßenkinder in Brasilien, auf einem ökologischen Bauernhof in Ägypten, in einer Kirchengemeinde in Frankreich oder in einer Schule für behinderte Kinder in Südafrika. Dort und an vielen Stellen mehr auf der Welt, wo praktische Hilfe benötigt wird, können deutsche Kriegsdienstverweigerer einen Ersatzdienst leisten.

ISBN: 978-3-86040-079-1
15,90 Eur, 210 S.

Handbuch Zivildienst – Alles für den angehenden Zivi

Kriegsdienstverweigerung, Zivildienst, alternative Dienste und 1000 Tipps

ISBN: 978-3-86040-134-7
15,90 Eur, 174 S.

Freiwilligeneinsätze Weltweit

Leitfaden zu selbstorganisierten Freiwilligendiensten

Für Freiwillige und Träger
Vereine, Schulen, Partnerschaftsgruppen, Pfarrgemeinden

Das Buch will bei der Planung helfen: Es bietet Details zu Vorgehensweisen, Zeitplanung, Finanzierung, etc. sowie auch Erfahrungsberichte, Entwürfe zu Vereinbarungen, Vorlagen zu Unterstützungsschreiben, wichtige Adressen u.a.m.

ISBN: 978-3-86040-136-1
15,90 Eur, 224 S.

http://shop.interconnections.de

Vorwort

Hier nun die siebte Fassung unseres »Aupair-Handbuchs«, das sich in den zurückliegenden Jahren zu einem Klassiker auf diesem weiten, oft komplizierten aber sicher lohnenden Feld entwickelt hat. Dank zahlreicher Zuschriften und Reaktionen von Aupairs, Gastfamilien und Vermittlern konnten alle Angaben auf den neuesten Stand gebracht werden. Wenn vorhanden, wurden E-mail- und Internetadressen hinzugefügt. Als Grundlage dienten auch diesmal wieder detaillierte Fragebögen, die in alle Welt verschickt wurden.

Einiges Neues hat sich seit der letzten Auflage getan. Die EU wuchs wiederum ein Stückchen; die landeskundlichen Details wurden erweitert und einige neue Erfahrungsberichte fanden Eingang.

Hinter dem Begriff »Aupair« verbirgt sich ein außergewöhnliches Arbeits- und Lebensverhältnis, so dass staatliche Behörden sich schwer tun, wenn es darum geht, den Aupair-Status in eine gesetzlich fassbare Form zu bringen. Ist ein Aupair nun Arbeitnehmer mit allen dazugehörigen Einstufungen wie Sozialversicherung, Lohnsteuer und Arbeitserlaubnis oder eher Studentin bzw. Student?

Soll das Aupair-Verhältnis so aussehen wie es sich in der älteren Formulierung »Haustochter« ausdrückte: die Familie nimmt das Aupair wie eine Tochter (einen Sohn) bei sich auf; während alle über die Mindestanforderungen hinausgehenden Absprachen innerhalb der Familie und von Fall zu Fall unterschiedlich getroffen werden?

Während die einen Ausbeutung verhindern wollen, fürchten die anderen eine wachsende Distanz zwischen Familie und Aupair, wenn die Situation zu sehr einem Arbeitgeber- / Arbeitnehmerverhältnis ähnelt. Tatsächlich hängt die Aupair-Tätigkeit eng vom persönlichen Verhältnis zwischen Familie und Gast ab. Alle Erfahrungen zeigen, dass grundsätzlich bei einem Aupair-Aufenthalt Erfolg oder Misserfolg an den guten Willen der Beteiligten gekoppelt sind.

Darum ist vor der Entscheidung Aupair zu werden bzw. eins aufzunehmen zu überlegen, ob man sich überhaupt auf das Experiment einlassen will oder kann, oder ob es andere Möglichkeiten geeigneter wären.

Ein Aupair-Aufenthalt ist und bleibt ein Wagnis – fast immer eine an die Substanz gehende Forderung an das Selbstvertrauen, das Durchsetzungsvermögen und die Fähigkeit, seine eigenen Grenzen zu erkennen.

Es lohnt sich, sich einzulassen – zu sehen was passiert, wie man sich selbst verhält, wie sich die eigenen Vorstellungen verändern.

Dieses Handbuch soll zunächst Anhaltspunkte in der Planungsphase liefern, leistet aber nicht zuletzt als Begleiter vor Ort wertvolle Dienste. Es bietet Hilfestellungen bei allen erdenklichen Fragen – in der konkreten Situation ist jedoch jeder auf sich selbst gestellt.

Zum Schluss möchten sich Autor und Verlag noch bei allen Verbänden, Vereinen, Behörden, Firmen und Einzelpersonen bedanken, die durch ihre bereitwilligen Auskünfte und ihre praktische Hilfe zur Aktualisierung dieses Handbuches beigetragen haben.

Georg Beckmann

Allgemeiner Teil

Das Aupair-System

Zum Begriff »Aupair ...«

»Aupair-Mädchen« – ein Begriff, der noch ein wenig an die guten alten Zeiten erinnert, als es zum vornehmen Ton gehörte, den höheren Töchtern die feine französische Lebensart nahezubringen.

»**Aupair**« heißt wörtlich übersetzt: »auf Gegenseitigkeit«. Gemeint ist damit – im Gegensatz zum Lohn-Arbeitsverhältnis – dass die Familie dem Aupair bestimmte Leistungen gewährt (Kost und Logis), es wie ein Familienmitglied (daher die ältere Formulierung »Aupair-Haustochter«) behandelt und das Aupair dafür im Gegenzug bei der Betreuung der Kinder und im Haushalt mithilft. Besonders die Einbeziehung in das Familienleben ist dabei der ideelle Wert, der sich eben nicht in Zahlen, im gängigen Verhältnis Arbeit / Lohn, ausdrücken lässt. Für heutige Verhältnisse ist der Begriff ein bisschen zu eng geworden:

»**Auf Gegenseitigkeit**« – wenn in vielen Familien nur noch die Arbeitsleistung des Aupairs gesehen wird und der Aupair-Status in manchen Ländern mittlerweile wie ein Arbeitsverhältnis reglementiert ist?

»**Mädchen**« – für Frauen bis zu 30 Jahren, von denen einige schon Berufserfahrung oder ein abgeschlossenes Studium in die Familien einbringen? Und überhaupt: wieso eigentlich nur »Mädchen«? Wenn inzwischen immer mehr Jungen auf die eine oder andere Weise einen Einstieg in das Aupair-Dasein finden, sollte man vielleicht von »Aupair-Menschen« sprechen. Aber wie klingt denn das? Solange kein passenderes, geschlechtsneutrales Wort gefunden ist, benutzen wir das neutrale »Aupair«, das Jungen wie Mädchen, Männer wie Frauen einschließt.

Gründe für einen Aupair-Aufenthalt?

An Motiven zum Einstieg ins Aupair-Leben herrscht kein Mangel. Einige häufig genannte Beispiele:

- **Die andere Sprache lernen:** dort, wo die fremde Sprache im täglichen Leben gesprochen wird, lernt man am besten – gerade im Zusammenleben mit Einheimischen. Dies kann auch für die spätere Ausbildung von Bedeutung sein, sofern diese einen sprachlichen Bezug aufweist (Fremdsprachenkorrespondent, Fremdsprachensekretär, Flugbegleiter oder Sachbearbeiter im Im- und Export). Allerdings gehört der qualifizierte Sprachunterricht in der Regel dazu. Ganz ohne grammatische Grundlagen bleiben die Sprachkenntnisse meist lückenhaft.

- **Persönliche Weiterentwicklung:** einmal aus dem bisherigen Lebensumfeld herauszukommen, den eigenen Horizont erweitern, andere Lebensgewohnheiten kennenzulernen, ist immer verlockend. Für viele bietet sich als Aupair erstmalig die Möglichkeit, für längere Zeit weit entfernt von der eigenen Familie zu leben, auf »eigenen Füßen zu stehen« ...

- **Reisen und Arbeiten verbinden:** im Gegensatz zum Herumreisen oder zur anstrengenden Jobsuche im Ausland hat man hier die Möglichkeit, dass ein längerer Aufenthalt sich ohne größere eigene Aufwendungen finanzieren lässt. Allerdings: in den meisten Familien dürfte das Arbeiten im Vordergrund stehen!
- **Zeit zum Nachdenken finden:** über die eigene Familie, Freundschaften, Berufsvorstellungen ...
- **Erfahrungen sammeln im Umgang mit Kindern** oder auch in Dingen der Haushaltsführung ... Für einige Berufe im hauswirtschaftlichen, sozialpädagogischen und sozialpflegerischen Bereich kann die Aupair-Zeit sogar als Vorpraktikum anerkannt werden (bei vorheriger Absprache mit der Ausbildungsstätte).
- **Eine Wartezeit überbrücken:** ... vor dem Studium, der Lehre, vor Bundeswehr oder Zivildienst bei Jungen.
- **Das Land kennenlernen,** in dem man später vielleicht einmal leben möchte – als Nicht-Tourist!
- **Erwerb interkultureller Kompetenz** in einem rasch zusammenwachsenden Europa, wo solide Kenntnisse von Sprachen, Landeskunde und Mentalität im Berufsleben immer wichtiger werden.
- **Und:** immer häufiger erscheint auch das Motiv, während teurer Fernreisen einen Teil der Aufenthaltskosten zu sparen, sich etwas dazuzuverdienen. Wer sich keine anderen teuren Auslandsprogramme leisten kann, aber partout Auslandserfahrung sammeln und seine Sprachkompetenzen erweitern will, hat auf jeden Fall auf diesem Weg einen attraktive Möglichkeit. Im Vorjahr sollen Schätzungen zufolge etwa 22.000 Aupairs aus Deutschland in aller Welt tätig gewesen sein.

Diese Wünsche und Überlegungen mögen der Ansporn sein, sich mit dem Aupair-System näher zu beschäftigen.

Hinweis:

Unter der www.au-pair-box.com finden künftige Aupairs unkompliziert und schnell eine Stelle.

Aber:

Bei aller Eindeutigkeit der Regelungen – jedenfalls in Europa – sollte jede(r) Interessierte sich klarmachen, dass Aupair eine oft mühsamer und anstrengende Tätigkeit und kein „Job" ist, der zudem nicht sonderlich gut bezahlt wird und nur bei einem hohen Maß an Einfühlungsvermögen funktionieren wird.

Nicht immer bedeutet Aupair auch Familienanschluss, andersherum kann für jemanden, der in einer eigenen Wohnung oder Wohngemeinschaft gelebt hat, die mit dem Familienleben zusammenhängende Einschränkung problematisch sein. In jedem Fall gilt für Aupairs und Familien gleichermaßen, dass beide sich vorher über ihre Erwartungen im Klaren sein sollten. Die Vermittlungsbüros sind dann in der Lage, die geeigneten Partner zusammenzubringen, was allzu große Enttäuschungen auf beiden Seiten vermeiden hilft.

Zur Not besteht immer noch die zur Möglichkeit zur Auflösung eines unbefriedigenden Verhältnisses und zu einem Familienwechsel. Dies sollte allerdings weder leichtfertig geschehen, noch sollte das Aupair sich moralisch unter Druck setzen lassen und seine Eigeninteressen der Autorität seiner Gasteltern kritiklos unterordnen.

Im folgenden Kapitel eine Austellung der geforderten Arbeitsleistungen und der Gegenleistungen der Familien im Einzelnen.

Rechte und Pflichten

Gesetzliche Grundlagen

Das Europäische Abkommen über die Aupair-Beschäftigung des Europarates regelt seit 1969 Art und Inhalt von Aufenthalten als Aupair in den Ländern, die das Abkommen unterzeichnet und ratifiziert haben: in Dänemark, Frankreich, Italien, Luxemburg, Norwegen und Spanien sind die Eckdaten des Abkommens verbindlich. Daneben haben Belgien, Finnland, Deutschland, Griechenland und die Schweiz zwar unterzeichnet, aber das Abkommen, meist aus einwanderungspolitischen Gründen, nie in den Parlamenten ratifizert. So gelten in diesen Ländern zwar oftmals Empfehlungen, die sich an dem Abkommen orientieren; aber keineswegs rechtsverbindlich sind.
Im Jahr 2006 wurde *ECAPS* (European Committee for Au Pair Standards, www.europe.org.uk) als Dachorganisation diverser europäischer Fachverbände zwecks Ausarbeitung verbindlicher neuer Normen gegründet. Auf der Webseite ist davon allerdings noch nichts zu bemerken.

Besonderheiten gelten für die USA, Näheres im Länderteil USA.
Für alle übrigen Länder, in denen ein aupairähnlicher Aufenthalt möglich ist, gilt sicherlich verstärkt der Spruch einer englischen Vermittlungsagentur *»the key to successfull Aupairing is flexibility«* (Der Schlüssel zu einem erfolgreichen Aupair-Aufenthalt ist Flexibilität).

Arbeitszeit

Geregelt im Europäischen Aupair-Abkommen für »Standard-Aupair« folgendermaßen: das Aupair arbeitet fünf bis sechs Stunden am Tag, höchstens 30 Wochenstunden. Mindestens ein bis anderthalb Tage in der Woche sind frei, die übrige Freizeit verteilt sich auf die anderen Wochentage, wobei dem Aupair Gelegenheit gegeben werden sollte, seine Sprachkurse oder Aktivitäten im Rahmen der »kulturellen Weiterbildung« zu absolvieren. Auch zu etwaigen Gottesdienstbesuchen muss die Familie Freizeit gewähren.
In welchen Zeitraum genau die tägliche Arbeitszeit des Aupairs fällt, hängt zum einen von den Lebensgewohnheiten der Gastfamilie ab, dann aber auch von landestypischen Verhaltensweisen. So kann sich die Kinderbetreuung in Mittelmeerländern durchaus bis in den späten Abend erstrecken.

Kost und Logis

Im Gegenzug sorgt die Familie für die Unterbringung – ein eigenes Zimmer ist zur Verfügung zu stellen – und lässt das Aupair an den Mahlzeiten teilnehmen. In einigen Ländern gehört noch eine Monatskarte für die öffentlichen Ver-

Aktiv International Au Pair Vermittlung
Raiffeisenstraße 23, 79112 Freiburg
Tel. 07664/612442
Fax. 07664/612443
info@aktiv-int.de, www.aktiv-int.de

Sprechzeiten: Mi bis Fr 8.30 Uhr bis 12.00 Uhr
und 14.00 Uhr bis 17.30 Uhr
Ansprechpartner: Sabine Eichin-Ott

Kleine, seit sieben Jahren auf Incoming und Outgoing spezialisierte Agentur im Süden Deutschlands. Das oberste Ziel sind „zufriedene Au Pairs und entlastete Gastfamilien". Durchgängige Betreuung von Gastfamilien und Au Pairs während des gesamten Aufenthaltes und damit die Schaffung einer soliden Vertrauensbasis für die Zukunft. Auch männliche Au Pairs haben hier eine Chance auf Vermittlung. Die Herkunftsländer unserer Au Pairs stammen überwiegend aus Georgien, Kenia, Kirgisien, der Ukraine, Russland und Thailand. Länder, in die vermittelt wird, sind die Schweiz, Frankreich, Spanien und England. Eine Hilfestellung für die Familien bei der Visabeantragung und -abwicklung ist selbstverständlich.
Gerne beraten wir Sie auch telefonisch!

Vermittlungsgebühren:
alleinerziehende und Familien mit mehr als 2 Kindern: 456 Euro.
Familien mit ein oder zwei Kindern: 480 Euro.

kehrsmittel und die Versicherung des Aupairs dazu.

Nachtwachen / Babysitting

Das Aupair kann mit bis zu drei Nachtwachen bzw. Babysitting-Abenden in der Woche beauftragt werden. Für Eltern ist es oft eine große Erleichterung, abends mal ausgehen zu können; allerdings sollte diese besondere Dienstleistung des Aupairs nicht überstrapaziert werden. Klare Absprachen im Vorfeld des Aufenthalts verhindern spätere Missstimmungen und Konflikte.

Häusliche Arbeiten

Die Betreuung der Kinder ist vorrangig. Ein Aupair ist keine billige Haushälterin oder Putzkraft!

Folgende Tätigkeiten können verlangt werden:

- Leichte Hausarbeiten: Wischen, Spülen, Kehren, Aufräumen, Staubsaugen – aber weder großer Frühjahrsputz, Fliesenschrubben oder die Renovierung ganzer Gebäudeteile.
- Abwaschen des Geschirrs – solange dies nicht zum Vollzeit-Job ausartet.
- Kochen: hier liegt die Betonung auf Hilfstätigkeiten wie Gemüse schneiden und zubereiten, Kartoffeln schälen u.ä. Ausgewachsene Menüs können nicht verlangt werden, es sei denn, das Aupair verspürt Lust dazu und hat Erfahrung beim Kochen.
- Bügeln: auch hier ist Bedingung, dass es sich um eine Mithilfe handelt. »Hauptamtliche« Bügler werden nach anderen Tarifen bezahlt!
- Einkäufe erledigen
- Bettenmachen: der Schwerpunkt liegt dabei auf dem Bereich der Kinder. Es ist nicht Aufgabe des Aupairs, als Zimmermädchen der Gasteltern zu fungieren.
- Nähen: falls ein Aupair die Fähigkeiten dazu besitzt, kann es darum gebeten werden – gelegentlich.

Diese Hinweise stecken freilich nur den größeren Rahmen ab, in dem sich die Arbeiten des Aupairs abspielen. Ausnahmen sind natürlich immer möglich. Aber an den vorliegenden Maßstäben sollten sich Familien und Aupairs orientieren.

Sprachkurse

Sprachkurse sind gemäß der europäischen Aupair-Regelung untrennbarer Bestandteil eines jeden Aupair-Aufenthaltes. In Frankreich sind die Französischkurse bisher z.B. nötig, um überhaupt eine Aufenthaltsgenehmigung zu erlangen. Die Kursgebühren sind in der Regel aus der eigenen Brieftasche zu bezahlen.

Abgesehen von der Verpflichtung zu Sprachkursen in manchen Ländern bieten die Kurse eine gute Möglichkeit, die Landessprache wirklich von Grund auf zu lernen. Grammatische Spitzfindigkeiten sind zwar lästig, aber ohne Hintergrundwissen bleiben die Sprachkenntnisse oft genug lückenhaft. Ferner bieten die meisten Schulen Kurse für jedes Niveau. Für Schüler mit fundierten Sprachkenntnissen gibt es Klassen in neuerer Literatur, Geschichte, Theater, Kunst u.a. Und wer das »kulturelle Rahmenprogramm« eines Sprachkurses nutzt, findet leicht

Anschluss außerhalb der Gastfamilie, was für das seelische Gleichgewicht in der meist ungewohnten Aupair-Situation besonders wichtig ist. Das Hauptproblem beim Suchen der geeigneten Schule besteht oft im Mangel an Informationen. Es ist wichtig, sich möglichst frühzeitig an die Schulen zu wenden und sich zu erkundigen, welches Niveau im Unterricht vorausgesetzt wird, wieviel Zeit die Kurse beanspruchen und was sie kosten. Dann stellt sich die Frage, ob und wie die Stundenpläne mit den Aufträgen der Familie zu vereinbaren sind und wieviel Zeit man überhaupt investieren will.

Kündigung und Umvermittlung

In Ländern, die das Aupair-Abkommen ratifiziert haben, gilt grundsätzlich, dass – wenn der Vertrag auf *unbestimmte* Zeit geschlossen wurde – er durch jede der Vertragsparteien unter Einhaltung einer zweiwöchigen Kündigungsfrist gelöst werden kann. Eine Ausnahme von dieser Regel, d.h. das Lösen des Vertrags mit sofortiger Wirkung, kann von einer der Parteien nur dann verlangt werden, wenn seitens der anderen Partei eine »schwere Verfehlung« vorliegt, wobei diese Formulierung sicher in jedem Einzelfall interpretationsbedürftig ist.

Der auf eine *bestimmte* Dauer abgeschlossene Aupair-Vertrag ist in der Regel einzuhalten. Aber auch hier gilt: falls schwerwiegende Gründe vorliegen, können beide Seiten den Vertrag jederzeit von sich aus kündigen. In wenig gravierenden Fällen einigen sich die Vertragspartner in der Praxis auf die Einhaltung einer Kündigungsfrist von ein bis zwei Wochen.

Sofern Angebote vorliegen, ist der Wechsel in eine andere Gastfamilie grundsätzlich möglich, sollte aber nicht ohne triftige Gründe vollzogen werden. Natürlich kann keine Agentur die Garantie dafür übernehmen, dass eine Umvermittlung vor Ort auch wirklich praktikabel ist.

Bei Differenzen zwischen Aupair und Gastfamilie empfiehlt sich vor Einschaltung der Vermittlungsagentur oder weiterer Stellen zuerst ein klärendes Gespräch. Beide Seiten sollten nicht so lange zu warten, bis die Lage endgültig »explosiv« geworden ist.

Führerschein

Führerscheine von Aupairs aus Ländern außerhalb der EU sind nach derzeitiger Rechtslage sechs Monate gültig. Es ist allerdings möglich, eine Verlängerung von weiteren sechs Monaten zu beantragen. Der Antrag ist schriftlich, aber formlos bei der jeweils zuständigen Führerscheinbehörde zu stellen. Es liegt im Ermessen des jeweiligen Beamten, dem Antrag stattzugeben.

Dem Antrag beizufügen sind:

- eine Kopie des Führerscheines des Aupairs
- ein Beleg der maximalen Aufenthaltsdauer (z.B. Ausreisetermin)
- die Anmeldeunterlagen des Aupairs
- der Beschäftigungsvertrag

Es sollte eindeutig darauf hingewiesen werden, dass das Aupair lediglich einen begrenzten Zeitraum in der BRD verbleibt und der Führerschein zur Ausübung der Aupair-Tätigkeit dringend notwendig ist (z.B. um die Kinder zu Schule und Kindergarten zu bringen, etc.).

Ferner besteht die Möglichkeit, den ausländischen Führerschein zum Erhalt der deutschen Fahrerlaubnis umschreiben zu lassen. Man sollte sich jedoch über die dabei entstehenden Kosten und den Zeitaufwand im Klaren sein – gegebenenfalls sind Fahrstunden zu nehmen, ein augenärztliches Attest ist zu besorgen und die Bescheinigung über einen Erste-Hilfe-Kurs.

Unterschiedliche Regelungen

Dauer des Aupairverhältnisses

Normalerweise gelten sechs Monate als Minimum bei Aupairstellen. Familien ziehen im Interesse der Kinder längerfristige Arbeitsverhältnisse vor, also beispielsweise vom Beginn der Schule nach den Sommerferien bis zu Beginn der nächsten Sommerferien im Folgejahr, was den Aupairs auch genügend Zeit lässt, um auf eigene Faust das Land zu bereisen, wenn sie nicht den Urlaub mit der Familie verbringen (wollen). Neben dem klassischen Aupair-Aufenthalt mit 30 Arbeitsstunden pro Woche bei fünf bis sechs Stunden pro Tag und Babysitting existieren diverse Sonderregelungen, die sich allerdings von Land zu Land unterschiedlich gestalten. Im Folgenden die wichtigsten.

Sonderregelungen

- **Zimmer gegen Arbeit:** das Aupair hilft zehn bis zwölf Stunden in der Woche bei allen anfallenden Hausarbeiten (Küchen- und Reinigungsarbeiten, Kinderbetreuung) und erhält als Gegenleistung freie Unterkunft. Kein Babysitting-Abend, kein Taschengeld – abgesehen von zusätzlich vergüteten Überstunden – keine Monatskarte, keine Sozialversicherung. Dieses System wird vorwiegend in Paris angeboten (z.B. vom *VIJ,* Bonn). Nachteil: die Ausländerbehörde erkennt dies nicht als reguläre Beschäftigung an. Das Aupair gilt also als Studentin bzw. Schülerin. Die Krankenversicherung im Heimatland muss daher unbedingt aufrechterhalten bleiben. Insgesamt eine erwägenswerte Alternative zum anspruchsvolleren Aupair-Aufenthalt für den Fall, dass mehr Zeit fürs Studium oder andere Aktivitäten vorgesehen war, einem der Umgang mit Kindern nicht so sehr liegt, man aber trotzdem bei einer Familie unterkommen möchte.

- **Demi Aupair** (halbes Aupair): 16 bis 20 Stunden pro Woche Hausarbeit – maximal drei Stunden täglich – zwei bis dreimal Babysitting (in England), Frankreich kein Babysitting. Ansonsten wie Voll-Aupair.

- **Aupair Plus** (vorwiegend England): 36 bis 42 Stunden pro Woche, drei bis vier Abende Babysitting, Taschengeld in der Regel mindestens vierzig Pfund pro Woche. Ansonsten wie das übliche Aupair. Im Übergangsbereich zur Mother's Help, wenn auch deutlich schlechter entlohnt. Häufig sind beide Gasteltenteile berufstätig und ganztägig abwesend.

- **Mother's Help** (Familienhelferin): acht Stunden Hausarbeit pro Tag plus Aufpassen auf die Kinder an fünfeinhalb bis sechs Tagen pro Woche. Vorwiegend im angelsächsischen Raum praktiziert. Die Tätigkeit entspricht mehr einer Haushaltshilfe im Vollzeitarbeitsverhältnis. Fünfzig Pfund wöchentlich sind die Regel, mindestens siebzig bis hundert Pfund sind bei Bewerbern mit Erfahrung angebracht.

• **Sommer-Aupair:** die Aufenthaltsdauer liegt zwischen ein und drei Monaten etwa in der Zeit von Juli-September. Die Bezahlung richtet sich nach der Dauer der Arbeit, was allerdings meist schwer abzugrenzen ist, da das Aupair mit der Familie in die Ferien fährt und in einer solchen Ausnahmesituation die Grenzen zwischen Arbeit und Freizeit schnell verschwimmen (s. entsprechendes Kapitel). Bei einer Vierzig-Stunden-Woche erhalten Sommer-Aupairs – englisch »Summer Aupairs« oder »Holiday Aupairs«, französisch »Aupair d'été« – dabei ein vergleichsweise geringeres Taschengeld. Zudem sollten sich Bewerber darüber klar sein, dass der Besuch einer Sprachschule mit geregeltem Unterricht am Urlaubsort kaum zu verwirklichen sein dürfte und dass am Ferienort oftmals kein eigenes Zimmer zur Verfügung steht.

• **Familienhelferin / Parents' Help / Live-in Caregiver:** verschiedene Spielarten des klassischen Aupair-Aufenthalts in den Vereinigten Staaten und in Kanada. Umfasst in den USA die ganztägige Kleinkinderbetreuung bei einer Fünfeinhalb-Tage-Woche (ca. 43 Std. / Woche); Taschengeld: 140 US $ wöchentlich bei freier Unterkunft und Verpflegung. Die kanadische Regierung legte das »Live-In Caregiver Program« (auf Französisch »Programme concernant les aides familiaux résidants«) auf: als »Live-in Caregiver« arbeitet man in Kanada 8-10 Stunden täglich bei einem regulären Gehalt von ca. 550-700 Can$ im Monat. Besonders das offizielle kanadische Programm stellt höhere Anforderungen an die persönliche Eignung der Bewerber. Hier wird neben dem Abitur oder einem vergleichbaren Bildungsabschluss sogar eine hauswirtschaftliche bzw. pädagogische Ausbildung verlangt.

• **Männliche Aupairs:** schon in der allgemein üblichen Formulierung »Aupair-Mädchen« kommt zum Ausdruck, dass die männlichen Aupairs in der Minderheit sind. Traditionell wurden und werden Haushalt und Kinderbetreuung als Domäne der Frauen bzw. Mädchen begriffen, was keineswegs in der Natur der Sache liegt. Im Gegenteil: ebenso wie Frauen immer mehr beweisen, in allen traditionellen Männerberufen den männlichen Kollegen ebenbürtig, wenn nicht gar überlegen zu sein, haben unzählige Hausmänner und alleinstehende Väter gezeigt, bei typischen »Frauenarbeiten« nicht weniger geeignet zu sein als die Frauen selbst. Dazu kommt, gerade im Fall einer Aupair-Tätigkeit, dass für Männer der Haushalt und die Kinderbetreuung weniger mit Rollenklischees belastet sind als für die Frauen. In der Praxis ist es nach den Aussagen der meisten Vermittlungsbüros meist schwierig, eine Familie von den Qualitäten eines männlichen Aupairs zu überzeugen. *Henning*, der als Aupair in die USA ging, erzählt:»Als männliches Aupair kann es durchaus vorkommen, dass das erste Matching ein wenig länger dauert (2–4 Wochen), da leider immer noch weibliche Aupairs bevorzugt werden. Ich persönlich finde das Quatsch, denn unsereins ist mindestens genau so qualifiziert. Es ist und bleibt letztlich das Klischee, das einem diese längere Wartezeit aufzwingt.« Wie kommt man als Junge auf die Idee, einen „Mädchenjob" wie Aupair auszuüben? »Erstmal muss man den Gedanken ablegen, dass dies ein Mädchenjob ist. Nur weil es deutlich mehr weibliche Teilnehmer gibt, heisst das nicht, dass man als Kerl nicht genauso gut geeignet wäre dafür. Also, wie kam ich dazu, Aupair zu werden? Ich habe im Alter von 14 Jahren angefangen, mit Kindern zu arbeiten. Damals waren es diverse Konfirmationsfreizeiten, die ich begleitete, und es kam auch eine Babysitterstelle dazu. Warum das alles? Man muss sich als Junge schon selber eingestehen können, gerne mit Kindern zu arbeiten und den „Stolz" aufgeben, sich damit eventuell vor seinen Freunden zu blamieren, weil es kindisch sei. Es ist meiner Meinung nach aber etwas völlig Normales, und ich habe schon viele Jungen kennengelernt, die wirklich begabt sind, mit Kindern zu arbeiten.«

• **Ein Rat:** in den Verhandlungen könnte der Aupair-Kandidat neben Hausarbeit und Babysitting zusätzliche Leistungen anbieten, z.B. die Erledigung kleinerer Handwerksarbeiten im Haus etc. (sofern er sich dazu in der Lage fühlt). Diese Art von Fähigkeiten traut man den Männern in der Regel eher zu, und wenn die Familie schon nicht auf die häuslichen Fähigkeiten des Bewerbers vertraut, dann vielleicht auf sein handwerkliches Geschick.

Was die Kinderbetreuung angeht, so ist die Abwertung der Männer schlicht absurd. Warum soll ein Mann ein schlechterer Babysitter sein als eine Frau, warum soll er weniger in der Lage sein, sich tagsüber mit den Kindern zu beschäftigen? Ein Appell also auch an die Familien: Bei männlichen Aupairs unter den Bewerbern winke man nicht gleich ab, sondern nehme zumindest einmal Kontakt auf.

• **Sonderregelungen:** Grundlegende Voraussetzungen bei der Bewerbung als Aupair sind Erfahrung im und Freude am Umgang mit Kindern. Wer keine Kinder oder die Beschäftigung mit diesen mag, sollte sich nach anderen Austauschmöglichkeiten mit dem gewünschten Gastland umschauen. Neben den bekannten Tätigkeiten eines Aupairs bestehen in einigen Ländern besondere Vereinbarungen; weitere Abweichungen sind bei den Vermittlern in Erfahrung zu bringen:

– *Betreuung älterer Menschen:* in Frankreich (Paris) beispielsweise werden (leider selten!) »Aupair«-Stellen angeboten, bei denen die Aufgabe des Aupairs darin besteht, ältere Menschen zu versorgen. Hierbei geht es im Wesentlichen um solche Arbeiten, die die alten Leute nicht mehr selbst verrichten können, um Essenkochen usw. Nicht immer erkennt das Ausländeramt diese Stellen als Aupair-Beschäftigung an.

– *Alleinstehende Väter / Mütter:* ein Aupair für geschiedene Väter mit Kindern – zur Entlastung? Die meisten Vermittlungsbüros haben sich inzwischen der gesellschaftlichen Realität angepasst. Dass solche Stellen in der Praxis sogar besser sein können, zeigt das Beispiel von Bärbel, die bei einem geschiedenen Familienvater mit drei Kindern in Kanada untergebracht war (s. Erfahrungsberichte »Kanada«). xxx Die Vermittlung solcher Stellen an

Aktion Bildungsinformation e.V.
Lange Str. 51
70174 Stuttgart
Tel. 0711/22021630
Fax: 0711/22021640
info@abi-ev.de / b.engler@abi-ev.de
www.abi-ev.de

Eine Aupair-Tätigkeit ist eine sehr gute und günstige Möglichkeit, eine Fremdsprache zu erlernen. Aber Vorsicht! Nicht jede Aupair-Stelle verdient als solche bezeichnet zu werden. Der Markt ist unübersichtlich und schwarze Schafe gibt es auch hier.

Hier hilft die unabhängige und gemeinnützige ABI-Aktion Bildungsinformation e.V., das richtige Angebot zu finden.

In jeder der ABI-Sprachreisen-Broschüren

- Englisch lernen in Europa (Großbritannien, Malta, Irland)
- Nach Frankreich – der Sprache wegen
- Italienisch lernen in Italien
- Spanien: Sprache lernen – Tipps für den Alltag
- Englisch lernen in Übersee (USA, Kanada, Neuseeland)

befindet sich auch ein Kapitel über die Aupair-Tätigkeit in dem betreffenden Land.
Weitere Infos über die Broschüren: www.abi-ev.de/broschueren.htm

Wenn noch Fragen aus der Broschüre offen sind, können Verbraucher den kostenlosen telefonischen Beratungsdienst der ABI e.V. in Anspruch nehmen.

Ansprechpartner ist Barbara Engler, Verfasserin der Broschüren.

Unabhängig und kompetent, das ist das Motto der ABI e.V. seit nunmehr über 40 Jahren Verbraucherschutzarbeit im Bildungsbereich.

männliche Aupairs dürfte dagegen leichter fallen.

Ähnlich schwer haben es geschiedene Mütter. Eigentlich kaum verständlich, da es einsichtig ist, dass gerade sie noch eher eine Unterstützung brauchen als verheiratete Mütter, zumal bei ihnen oft noch die Notwendigkeit dazukommt, neben Hausarbeit und Kindern arbeiten zu gehen.

– *Familien ohne Kinder:* manche Familien suchen eine Hilfe zur Entlastung der Ehefrau, die halb- oder ganztags arbeitet – auch in Haushalten ohne Kinder. In diesem Fall handelt es sich weniger um ein Aupair-Verhältnis; solche Arbeitsangebote fallen eher unter die Formel »Mother's Help«.

– *Betreuung von Haustieren:* eine andere mögliche Sonderregelung besteht darin, Tiere zu versorgen gegen freies Wohnen oder andere Leistungen, die individuell vereinbart werden müssen.

Die Schwierigkeit solchermaßen eng gefasster Sonderregelungen besteht darin, dass sie sich sehr weit von der europäischen Aupair-Regelung entfernen und daher von den maßgeblichen Stellen nicht ohne weiteres anerkannt werden. Die Vermittlung derartiger Angebote erfolgt deshalb auch meist auf privatem Wege, etwa über das Internet, über Zeitungsannoncen oder Aushänge in Kulturinstituten.

Etwas Geschichte

Wann genau die ersten Aupairs auftauchten, lässt sich schwer feststellen, denn es existieren keine soziologischen oder historischen Erhebungen dazu, so dass die meisten Angaben auf Vermutungen beruhen.

Die ersten »Haustöchter«, die in einer fremdsprachigen Familie untergebracht waren und deren Status dem späteren Aupair vergleichbar war, dürfte es in der Schweiz gegeben haben.

Bereits gegen Ende des 19. Jh. begannen kirchliche Vereine und Vereine der bürgerlichen Frauenbewegung, sich der »verlassenen weiblichen Jugend« anzunehmen. Anlass war die schnell voranschreitende Industrialisierung, die zu einer immer stärkeren Trennung von Wohnort und Arbeitsplatz führte. Während die Fabrikarbeit wegen der allmählichen Auflösung der Geschlechterrollen als »sittengefährdend« galt, sollte die Anstellung in bürgerlichen Haushalten die Mädchen befähigen, später selbst einen Haushalt zu führen.

Die Schweiz eignete sich deshalb besonders für einen damit verbundenen Fremdsprachenaufenthalt, weil hier das Überwechseln in einen anderen Sprachraum nicht mit dem Überschreiten von Grenzen verbunden war. Etwa um die Jahrhundertwende entstand auf diese Weise das »Welschlandjahr«, d.h. der auf ein Jahr begrenzte Aufenthalt deutschschweizerischer Mädchen in der französischen Schweiz.

Außer dem Erlernen hauswirtschaftlicher Praktiken brachte die Kenntnis der französischen Lebensart – die damals in hohem gesellschaftlichen Ansehen stand – den Mädchen Vorteile für eine spätere Anstellung.

Der 1890 gegründete katholische Verein »Pro Filia« ist eines der maßgeblichen Büros, die sich bis heute um die Vermittlung der Aupairs kümmern.

Die nächsten Daten aus der Frühzeit

des Aupairs kommen aus England. Im Jahr 1924 traf das Vereinigte Königreich die ersten diesbezüglichen Vereinbarungen mit der Schweiz, 1930 mit Österreich. Der Krieg mag diese Entwicklung unterbrochen haben.

Nach 1945 jedenfalls erlebte das Aupair-Wesen einen schwunghaften Aufstieg. Viele Mädchen gingen als Aupairs nach Frankreich und England, weil sie sich einen bezahlten Aufenthalt dort nicht leisten konnten und auf diese Weise trotzdem Land und Sprache kennenlernten.

Noch gab es keine rechtliche Absicherung. Trotz mancher positiven Erfahrungen, die die jungen Mädchen vielleicht bei ihrem Aufenthalt im Gastland machten, entstanden Situationen, die mit »Ausbeutung« noch gelinde umschrieben sind. Klar: die Aupair-Mädchen waren der Gastfamilie im fremden Land auf Gedeih und Verderb ausgeliefert.

Um diesem Missstand zumindest auf gesetzlicher Ebene abzuhelfen, vereinbarten die Mitgliedstaaten des Europarates 1969 ein Abkommen, das die Rechte und Pflichten der Aupair-Mädchen und der Gastfamilien regelt.

Dieses wurde 1971 von Frankreich, Dänemark und Norwegen, 1973 von Italien, 1988 vom EU-Neuling Spanien und von Luxemburg 1990 ratifiziert. Andere Staaten haben es bisher nur unterzeichnet: Belgien 1969 und die Schweiz 1970, die Bundesrepublik Deutschland 1976, Griechenland 1979 (EU-Beitritt 1981) und zuletzt Finnland 1997. Zu den *Nicht*-Unterzeichnern zählen also die Europarat-Mitglieder Österreich, Zypern, Island, Irland (EU-Mitglied seit 1973), Liechtenstein, Malta, Niederlande (EU-Mitglied von Beginn an), Portugal (EU-Beitritt 1986), Schweden, Türkei und – obwohl eines der klassischen Aupair-Länder – das Vereinigte Königreich (Stand 1999).

Im Jahr 1983 hat ein Ausschuss des Europaparlaments in Straßburg sich nochmals mit der Empfehlung an die Mitgliedstaaten der EU gewandt, dieses Abkommen zu ratifizieren; ein Jahr später schloss sich die EU-Kommission in Brüssel der Empfehlung an. Positiv reagiert hat daraufhin bisher lediglich Spanien. In etlichen Ländern haben sich währenddessen die rechtlichen Bedingungen und die Lebenssituation der Aupairs und verbessert.

In Deutschland kam es 2002 zu einer einschneidenden Änderung, als der Deutsche Bundestag die Lizenzpflicht für vermittelnde Agenturen aufhob. In der Folge konnte jeder als Aupair-Vermittler tätig werden.

Um Missbrauch durch unseriöse Vermittler einzudämmen, schlossen sich 2006 mehrere Agenturen zur „Gütegemeinschaft Au-pair e.V." zusammen, deren Mitglieder sich zur Einhaltung gewisser Normen verpflichteten und sich einer regelmäßigen Kontrolle zu unterziehen. Auch für deutschsprachige Aupairs, die ins Ausland gehen, wurden von der Gütegemeinschaft Regeln ausgearbeitet.

Das System ist offener geworden: es gibt verschiedene Arbeitsregelungen, das Taschengeld ist zu einer Art Minimallohn geworden, zunehmend versuchen sich auch junge Männer als Aupairs. Ebenso hat sich der Bereich von Ländern erweitert, in die Aupairs reisen. Überseestaaten wie Kanada und die USA stehen ebenso auf der Hitliste wie solche – noch – exotischen Länder wie Australien oder

Neuseeland. Die wirtschaftliche, politische und gesellschaftliche Entwicklung in den jeweiligen Regionen spielt für die Realisierbarkeit eines Aupair-Aufenthalts freilich eine gewichtige Rolle. Im Klartext: erst wenn sich ein auf dem einheimischen Arbeitsmarkt nicht zu befriedigender Bedarf für Aupairs abzeichnet, lassen sich die Regierungen zu einer offiziellen Regelung herbei (vgl. die offizielle »Aupair-Politik« der Schweiz und Kanadas).

Aupair-Statistik

Da die Aupair-Vermittlung unterschiedliche Wege nimmt, lassen sich verlässliche Zahlen nur schwer ermitteln. Fest steht, dass die Mobilität im zusammenwachsenden Europa wächst. Vor einigen Jahren noch stieg die Zahl ausländischer Aupair-Bewerber, besonders auch männlichen Geschlechts, um eine Platzierung in Deutschland während die Zahl der deutschen Bewerber um Auslandsstellen eine Zeitlang leicht sank – wohl auch wegen der vielfältigen Angebote, schon während der Schulzeit ins Ausland zu gehen. Mittlerweile ist das Interesse an Aupair-Aufenthalten jedoch wieder gestiegen, insbesondere im westeuropäischen Ausland und in den USA, Australien und Neuseeland. Ungeachtet der Grenzöffnung nach Osten liegen die Zielländer deutschsprachiger Aupairs nach wie vor im Westen, was sicher auch auf instabile politische Situation und prekäre wirtschaftliche Lage in den Ländern Mittel- und Osteuropas zurückzuführen ist. So verlief z.B. ein hoffnungsvoller Beginn auf kommunaler Ebene, zwischen Hamburg und Leningrad, im Sande. Schuld daran trugen nicht etwa mangelnde Gastfreundschaft oder Desinteresse seitens der russischen Kommunalverwaltung, sondern die schwierigen Lebensumstände dort (mangelhafte Versorgung mit Lebensmitteln und Wohnraum).

Betrachtet man die von Aupairs geäußerten Platzierungswünsche, so hat sich in letzter Zeit eine Verschiebung zugunsten der englischsprachigen Aufnahmeländer (Großbritannien, Australien, Neuseeland, USA, Irland, Kanada, Südafrika, usw.) ergeben. Frankreich nimmt dennoch nach wie vor die zweite Stelle ein. Unter den übrigen romanischen Ländern hat Spanien Italien endgültig den Rang abgelaufen, gefolgt von der französischsprachigen Schweiz und Belgien. Die skandinavischen Staaten Dänemark, Norwegen, Finnland und Schweden spielen weiterhin eine untergeordnete Rolle. Nicht verwundern kann die Vorliebe von Aupairs aus den neuen Bundesländern für Großbritannien und die USA, wobei letztere durch diverse Ereignisse zeitweilig einen herben Rückschlag zu verzeichnen hatten. Hier dürfte das Erlernen der englischen Sprache in Hinblick auf bessere Berufschancen im Vordergrund stehen. Auch Südafrika wird nunmehr häufiger als Zielland angegeben, aber die Chancen stehen schlecht, weil die dortigen Familien eher einheimisches und billigeres Personal beschäftigen, und wegen der unsicheren sozialen Lage.

Aus welchen Ländern stammen nun die schätzungsweise 28.000 Aupairs, die jährlich in deutschen Gastfamilien Aufnahme finden? Seit dem Beitritt der baltischen Staaten sowie von Polen, Tschechien, Rumänien, der Slowakei und

Aupair-Alltag

Ungarn kommen immer weniger Mädchen nach Deutschland. Sofern sie überhaupt Aupair werden wollen, zieht es die jungen Frauen wegen höheren Verdienstes und wegen der Funktion des Englischen bzw. Französischen als Weltsprachen eher nach Großbritannien oder Frankreich.

Dagegen sind nun vermehrt Bewerbungen aus den ehemaligen GUS-Staaten wie Georgien, der Ukraine, Kasachstan, Russland sowie der Mongolei zu verzeichnen.

Daneben nun auch aus China, Südamerika und afrikanischen Staaten; mit Vorliebe solchen, wo Englisch gesprochen wird wie in Südafrika und Kenia, aber auch dem französischsprachigen Marokko. Westeuropäische Aupairs sind heute selten zu finden, da die Mädchen vermeintlich attraktivere Angebote wahrnehmen können. Anfragen aus Spanien, Italien und Frankreich sind da die häufigsten, gefolgt von Großbritannien und den skandinavischen Ländern.

Jobs, wo andere Ferien machen ...
Bewerbung, Tipps und Adressen,
Ausbildung in Tourismus & Freizeit

»Als Animateur ins Ausland,
Gästebetreuung zwischen Traum und Wirklichkeit«

»Arbeiten auf Kreuzfahrtschiffen «

http://shop.interconnections.de

Was folgt, ist die Frage: »Bin ich überhaupt als Aupair geeignet?« Oder: »Was kommt eigentlich in der Familie auf mich zu?« Ähnliche Fragen stellen sich für die Familie, die ein Aupair bei sich aufnehmen möchte: »Sind wir auch wirklich bereit, mit einem Aupair-Mädchen oder -Jungen in den eigenen vier Wänden zusammenzuleben?«

Das folgende Kapitel soll bei der Entscheidungsfindung behilflich sein. Die darin erwähnten Themen können nicht mehr sein als erste Anhaltspunkte. Alle eingehenderen Fragen beantworten die Beratungs- und Vermittlungsstellen. Eine Entscheidungshilfe kann aber auch der Band »Abenteuer Aupair« des Verlages *interconnections* bieten: hier sind zahlreiche aktuelle Berichte von ehemaligen Aupairs zusammengestellt, die das Alltagsleben im Gastland noch ausführlicher behandeln als dies der vorliegende Band in den folgenden Kapiteln liefert.

Ein Aupair-Tagesablauf

»Meist erledigte ich den Haushalt morgens: waschen, putzen, Blumen gießen, aufräumen, nebenbei auf den Kleinen auf-passen. Mittags konnte ich dann mit dem Jungen eine Radtour machen oder mich mit ihm zu anderen Kindern auf den Spielplatz gesellen.
Beim Tagesablauf hatte ich eigentlich freie Hand: um 3 Uhr holte ich das Mädchen vom Kindergarten ab, um 5 Uhr kam der Vater nach Hause; es folgte das Abendessen, das sich einfach zubereiten ließ, da es sich um Fertiggerichte handelte. Manchmal half ich noch beim

Kinderbaden und Schlafenlegen, was ich allein erledigte, wenn die Eltern ausgingen. Dies geschah allerdings nicht sehr oft«, erzählt *Anette* von ihrem Aupair-Aufenthalt in Norwegen.

Kinder und kulturelle Unterschiede

Der Umgang mit Kindern ist ein Gebiet, dem man ein mehrbändiges Werk widmen könnte – ohne dass das Thema erschöpft wäre.

Und wer sich brüstet, die gängigen Erziehungstheorien von A-Z auswendig zu kennen, wird womöglich schon bald einsehen, dass die Erfahrung eine ebenso wichtige Rolle spielt. Was tun, wenn der oder die Kleine sich auf einmal partout nicht davon abbringen lassen will, über eine belebte Hauptverkehrsstraße zu laufen? Man will das Kind ja nicht schlagen – aber wie bringt man es zu der notwendigen Einsicht (beziehungsweise zur »Einsicht in die Notwendigkeit«)?

Und dann die Unsicherheit, ob die Eltern genauso handeln würden wie man selbst ... Erschwerend kommt hinzu, dass es sich bei ihnen in der Regel ja um Angehörige einer anderen / fremden Kultur handelt, und hier gilt nicht zuletzt auch auf dem weiten Feld der Erziehung der Allgemeinplatz »andere Länder, andere Sitten«. Auf keinen Fall darf man daher dieselben Ordnungsbegriffe wie zu Hause erwarten! In Griechenland beispielsweise verbietet sich ein rauher Umgang mit Kindern, d.h. die Schwelle dessen, was von Eltern, Verwandten oder x-beliebigen Passanten als »rauh« angesehen wird, liegt vergleichsweise niedrig. Anders in England, wo sich die Erziehungsideale nach wie vor an einem abgehärtet-sportlichen Menschenbild orientieren (Regenspaziergänge, niedrige Raumtemperatur etc.). Hier leistet schon die Einarbeitung in die Kultur des Gastlandes wertvolle Dienste: z.B. einschlägige Kapitel in landeskundlichen Darstellungen oder mündliche Auskünfte von Kulturinstituten und Beratungsstellen.

Andererseits lassen sich auch nach einem noch so gründlichen Studium kultureller Unterschiede keine Vorhersagen treffen, wie die individuelle Gestaltung der Erziehung im Einzelfall aussieht und erwünscht ist: weder »die Deutschen« noch die »Briten« oder »Franzosen« lassen sich bekanntlich über einen Kamm scheren.

Diese komplizierte Situation erfordert seitens des Aupairs mithin ein hohes Maß an Einfühlungsvermögen und praktischem Geschick.

Wenn auch eine gründliche theoretische Vorbereitung notwendig erscheint: hilfreich ist auch hier vor allem die Praxis. Wer sich schon an jüngeren Geschwistern erproben konnte, das Taschengeld mit Babysitting aufgebessert, die Kinder der älteren Geschwister versorgt hat, wird sich zumindest in den Grundfragen sicherer sein.

Und dann ist es unerlässlich, über knifflige Fragen Gespräche mit den Eltern zu führen. Kein Wunder, wenn die Kleinen rebellieren, solange das Aupair erlaubt, was die Mutter gerade vorher verboten hat (oder umgekehrt). Grundsätzlich treten Probleme deshalb meist nicht im Umgang mit den Kindern selbst auf, sondern vielmehr mit den Gasteltern.

Wir beschränken uns in diesem Buch auf die wichtigsten Aufgaben, die von einem Aupair im Zusammenhang mit der Kinderbetreuung verlangt werden können. Wer weiter in das Thema einsteigen möchte, sollte sich von einem Buchhändler oder in einer Bibliothek über Literatur zum Thema oder am besten gleich von einem Pädagogen beraten lassen. Die Aufgaben, die im Zusammenhang mit den Kindern auf ein Aupair zukommen, unterscheiden sich zunächst mal nach deren Alter.

Kleinkinder

Bei sehr kleinen Kindern oder gar Säuglingen steht die unmittelbare Beschäftigung mit den Kindern meist im Vordergrund. Dazu zählen Baden, Waschen, Füttern, An- und Ausziehen, eventuell auch das Wickeln und vor allem die Beaufsichtigung der Kinder – natürlich auch die Aufgabe, mit ihnen zu spielen.

Sabine zum Beispiel, als Aupair in Kalifornien, war den ganzen Tag lang mit dem Baby beschäftigt:

»Die Mutter argumentierte damit, dass sie durch das Baby nicht genügend Zeit für den Haushalt habe und daher eine Hilfe brauche. Aber: Sie telefonierte oft stundenlang, und wenn das Baby schrie, war es oft meine Aufgabe, nach ihm zu sehen. Den ganzen Tag lang musste ich mich um den Kleinen kümmern, der gerade ins Krabbalter kam und von daher ständig zu beaufsichtigen war.

Kaum damit fertig, kamen die Haushaltsaufgaben dran: Saubermachen, Einkaufen, leichte Gartenarbeiten. Ich musste fast alles machen. Es ging sogar so weit, dass ich nicht einmal im Swimmingpool baden durfte, weil ich dann ja, wenn das Baby schrie, nicht sofort zu ihm hätte eilen können. Ich war also zwölf Stunden lang ans Haus gefesselt.«

Auch wenn nach der europäischen Aupair-Regelung solche Verhältnisse unmöglich sind, überfordern manche Familien ihre Aupairs schlichtweg, indem sie ihnen Babys in die Arme drücken, ohne ihnen zu erklären, was sie genau sie zu tun hätten.

Jemand, der bis dahin noch nichts mit so kleinen Kindern zu tun hatte, kann auf diese Weise leicht in Panik geraten. Sinnvoll erscheint daher, dass etwa bei einer offiziellen Vermittlung in die USA oder nach Kanada als Familienhelferin Erfahrungen in der Kinder- und Säuglingsbetreuung nachzuweisen sind bzw. dass mindestens eine Empfehlung (Referenz) bei der Bewerbung einzureichen ist (Kindergarten, Kinderhort, Säuglingsstation, Kinderkrankenhaus, Säuglingspflegekurs usw.).

Einmaliges oder kurzfristiges Babysitten in gewohnter Umgebung sollte niemanden dazu verleiten, sich bereits als »Experte« zu fühlen. Die Zubereitung von Mahlzeiten, die Körperpflege und sonstige Versorgung gehören unbedingt dazu!

Weiterhin können von den Aupairs im Zusammenhang mit den Kindern Tätigkeiten verlangt werden wie das Waschen und Bügeln der Kinderwäsche, das Aufräumen der Zimmer oder das Schuheputzen.

Und noch ein wichtiger Aspekt: in (fremd-) sprachlicher Hinsicht gibt die Rundumbetreuung eines französischen oder amerikanischen Säuglings naturgemäß nichts her! Trotzdem hat der Umgang mit den ganz Kleinen seinen ganz eigenen Reiz, wie *Melanie* erzählt, deren Schützlinge – Zwillinge – zu

Anfang ihrer Aupairzeit in Finnland geboren wurden: »Meine Aupairzeit mit den Zwillingen war das aufschlussreichste und vor allem schönste Erlebnis, das ich je hatte. Ich durfte so viel dazulernen! Richtige Ernährung, der typische Alltag mit Säuglingen, Vorsorgeuntersuchungen, etc. Jede noch so kleinste neue Entdeckung und Entwicklung war eine Bereicherung, und als ich dann das erste Lachen geschenkt bekam, war ich das stolzeste Aupair der Welt!«

Ältere Kinder

Probleme entstehen oft, wenn die Kinder sich nicht daran gewöhnen können, dass sich jemand zwischen sie und die Mutter stellt. Trotz gegen das Aupair ist ihre Antwort auf die für sie schwierige Situation. In so einem Fall hilft nur Geduld und, wenn es gar nicht mehr geht, das Eingreifen der Mutter.

Von den Kindern abgelehnt zu werden, ist für manche Aupairs auch ein Anlass, sich anschließend selbst verantwortlich zu machen. Das Zusammensein mit den Kindern wird dann zur Belastung und in manchen Fällen unerträglich.

Wenn es gar nicht mehr geht und auch die Eltern nicht eingreifen können, sollte man sich an eine Beratungsstelle wenden. Vielleicht findet sich auch eine Freundin oder Bekannte, die in solchen Situationen Rat weiß. Die Flinte vorzeitig ins Korn zu werfen - dazu besteht in den seltensten Fällen ein Anlass: auch und gerade die Kinder bedürfen einer Gewöhnungsphase! Wer die Nerven behält und »ungerechte« Reaktionen oder kleine Enttäuschungen in der ersten Zeit locker wegsteckt, wird sich bald das Vertrauen des Nachwuchses erworben haben.

So erzählt *Franzi*, die in Irland auf zwei Mädchen aufpasste: »Am Anfang war es für mich nicht leicht, an die Mädchen heranzukommen. Oft hörte ich nur ein "*I hate you*" oder „*We don't like you*", „*Go back to Germany*". Zuerst verletzte es mich doch schon ziemlich, so etwas zu hören. Doch mit der Zeit lernte ich, es einfach zu ignorieren, und es kam dann auch weit seltener vor. Trotzdem kam es vor allem mit der Größeren öfter mal zum Streit, beispielsweise, weil sie ihr Spielzimmer nicht aufräumen oder den Fernseher nicht ausschalten wollte. In solchen Fällen merkte ich dann doch schon, dass mir noch sehr viel Erfahrung im Umgang mit Kindern fehlte, und mir eine pädagogisch richtige Handlung schwer fiel - ich versuchte es dann oft mit Bestechung. In solchen Fällen half mir aber sehr, dass meine Gasteltern immer hinter meinen Handlungen standen und mich unterstützten.«

Trotz solcher kleinerer „Kämpfe" überwogen bei Franzi die positiven Erinnerungen. Sie ist froh, durchgehalten zu haben, auch wenn sie manchmal die Anwandlung überkam, alles hinzuschmeißen.

»Am Anfang wollte ich öfters einfach meine Sachen packen und nach Hause fahren. Wenn ich jetzt auf meine Zeit als Aupair zurückblicke, bin ich froh, das nicht getan zu haben - und ich rate auch jedem, der die Möglichkeit hat, längere Zeit im Ausland zu verbringen, sie zu nutzen. So eine Chance bekommt man nicht so schnell wieder!
Der erste Gutenachtkuss, hin und wieder

eine Umarmung, wenn es mir mal nicht so gut ging, oder einfach mal ein selbst erfundenes Spiel, bei dem wir am Ende vor Lachen am Boden lagen – das sind die unvergessenen Erinnerungen, die ich aus meiner Aupairzeit mit meiner Gastfamilie mitnehme.«

Schulpflichtige Kinder

Je älter die Kinder sind, desto mehr verlagert sich die Aupair-Arbeit erfahrungsgemäß auf die Haushaltstätigkeiten. Es kann auch dazu kommen, dass die Kinder von »ihrem« Aupair zur Schule und auch außerschulischen Veranstaltungen gebracht und wieder abgeholt werden. Besonders in den USA wird von Gasteltern daher häufig der Führerscheinbesitz des Aupairs vorausgesetzt.

Nicht zuletzt legen in manchen Ländern die Familien Wert darauf, dass das Aupair mit den Kindern Deutsch oder Englisch spricht und ihnen vielleicht sogar regelrechten Sprachunterricht erteilt. Strikt genommen ist das allerdings nicht der Sinn des Aupair-Daseins. Im Gegenteil: das Aupair soll sich in der Landesprache üben. Hier bietet sich vielleicht für beide Seiten die Möglichkeit zu profitieren, solange die »Privatlektionen« spielerisch verlaufen und nicht zur lästigen Pflicht geraten.
Auch die Beaufsichtigung der Hausaufgaben und in manchen Fällen Nachhilfe kann von einem Aupair verlangt werden.

Kinder verstehen lernen

Wer keine kleinen Geschwister und generell noch nicht viel Erfahrung in der Kinderbetreuung hat, wird wohl erst allmählich dahinterkommen, wie die lieben Kleinen, die sich manchmal auch in kleine Trotzmonster verwandeln können, am besten zu behandeln sind. Nachfolgend ein paar Tipps eines Aupairs, wie man zu den Schützlingen Vertrauen aufbaut und verzogene Kinder sanft erzieht:
Gerade in den ersten paar Wochen versuchen die Kinder, das Aupair auf die Probe zu stellen. Man sollte sie nicht verwöhnen, um sich schnell ihre Zuneigung zu erkaufen, sondern klare Grenzen setzen. Diese sollten dann auch durchgesetzt werden – Kinder fühlen sich dadurch sicherer, als wenn manche Dinge heute erlaubt sind und morgen nicht. Inkonsequenz führt dazu, dass die Kinder verunsichert sind und das Vertrauen schwindet. Das gilt auch für vorschnelle Versprechen – wirklich nur das versprechen, was man auch halten kann und möchte. Kinder merken sich gebrochene Versprechen und sind rasch enttäuscht.

Sabrina, die bei einer Englisch-Indisch-Deutschen Familie in Großbritannien als Aupair arbeitete, wurde in ihrer Anfangszeit von einem ihrer Schützlinge ziemlich auf die Probe gestellt und musste erst mal klar machen, wer hier der 'Chef' war:

»Der siebenjährige Junge mochte mich sehr schnell, aber das vierjährige Mädchen war anfangs sehr skeptisch. In meiner ersten Woche hatte die Kleine mehrere 'tantrums', Wutanfälle, die bei ihr allerdings, wie sich herausstellte, eher die Regel als die Ausnahme waren.

Sie hatte keine Lust, nach Hause zu laufen - angeblich hatte sie sich ihren Fuß verletzt und wollte getragen werden, oder was auch immer. Alles, was ich tat, machte es nur noch schlimmer; irgendwann lief sie schreiend und heulend vor mir weg. Ihr älterer Bruder war genauso wütend und verzweifelt wie ich. Der Weg von der Schule nach Hause führte hauptsächlich an einer großen Straße vorbei, und als die Kleine vor mir weglief, hatte ich einfach nur noch Panik, sie könne angefahren werden. Den Tränen nahe zog ich alle Register und drohte ihr mit Fernsehverbot zu Hause, sollte sie nicht sofort mit ihrem Verhalten aufhören. Dann nahm ich den Jungen an die Hand und ging. Nach wenigen Metern kam sie hinterhergelaufen. Zu Hause angekommen meinte sie zu ihrem Bruder „Natürlich darf ich fernsehen! Warum dürfte ich nicht?" Nach dem Snack ließ ich den Jungen fernsehen – sie durfte nicht. Zwei weitere Wochen lang musste ich noch einige solcher Machtkämpfe mit ihr austra-gen, danach war sie ausnahmslos süß zu mir und hatte nur noch bei ihrer Mutter Wutanfälle.«

Kritik einstecken ist schon für Erwachsene nicht leicht – will man seine Schützlinge kritisieren, dann möglichst unter vier Augen. Sonst fühlen sich die Kinder schnell bloßgestellt und hören nicht. Auch wenn man genervt ist: nicht einfach rummeckern, sondern möglichst ruhig erklären, wo das Problem ist. Werden sie angeraunzt, so stellen Kinder schnell auf Durchzug. Kinder sind fix mit den Worten „Ich hasse dich". Davon sollte man sich nicht ins Bockshorn jagen lassen – sie hassen nicht den Gegenüber, sondern die Macht, die derjenige über sie ausübt.

Nicht immer den Launen der Kinder nachgeben – oft versuchen sie damit nur, Aufmerksamkeit zu erregen und werden es beim nächsten Mal um so eher probieren, je mehr der Trick fruchtet. Wer dagegen auf Fragen und Ängste eingeht, baut schnell Vertrauen auf.

Bei aller Disziplin sollte man sich aber nicht zu schade sein, eigene Fehler einzugestehen und sich gegebenenfalls zu entschuldigen. Kinder hassen es, wenn man sich als perfekt darstellt. Irgendwann merken sie ohnehin, dass dem nicht so ist.

Großfamilien

Man erkundige sich vor der Übereinkunft mit der Gastfamilie genau, wie viele Kinder zu versorgen sind, ist in keinem Fall verkehrt. Es kann vorkommen, dass das Aupair in einer Familie mit vier oder fünf Kindern aufgenommen wird und sich vorwiegend beim Waschen und Sauberhalten von deren Wäsche und Schuhen wiederfindet.

Solche Situationen sind allerdings die Ausnahme. Die meisten Familien entstammen der gehobenen Mittelschicht, haben ein oder zwei Kinder und oft noch eine Haushaltshilfe, die einen Teil der Arbeit übernimmt.

Und manchmal kann ein Aufenthalt in einer Großfamilie eine zwar ungewohnte, aber durchaus bereichernde Erfahrung sein, wie *Johann* erzählt, der seine Aupairzeit auf der Insel Jersey im Kanal zwischen Großbritannien und Frankreich verbrachte: »Man bekommt natürlich viel mit von den Gegebenheiten, von der Kultur und ganz anderen Familienverhältnissen. Ich bin nämlich ein Einzelkind und hatte bis auf meine Cousins nicht oft die Erfahrung von "Großfamilien" gemacht. In größeren Familien geht es ja oft etwas anders zu. Das fängt schon beim Einkaufen zu fünft an und endet bei den

Gütegemeinschaft Au pair e.V.
Godesberger Allee 142–146
53175 Bonn
Tel. 0228 95 06 120
Fax 0228 95 06 199
info@guetegemeinschaft-aupair.de
www.guetgemeinschaft-aupair.de

Geschäftsführer: Herr Reinhard Schwalbach
Ansprechpartner: Herr Christoph Bruners

Die Gütegemeinschaft Au pair e.v. wurde mit Unterstützung des Bundesministeriums für Familien, Senioren, Frauen und Jugend (BMFSFJ) im November 2004 gegründet, um eine Verbesserung von Qualität und Transparenz für Gastfamilien und für an einem Au-pair-Aufenthalt interessierte junge Menschen zu erreichen. Ziel ist die Überprüfung und Kennzeichnung einer hohen Güte in der Au-pair-Vermittlung und -Betreuung durch das anerkannte RAL-Gütezeichen-Verfahren. Die Einhaltung der Güte- und Prüfbestimmungen wird von einer neutralen Prüfinstanz kontrolliert. Die Gütegemeinschaft garantiert den Verbraucher/-innen eine klar definierte Qualität.

In einer immer mobiler werdenden Welt trägt die Gütegemeinschaft Au pair e.V. somit zu einem sicheren und produktiven Austausch zwischen Menschen unterschiedlicher Nationen mit der Definition klarer Regeln und Abmachungen bei.

Die Gütegemeinschaft Au pair ist ein eingetragener Verein, in dem alle Organisationen und Agenturen Mitglied werden können, die Au-pairs nach Deutschland vermitteln. Die Mitgliedschaft ist freiwillig. Das Recht zur Führung des RAL-Gütezeichens wird von der Gütegemeinschaft vergeben, die außerdem für die Weiterentwicklung der Standards und die Kontrolle ihrer Einhaltung durch die Zeichenträger zuständig ist.

Güte- und Prüfrichtlinien werden vor deren Implementierung von zuständigen Verkehrs- und Wirtschaftskreisen wie Verbraucherschutzzentrale, Zentrale zur Bekämpfung unlauteren Wettbewerbs oder den Au-pair Fachverbänden und natürlich von RAL geprüft.

Urlaubsplanungen und den Reisen im einem vollbesetzten 7-Sitzer-VW-Bus.«

Alleinerziehende

Nicht alle angehenden Aupairs können sich vorstellen, zu einem alleinerziehenden Elternteil statt zu einer „vollständigen" Familie zu gehen – dabei sind gerade Alleinerziehende in der Regel äußerst bemüht, das Aupair nicht zu überfordern und ihm ein schönes Heim zu bieten.

Hier ein Erfahrungsbericht:
Nachdem *Verena* bereits einmal ihr Glück als Aupair in Spanien gesucht (und nicht gefunden!) hatte, vergingen Monate, bis sie sich entschied, zum zweiten Mal als Au Pair aufzubrechen. Die schlechten Erinnerungen überwogen anfangs noch:
»Massig Überstunden, schwierige Verhältnisse im Hause (oft gab es kein Frühstück, manchmal sogar kein Toilettenpapier) und zu allerletzt Arbeit am Wochenende. Obwohl ich mit Fieber im Bett lag, brachten die Verhältnisse mich damals dazu, Spanien nach nur zwei statt der geplanten sechs Monate zu verlassen. So war es keine einfache Entscheidung, mein Zuhause wieder in Richtung Ausland zu verlassen, auch wenn es diesmal aufgrund meines bereits feststehenden Ausbildungsbeginns nur für einen kürzeren Zeitraum sein sollte. Aber ich hatte das Gefühl, noch etwas zu Ende bringen zu müssen und wollte mir auch selber etwas beweisen. Also begann ich die Suche nach einer Gastfamilie in England.«
Es dauerte nicht lange, und schnell fand Verena viele ernsthaft interessierte Familien über das Internet. Neben vielen E-Mails kamen auch ein paar unangemeldete Anrufe auf mein Handy dazu, u.a. der des derzeitigen Aupairs ihrer zukünftigen Gastfamilie.

»Sie erzählte mir von der Familie: Ein alleinerziehender Vater mit zwei Töchtern im Alter von sechs und acht Jahren an der Südostküste Englands, unweit von Canterbury. Nach meinem ersten Aufenthalt wußte ich, welche Erwartungen ich an meine nächste Gastfamilie hatte, und merkte rasch, dass ich mit dieser Familie auf einer ähnlichen Wellenlänge schwamm.«

Der Gedanke, mit einem alleinerziehenden Vater unter einem Dach zu leben, schreckte Verena trotz der "Horrorgeschichten", wie ab und zu schon mal zu lesen, allerdings nicht.

»Vielleicht beruhigte es mich einfach, dass er schon einige weibliche Aupairs vor mir gehabt hatte. Zehn Tage später saß ich bereits im Flugzeug und wurde direkt vom regnerischen britischen Wetter begrüßt, das während meiner Zeit dort bis auf wenige Tage auch nicht verschwand. Zwei Tage verbrachte ich noch mit dem alten Aupair in der Familie. Die „Kollegin" zeigte mir den fünfminütigen Fußweg zur Schule, den Weg in die Stadt und noch die alltäglichen Dinge im Haushalt. Dennoch fühlte ich mich an meinem ersten Arbeitstag, als sei ich ins kalte Wasser geworfen worden. Ich war mir z.B. nicht sicher, ob die Kinder der Schulordnung gemäß gekleidet waren, denn Schuluniformen sind bei uns ja unbekannt. Zudem wollten die Kinder mich natürlich auch in die Irre führen und sich mit dem neuen Aupair ihre Späße erlauben. Aber dennoch ging alles gut, und die Kinder kamen jedes Mal pünktlich und angemessen gekleidet zur Schule.«

Verena gibt zu, dass es seine Zeit dauerte, bis sie sich vollständig in die neue Rolle einfühlte.

»Dadurch, dass mein Gastvater alleinerziehend war, musste er, so gut er konnte, Familie und Beruf unter einen Hut bringen, und somit war ich unter der Woche fast immer auf mich allein gestellt. An manchen Tagen war ich auch über Nacht mit den Kindern allein, was aber selten für Schwierigkeiten sorgte, da sie einen festen Schlaf hatten. Manchmal war es mir gar nicht recht, dass ich sofort auf mich allein gestellt war, denn vor allem in der Anfangszeit hätte ich manchmal seinen Rat brauchen können, wie am besten mit den Kindern umzugehen. Aber dadurch, dass ich meinen eigenen Weg finden musste und auch die alleinige Verantwortung für sie hatte, habe ich viel aus dieser Zeit gelernt und bin nun auch reifer und selbstbewusster, als ich es ohne diese Verantwortung wäre.«

Ganz ohne Probleme lief die Zeit natürlich trotzdem nicht ab.

»Vor allem das größere der Mädchen machte gerne auf sich aufmerksam, indem sie sich komplett quer stellte gegen alles, was ihr gesagt wurde. Sie hatte die Trennung der Eltern nicht richtig verarbeiten können, und suchte im Aupair eine Ersatz-Mama. Einige Male rief sie mich mit "Mum" oder fragte mich ganz direkt, ob sie mich "Mum" nennen dürfe – was ich natürlich verneinte. An manchen Tagen war sie sehr schwierig, und es schien unmöglich, sie zu beruhigen. Aber an diesen Tagen freute ich mich einfach auf das Wochenende, an dem ich die Möglichkeit hatte, die Gegend zu erkunden.«

Putzfrau der Familie?

Eines ist bei der Tätigkeit als Aupair, sofern es sich um ein reguläres Aupair-Programm handelt, klar festgelegt: das Aupair ist *nicht* die Putzfrau der Familie! Bei »Mother's Help«-Stellen kann das anders aussehen – diese sind ja auch Vollzeit-Jobs – aber was das eigentliche Aupair-Verhältnis angeht, so gibt es keine Zweideutigkeiten. Die Aufgabe eines Aupairs ist in erster Linie die Kinderbetreuung und alles, was damit zusammenhängt. Außerdem kann die Familie die Mithilfe im Haushalt verlangen, aber nicht für Grundreinigungsarbeiten, das Reinigen der Fußböden, Fensterputzen, Renovieren usw. Natürlich hängt die Aufgabenverteilung auch sehr vom persönlichen Verhältnis zwischen Aupair und Gasteltern ab.

Wer nicht das Gefühl hat, ausgenutzt zu werden, empfindet keine große Belastung, mal die Kacheln zu reinigen oder die Fenster zu putzen. Wenn sich das Aupair aber überwiegend bei solchen Tätigkeiten wiederfindet, können diese verweigert werden. Besteht die Gastfamilie trotzdem darauf, wäre der nächste Schritt das Aufsuchen der zuständigen Vermittlungsagentur oder einer Beratungsstelle.

Oftmals dürfte es genügen, die Familien höflich aber nachdrücklich darauf aufmerksam zu machen, dass solche Arbeiten außerhalb des Tätigkeitenspektrums liegen, die laut europäischem Aupair-Gesetz verlangt werden können. Hier zahlt es sich dann aus, schon vor Antritt der Aupair-Stelle klare Verhältnisse geschaffen zu haben (Vertrag!).

Zusammenleben

Die meisten Vermittler verlangen von Aupairs ein gerütteltes Maß an Anpassungsbereitschaft und Einfühlungsvermögen. Gleiches gilt natürlich theoretisch auch für die Gastfamilien. Aber die Ausgangsbasis beider Seiten ist denkbar verschieden:

Während die Familien meist einen über Jahre eingespielten Lebensrhythmus haben, treten die Aupairs als zunächst Fremde in diesen Lebenskreis ein. Die »Mehrheitsverhältnisse« stehen dabei ungünstig für das Aupair. Dass es dabei zu Verstimmungen und Auseinandersetzungen kommt, liegt fast in der Natur der Sache; die Frage ist nur, wie man die Konflikte in den Griff bekommt.

Die gemeinsame Benutzung von Bad, Küche, Toilette usw. kann ebenso zum Problem werden. Das Aupair bringt vielleicht die geheiligte Ordnung der Familie durcheinander oder traut sich umgekehrt nicht, die eigenen Siebensachen dort abzustellen.

Es ist empfehlenswert, gleich zu Anfang die wichtigsten Fragen abzuklären: »Wo kann ich im Badezimmer meine Sachen / Handtücher unterbringen?« »Zu welchen Zeiten kann ich es benutzen?« »Kann ich eine Ecke im Kühlschrank bekommen, um dort meine Lebensmittel unterzubringen?«

Ein genereller Rat: in regelmäßigen Absätzen Bilanz ziehen – sich zusammensetzen und offen über die aufgetretenen Schwierigkeiten sprechen: über die Gründe seiner Unzufriedenheit – oder seiner Zufriedenheit.

Johann erzählt von seinen Erfahrungen im Zusammenleben: »Das Interessante am Aupairdasein ist, dass man natürlich immer mal wieder kleine Streitigkeiten hat. Es gibt Momente, wo man sich fragt: warum bin ich hier und warum mach ich das überhaupt? Keine Frage, es gab einige Momente, in denen ich mir dachte: ich will nach Hause, oder: ich schließ mich jetzt in meinem Zimmer ein und will weder was sehen, noch was hören. Das Problem an dem Sich-Wegschließen ist allerdings: wenn man wieder aus der eigenen Welt zurückkehrt, ist das, wovor man eigentlich die Augen schließen wollte, meist fast noch größer geworden. Was nicht immer positiv ist, und man merkt: hätte man gleich am Anfang reagiert, wär es gar nicht so schlimm gewesen.«

Eine Auswahl »klassischer« Reibungspunkte:

Kontakt zum anderen Geschlecht

Schwierig kann es werden, wenn das Aupair einen Freund bzw. eine Freundin einlädt und ihn / sie bei sich übernachten lassen möchte. Viele Vermittlungsagenturen schließen diese Möglichkeit von vornherein aus, d.h. es ist schlicht verboten. Den Aupairs wird nahegelegt, den Freund / Freundin nicht länger als eine Stunde vor Beginn der Nachtruhe auf dem Zimmer zu behalten.

Glücklicherweise finden sich eine Reihe von Familien, die sich nicht so streng an diese Regelung halten, aber ein Problem bleibt der Besuch von männlichen (und umgekehrt weiblichen) Freunden immer.

Überhaupt: die Moral ... Auch wenn meist nicht offen ausgesprochen, werden bei einem Aupair bestimmte Verhaltensweisen vorausgesetzt, die sich an den Vorstellungen der Familien von »Sitte und Anstand« orientieren – und wiederum haben ihre Wurzel in der Kultur eines jeden Landes. Nicht selten dürfen Aupairs abends nicht aus dem Haus gehen, weil die Gastfamilien um ihren guten Ruf oder umgekehrt um die Unversehrtheit des ihnen anvertrauten Aupairs fürchteten.

Es ist nicht leicht, schon beim Briefwechsel zwischen Aupairs und Familien Klarheit über diese wichtigen Punkte zu erhalten.

Gerade beim Problem der Freunde und des abendlichen Ausgehens scheint uns immer der beste Weg, offen darüber zu reden und die Meinung zu begründen – um sprachliche Hürden zu umgehen, kann man sich seine Argumente ja schon vorher zurechtlegen. Vielleicht hilft ja auch der Hinweis des Aupairs auf die ihm von seinen eigenen Eltern gesetzten Grenzen des Erlaubten. In romanischen Ländern darf man indes bestenfalls auf Akzeptanz und nur in den wenigsten Fällen auf Zustimmung hoffen.

Wie gesagt: im Vorweg kann man vielleicht einen ersten Eindruck von der Familie (und umgekehrt die Familie vom Bewerber) bekommen, aber die tatsächlichen Reibungspunkte werden sich erst in der Praxis, im täglichen Zusammenleben zeigen. Für beide gilt der Rat: wenn sich herausstellt, dass die unterschiedlichen Vorstellungen sich beim besten Willen nicht vereinbaren lassen, ist das noch kein allgemeingültiges Werturteil über Recht oder Unrecht des einen oder anderen. Dieser Umstand sagt aber vielleicht aus, dass das Aupair in der falschen Familie gelandet ist.

Das Einladen von Freunden – gerade auch, wenn es mehrere sind – sollte vorher im Kreis der Familie abgesprochen werden. Nicht unbedingt, um sich moralisch abzusichern, sondern vor allem, weil das Aupair als Gast in der Familie lebt und aus diesem Grund nicht frei über deren Räume verfügen kann.

Unterschiedliche Einschätzung der Arbeit

Manche Familie behauptet, ihr Aupair arbeite zu wenig – oder zu langsam, nicht sorgfältig genug, ohne Elan, während das Aupair dagegen von der Qualität und Kontinuität seiner Arbeit überzeugt ist. Wer hat Recht?

Das Fällen eines Urteil hierüber ist schwierig. Die Familie urteilt vielleicht nach den Erfahrungen mit anderen Aupairs oder mit einer Haushaltshilfe; für das Aupair mögen die verlangten Arbeiten neu sein, es kommt nicht schnell genug voran.

Erst wenn die Probleme sich nicht mehr innerhalb der Familie lösen lassen, muss die Vermittlungsagentur einschreiten; lassen sich die Ansprüche der Parteien nicht vereinbaren, kommt nur der Wechsel in eine andere Familie in Frage (Umvermittlung).

Zeiteinteilung

Bei der Art von Tätigkeiten, die von einem Aupair verlangt werden, kommt es vor, dass die Arbeitszeit sich über den

Tag verteilt: zwei Stunden für die Kinder – Leerlauf – zwei Stunden zum Saubermachen – Leerlauf – eine Stunde zum Kochen usw.

Auf solche Weise läßt sich die Arbeitszeit nur schwer von der Freizeit abgrenzen. Die Arbeiten so einzuteilen, dass sie ohne Unterbrechung fünf Stunden hintereinander zu erledigen sind, gestaltet sich manchmal für die Familie schwierig. Trotzdem sollte es versucht werden.

Was noch hinzukommt: das Aupair muss mehrere aufeinanderfolgende Stunden einplanen, um sich mit den Sprachkursen beschäftigen zu können. Bei Arbeitsregelungen wie »Mother's Help« mit einer reinen Arbeitszeit von acht Stunden täglich sind die Sprachstudien noch schwerer mit den häuslichen Pflichten vereinbar. Hier ist es ganz besonders wichtig, dass die Arbeitszeit in einem Block stattfindet; sonst ist der Tag im Handumdrehen vorüber, ohne dass das Aupair Zeit für andere Dinge gehabt hätte.

Babysitting

Auch hierbei treten Probleme mit der Zeitabstimmung auf.

Das Aupair sollte seine freien Abende im Voraus reservieren, und die Familien sind aufgefordert, nicht allzu kurzfristig zu planen. Es ist ein Unding, das Babysitting erst am selben Tag anzukündigen oder mehrere Tage hintereinander bis zum frühen Morgen wegzubleiben. Das Aupair ist während dieser Zeit blockiert und muss die Nächte möglicherweise im Wohnzimmer verbringen.

Nicht minder belastend kann es sein, wenn die Familie regelmäßig am Wochenende ausgeht, das Aupair also keine Gelegenheit hat, an diesen Abenden Freunde zu treffen, Kino / Theater oder Veranstaltungen zu besuchen.

Zur Vermeidung solcher Situationen ist es nützlich, rechtzeitige und eindeutige Absprachen zu treffen und die Terminpläne möglichst aufeinander abzustimmen.

Babysitting heißt also in der Regel: Von der Zeit nach dem Abendessen bis etwa um Mitternacht in der Wohnung sein, so dass man die Kinder hören kann, wenn sie rufen. Meist lässt sich dabei fernsehen, ein Buch lesen, stricken, die eigene Wäsche waschen usw.

Es ist nicht Aufgabe des Aupairs, während des Babysittings Hausarbeiten für die Familie zu erledigen!

Freie Tage

Häufig passiert es auch, dass die Tätigkeiten im Haushalt zeitlich ins Wochenende hineinragen. Das bedeutet: es sind regelmäßige Arbeiten zu verrichten, die vielleicht jeweils nur ein oder zwei Stunden beanspruchen, die aber auch sonn- und feiertags verlangt werden. Hier gilt grundsätzlich, dass das Aupair sonntags frei haben sollte; nur wenn es sich nicht vermeiden lässt, an einem anderen Wochentag. Andererseits ist es für manche auch ein Vorteil, in der Woche frei zu haben, denn dann haben die Geschäfte geöffnet und es ist mehr »los«.

In jedem Fall muss aber von der Familie ein ganzer freier Tag gewährt werden. Im europäischen Aupair-Abkommen ist auch festgelegt, dass das Aupair die Gelegenheit erhalten muss – sofern es darauf Wert legt – sonntags die Kirche besuchen bzw. seine Religion ausüben zu dürfen.

Andrea, die in einem kleinen Ort in der Nähe New York Citys arbeitete, gehört zu den Aupairs, die diese Negativseite der Aupairtätigkeit am eigenen Leib kennenlernten. Bald nach ihrer Ankunft änderte sich einiges in der Beziehung zu der Familie. »Von extra-freien Tagen, wie es damals in Deutschland hieß, war in Amerika keine Rede mehr. Außerdem war es verboten, Besuch im Hause meiner Familie zu empfangen – egal, ob männlich oder weiblich – und so musste ich immer ausgehen, um Leute zu treffen, sofern es meine Zeit erlaubte. Denn des öfteren gab meine Familie auch »Dinners«, und da musste ich das ganze Geschirr in die Spülmaschine räumen und die Küche in Ordnung bringen, was bei vierzehn bis sechzehn Besuchern seine Zeit dauert. Solche Abendessen fanden häufig statt, so dass ich sehr wenig Freizeit hatte, denn ich arbeitete an solchen Abenden immer bis 24 oder 24.30 Uhr.« Heute würde sie ihre Aupairtätigkeit im Vorfeld besser planen, sagt Andrea: »Könnte ich heute noch einmal Aupair sein, würde ich genau absprechen, was zu meinen Pflichten gehören soll, damit erst gar keine Missverständnisse auftreten, wie es bei mir der Fall war.«

Abendessen

Als problematisch – zumal in südeuropäischen Ländern – erweist sich nicht selten das späte Abendessen. Das Aupair wird von der Familie bis um 9 oder 10 Uhr abends eingespannt, weil sich das Abendessen eben so lange hinzieht. Danach ist es aber meist zu spät, um noch etwas außer Haus zu unternehmen. Gar nicht am Abendessen teilzunehmen, ist auch nicht unbedingt eine glückliche Lösung, denn immerhin gehören die Mahlzeiten zur Gegenleistung der Familie, sind also indirekt Bestandteil des Arbeitslohnes. Obendrein ergeben sich die wichtigsten Gespräche erfahrungsgemäß beim gemeinsamen Abendessen, wenn alle Ablenkungen entfallen – so nicht der Fernseher jeder Kommunikation den Garaus macht! Dieser Aspekt ist auch für die Einübung der mündlichen Ausdrucksfähigkeit in einer fremden Sprache von Belang.

Eventuell lässt sich eine Vereinbarung treffen, das Abendessen auf eine frühere Uhrzeit zu legen, oder das Aupair erhält die Gelegenheit, schon vorher zu essen.

Täuschung und Ent-Täuschung

Viele Aupairs beklagen auch eine häufige Diskrepanz zwischen Angaben im Stellenangebot und der Realität – auf einmal ist drei- oder viermal die Woche zu babysitten statt der ausgemachten zwei Mal, zudem ist das Zimmer kleiner und die Sprachschule oder das Stadtzentrum weiter entfernt. Oder man hat auf einmal ganz andere Aufgaben als besprochen, die zwei kleinen Wonneproppen stellen sich als wilde ADS-Kinder heraus, auf einmal ist das Familiensilber zu putzen, die Eltern sind im Begriff, sich scheiden zu lassen, und statt der Fremdsprache soll man sich nur auf Deutsch mit der Familie unterhalten.

Kathi, Aupair in Frankreich, empfiehlt: »Es zahlt sich wirklich aus, seine Gastfamilie vorher zu besuchen! Immerhin soll man sich ja dort über eine mehr oder weniger lange Zeit wohlfühlen ...da muss man sich die Familie schon genau anschauen, damit dann nicht nachher die Enttäuschung groß ist! Oft kommt es nämlich vor, dass nicht alles so ist, wie von der Gastfamilie vorher beschrieben, bezogen auf die Wohnsituation, den Lohn oder die Aufgaben. Ein kurzer Besuch erlaubt einem, erste wichtige Eindrücke zu sammeln und vor allem nicht in die komplette Ungewissheit zu fahren.«

Zudem sollte man in jedem Fall, besonders aber wenn man keine Agentur hat und sich privat bewirbt, einen Vertrag aufsetzen, der genau festhälten ist, wie viele Stunden pro Woche zu arbeiten sind, wie oft maximal gebabysittet werden muss, was genau die Aufgaben sind, etc.

Viele Aupairs klagen darüber, keinen genauen Wochenplan zu haben. Es ist einfach kein angenehmes Gefühl, „auf Abruf" bereitstehen zu müssen und keine eigene Freizeit planen zu können. Auch wenn es manchen Gastfamilien – insbesondere, wenn sie das erste Mal ein Aupair haben – vielleicht schwer fällt, als Arbeitgeber aufzutreten und einen nüchternen Plan zu erstellen, sollte das unbedingt geschehen. So werden wichtige Termine nicht vergessen, die Stundenanzahl steht Schwarz auf Weiß da, und das Aupair kann seine eigene Freizeit planen.

Distanz oder Integration

Häufig wird das Aupair von vornherein wie eine Angestellte betrachtet. Gerade bei solchen Arbeitsregelungen wie »Mother's Help«, wo allein schon die Arbeitszeit, aber auch die bessere Bezahlung, stärker an ein Vollzeit-Arbeitsverhältnis angelehnt sind, ist der ursprüngliche Gedanke einer Einbeziehung in das Familienleben oft verschwunden.

Allerdings: Sinn und Inhalt des Aupair-Aufenthaltes ist gerade die Integration in die Familie – hauptsächlich, um darüber Hilfen im Umgang mit der fremden Umgebung und der Sprache zu bekommen.

Es hängt natürlich auch von der Einstellung des Aupairs ab, ob es gerade den Familienanschluss sucht ... oder froh ist, wenn es von der Familie außerhalb der Arbeitszeiten in Ruhe gelassen wird. Leider sieht es meist so aus, dass das Aupair zwar die Pflichten eines Arbeitnehmers hat, aber nicht dessen Rechte.

Gwendolyn, die in Frankreich als Aupair arbeitete, fühlte sich zwar von den Kindern als Familientmitlied akzeptiert, nicht aber von den Eltern: »Die Gasteltern waren zwar beide sehr nett zu mir, aber sie waren so in ihrer eigenen Welt, dass ich weniger ein echtes Familienmitglied als vielmehr eine Ansprechpartnerin in allen Fragen rund um die Kinder war. Für mich war das dann in Ordnung so; wir haben uns gut arrangiert. Die Kinder hingegen haben mich voll und ganz als Teil ihrer Familie angesehen und vermissten mich nach meiner Abreise dann auch sehr, obwohl meine Nachfolgerin bereits da war.«

Eine ähnliche Erfahrung machte *Johanna*, die sich in ihrer griechischen Gastfamilie bis zuletzt nicht wie ein echtes Familienmitglied fühlte: »Ich war sicherlich keine Angestellte in dieser Familie, aber dadurch, dass sie sich wenig drum kümmerten, wie es mir wirklich ging, fand ich es eher enttäuschend. Meist wurde ich als Kindermädchen Johanna vorgestellt. Wobei es im Griechischen für Kindermädchen / Haushilfe ein gemeinsames Wort gibt ... – so dass ich nie wusste, wie sie es nun meinen. Leider haben sie mich auch selten gefragt, ob ich mit irgendwo hinfahren möchte. Sie waren einfach weg, ohne mir Bescheid zugeben, so dass sich ein echtes Familienleben gar nicht entwickeln konnte.«

Dass es auch ganz anders ablaufen kann, beweist die Geschichte von Dominika, die am Ende ihres Jahres in Australien ein so voll integriertes Familienmitglied war, dass die Familie am Ende sogar über Adoption nachdachte.

Auch *Carina* wurde in ihrer australischen Gastfamilie herzlich in das Familienleben mitaufgenommen. »Ich wurde immer und überall in die Planungen der Familie mit einbezogen; wollte ich am Wochenende aber lieber etwas mit Freunden unternehmen, so war das auch kein Problem für meine Familie.«

Kathi bezeichnet das Verhältnis zu ihren englischen Gasteltern Wendy und Jonathan, einem ehemaligen Hardrock-Schlagzeuger und jetzigen Jurist, als optimal:
»Einerseits war es, als würde ich abends mit Freunden beisammensitzen und Wein trinken, und andererseits war trotzdem ein gewisser respektvoller Abstand vorhanden - was meiner Meinung nach sehr wichtig ist, wenn man quasi in einem Arbeitsverhältnis zueinander steht.

Es gibt viele Stufen der Distanz und Nähe zwischen Aupair und Gastfamilie – wichtig ist letztlich, dass sich alle Beteiligten mit der Situation wohlfühlen – ob das Aupair nun bei jedem Sonntagsausflug dabei ist, oder lieber mit Gleichaltrigen ganze Wochenendausflüge plant. Wer sich als Aupair bewirbt, sollte der Familie die Gründe schildern, warum er / sie sich für eine solche Stelle interessiert. Manche Fragebögen enthalten auch von vornherein die Frage: wird Familienanschluss gewünscht?

Verantwortung

Bleibt noch anzumerken, dass in vielen Familien, wo beide Eltern berufstätig sind, vorausgesetzt wird, dass das Aupair Haushalt und Kinder eigenverantwortlich betreut. Eine solche Situation erfordert ein hohes Maß an Selbständigkeit, Initiative und sicher auch Erfahrung. Wer sich dieses nicht zutraut, sollte im Interesse aller Beteiligten ehrlich sein und sich bereits in der Frühphase der Vermittlung an seine Agentur wenden. Vielleicht findet sich ja eine Gastfamilie, deren »Anforderungsprofil« das Aupair leichteren Herzen entsprechen kann?

Die neunzehnjährige *Christine*, die als Aupair nach Großbritannien ging, erlebte diese besondere Verantwortung in extremem Maß. Sie erzählt:
»Die Familienverhältnisse gestalteten sich etwas schwierig: meine Vorgängerin reiste erst zwei Tage nach meiner Ankunft ab. Drei Tage danach teilte der Ehemann mit, dass er sich scheiden lassen wolle (erst drei Monate später gab er zu, dass er seine Frau mit meiner Vorgängerin betrogen hatte und jetzt mit ihr zusammenlebte).

Danach wurde die ganze Situation natürlich extrem: meine Gastmutter war einem Nervenzusammenbruch nahe und bekam Depressionen; die Kinder (acht und drei Jahre) hatten niemanden, der für sie da war. Ich war ja noch so fremd. In dieser Situation entschloss ich mich, zu bleiben, obwohl meine Gastmutter sagte, dass sie es in der Lage nicht erwarten könne. Dadurch aber wuchs ich in eine Rolle, die eigentlich mehr die einer Mutter als einer »Haustochter« war: ich versorgte den ganzen Haushalt, weckte die Kinder morgens, brachte sie in die Schule, auch zu Bett, aß mit ihnen und stand auch nachts auf, wenn der Kleine weinte oder mal raus musste. Ich hatte also keine geregelte Arbeitszeit sondern konnte mir meine Arbeit einteilen – und war ein vollkommen integriertes Mitglied der Familie. In meinem Zimmer hielt ich mich eigentlich nur zum Schlafen auf. Ich ging mit, wenn wir Freunde besuchten, war auf Parties dabei, im Urlaub und bei Ausflügen. Mein Verhältnis zu meiner Gastmutter war wie das zu einer älteren Freundin; wir redeten miteinander über alles Mögliche.

Wären die Verhältnisse »normal« gewesen, wäre ich mir wahrscheinlich ausgenutzt vorgekommen, hätte ich all das tun müssen, was ich getan habe. Aber dadurch, dass ich das Gefühl hatte, wirklich gebraucht zu werden, fand ich das schon in Ordnung. Und im Endeffekt habe ich wirklich wahnsinnig viel gelernt – fürs Leben sozu-sagen, auch wenn's doof klingt.«

Erfahrungsberichte

Männliche Aupairs

I.

»Was, du wirst Aupair-Mädchen? Ich wusste nicht, dass Männer das auch werden können!« - »Na ja, ich selbst nenn´ es lieber einfach Aupair, Sommer-Aupair, um genau zu sein! Und klar, warum sollen Männer nicht gut mit Kindern umgehen können!?« So lautete die Antwort, die *Martin* vor seiner Abreise in die USA des Öfteren geben musste.

»Aber warum wollte ich eigentlich als Sommer-Aupair in die USA? Zuerst fiel die Entscheidung, nach dem Abi auf jeden Fall für eine längere Zeit in die USA zu gehen. Nach einiger Recherche im Internet stieß ich auf die Seite einer Aupairagentur, die ein Sommer-Aupair-Programm anbot und auch männliche Aupairs vermittelte. Aha! Als Betreuer einer Ferienfreizeit hatte ich ja schon gearbeitet, und mit meinem Nachhilfekind kam ich auch immer super klar - kurzum: Mit Kindern zu arbeiten machte mir Spaß, und das in dem Land, wo ich schon immer hin wollte: perfekt!«

Nach einem Vorbereitungstreffen in Köln war Martin noch mehr von seiner Entscheidung überzeugt und reichte voller Vorfreude seine Bewerbung ein. »Und tatsächlich: Eine Familie aus Washington D.C. wollte mich als ihr Aupair! Etwas Nervosität kam schon auf, aber als ich im Flugzeug nach New York zur Aupair-Schule saß und an Bord schon etliche andere Aupairs traf, die mit dem gleichen Ziel unterwegs waren, kam nur noch Vorfreude auf.«

Nach den fünf Tagen Aufenthalt in der Schule in Long Island bekam Martin dann aber auf dem Weg zu seiner Gastfamilie doch noch mal weiche Knie. »Vor allem, da sich der E-Mail-Kontakt mit meiner Hostfamily vor meiner Abreise in Grenzen gehalten hatte und ich nicht wirklich wusste, was mich erwartete. Als mich meine Gastmutter aber mit einem "Welcome, Martin!"-Plakat und den zwei Jungs (Joshua, 5 und Ethan, 3) an der Hand vom Bus abholte und mich direkt in die Arme schloss, fiel mir doch ein Stein vom Herzen und meine Nervosität war verflogen.«

Im Auto fing der fünfjährige Joshua dann allerdings an zu schreien und trat Martins Gastmutter in den Fahrersitz getreten: "He is very high energy!" Leider sollten diese plötzlichen Ausraster keine Ausnahme bleiben, und es stellte sich heraus, dass Josh hyperaktiv war.

»Dies war auch der Grund, warum sich meine Gastfamilie für ein männliches Au Pair entschieden hatte. Doch was sollte ich jetzt tun? Das Handtuch schmeißen? Auf gar keinen Fall! Ich mochte meine beiden Schützlinge, sie mochten mich und ich wollte unbedingt bleiben.«

Mit der Zeit fand Martin dann auch Wege, Joshuas Ausraster unter Kontrolle zu bringen.

»Allerdings muss ich auch ganz ehrlich sagen, dass ich manchmal, nachdem ich "off" war, sofort aus dem Haus zu anderen Aupairs ging, weil ich einfach fertig mit den Nerven war. Doch die Jungs mochten mich, ich kam mit ihnen klar und alles sollte in Ordnung sein, eigentlich.«

Leider gesellte sich dann ein typisches Aupairproblem zu der Herausforderung des hyperaktiven Schützlings.

»Die Gasteltern! Beides waren Geschäftsleute, und dass ich Teil des "Business" war, gaben sie mir deutlich zu verstehen. Auf die Frage, warum sie sich für ein Aupair entschieden hatten, kam die Antwort, dass es billiger als eine Nanny sei. Auch sonst war ich für meine Gasteltern abgeschrieben, wenn sie zu ihren Kindern nach Hause kamen; ich wurde wie Luft behandelt.«

Martin ließ sich davon aber nicht die Laune verderben.

»Nichtsdestotrotz waren da die Kinder, um die es ja hauptsächlich ging und die mir sehr ans Herz wuchsen. Inzwischen hatte ich mich auch eingelebt, Freunde gefunden und war einfach gerne da. Aus diesem Grund wechselte ich die Familie nicht, machte meinen Job gemacht und fand die Aufmerksamkeit, die mir meine Gasteltern nicht gaben, bei Freunden, mit denen ich auch heute noch Kontakt habe. Ich durfte die amerikanische Kultur hautnah erleben und verbesserte mein Englisch, wovon ich in meinem Englischstudium noch immer profitiere. Außerdem bin ich persönlich sehr gewachsen und kann rückblickend behaupten, auch schwierige

Situationen gemeistert zu haben. Doch vor allem sind es die speziellen Momente, die ich während meines Aupair-Aufenthaltes erleben durfte. Sei es die Arbeit mit den Kindern oder der Independence Day, den ich in Miami Beach verbracht habe. Das Plätzchenbacken mit den Jungs genau so wie die lustigen Abende, an denen wir D.C.-Aupairs einfach im Starbucks-Café gelacht haben.
Also, ihr Männer da draußen, traut euch ruhig, denn Aupair zu werden ist nicht nur ein weibliches Privileg!«

II.

Johann, der auch zur Riege der männlichen Aupairs gehörte, möchte gleich vorweg zwei Sachen in die Welt hinaustragen:
»Auch Jungs können Kinder betreuen. Auch Kerle können Windeln wechseln und Kids bekochen. Leider ist es aber auch wirklich so, dass männliche Aupairs weit in der Minderheit sind. Ich habe zum Beispiel mein ganzes Aupairjahr über nicht einen einzigen männlichen Mitstreiter kennengelernt, was ich wirklich schade fand. Aber man muss auch sagen, dass es den einen oder anderen Vorzug bieten kann ...«

Bevor Johann überhaupt jemals daran gedacht hatte, ins Ausland zu gehen um für "fremde" Kinder ein Jahr lang fast rund um die Uhr da zu sein, hatte er schon länger und des Öfteren auf seine kleineren Cousins und Cousinen aufgepasst.

»Das war eigentlich immer wie eine Selbstverständlichkeit für mich; ich war ja schließlich der Älteste von uns allen, und als der Älteste hat man ja leider nun mal mehr Pflichten als die später Geborenen.

Nach meinem Abitur und meiner Zeit als Zivi fühlte ich mich noch nicht richtig motiviert, um ein Studium zu beginnen oder gar mit einer richtigen Arbeit anzufangen. Also suchte ich nach Alternativen, um meine Zeit zwischen Ende des Zivildienstes und Anfang des Studiums auf irgendeine Art und Weise sinnvoll zu nutzen. Dabei stieß ich dann auf die Aupairtätigkeit.«

Nachdem sein erster Versuch bei einer großen Aupairagentur nicht fruchtete, fand Johann eine kleinere Agentur, die ihm auf Anhieb sympathischer erschien.

»Hier musste man nicht erst irgendwo hinfahren und in Gruppenarbeit irgendwelche Eignungstests absolvieren. Außerdem hatte meine Ansprechpartnerin bei dieser Agentur kein Problem damit, dass ich ein Junge war, der einfach das Nützliche mit dem Sinnvollen und Aufregenden verbinden wollte. Sie nahm sich Zeit für mich und fragte mich auch zum Beispiel nicht, was ich denn vom amerikanischen Präsidenten halte oder warum gerade ich als Junge gerne auf Kinder aufpasse. Ich mein, ich hätte mich ja wohl kaum beworben, wenn ich es nicht auch machen wollte!?«

Nach dem ersten Telefonat ging alles viel schneller als Johann erwartet hatte, und schon bald war eine Familie für ihn gefunden.

»Zu meiner Überraschung war es eine fünfköpfige Familie mit drei Kindern, einem Hund und einer Katze auf der schönen Insel Jersey im Kanal zwischen Großbritannien und Frankreich. Alles hörte sich sehr aufregend an und wurde noch spannender, nachdem ich mit der Familienmutter telefoniert hatte, die Deutsche war einen Iren geheiratet hatte. Das konnte nur positiv sein - internationale Gegebenheiten waren schon immer mein Fall, da ich ein Mensch bin, der gerne reist und anderes Kulturgut in sich aufsaugt wie ein Schwamm.«

Die erste Zeit jedoch, gibt Johann zu, war »nicht unbedingt immer harmonisch und auch beileibe nicht unanstrengend! Ich fand heraus, dass es noch eine Haushälterin gab, was natürlich das tägliche Aufräumen, Putzen, Essenmachen etc. erheblich erleichterte. Sie hatte aber auch zwei Kinder im gleichen Alter wie meine Aupairkinder, und da sie im selben Haus wohnten, kam es auch ab und an dazu, dass ich fünf Kinder im Alter von zwei bis sechs um mich herum hatte. Nicht immer eine leichte Aufgabe, wie sich alsbald herausstellte, vor allem, weil meine Gasteltern lange und viel arbeiteten, und auch oft unterwegs waren, so dass nicht immer jemand da war, den ich um Rat fragen konnte. So gesehen war die Anwesenheit der portugiesischen Haushälterin eigentlich sogar ganz cool.«

Mit der Zeit gewöhnte Johann sich an die gegebenen Umstände. »Wie man sich wahrscheinlich an alles anpasst! Ich hatte allerdings auch eine liebe nette und offene Familie erwischt, die mich eigentlich von Anfang an in ihr Familienleben integrierte. So vergingen die ersten Monate recht schnell und ich machte viele Erfahrungen, zum Beispiel, wie man mit einem deutschen VW Golf auf den englischen Straßen fährt oder welche Wege und Straßen die besten sind, um die Kinder zum Unterricht oder zum Reitunterricht zu fahren.«

Würde ihn heute jemand fragen, ob er noch mal Aupair machen wollte und ob es ihm etwas gebracht hatte, ob er Englisch gelernt hatte, so würde Johann alle drei Fragen mit Ja! beantworten.

» Aupair sein, so doof es auch klingt, ist echt eine Erfahrung, die man machen sollte, wenn man die Chance dazu bekommt -gerade als Junge! Bringt viel Respekt und Anerkennung. Auch wenn es kein Zuckerschlecken ist - wenn man sich durchbeißt, dann hat man am Schluss Erfahrungen gesammelt, die einem sicher später weiterhelfen können und werden. Man wird selbstständiger, unabhängiger und verantwortungsbewusster! Das mag blöd und altbacken klingen, ist aber in der Realität dennoch so, auch wenn ich es selber nicht dachte zu Beginn. Es lohnt sich definitiv. Selbst der Kontakt zur Familie, sollte man ihn nach dem Jahr weiter pflegen, kann im späteren Privat – und Berufsleben weiterhelfen. Also geht der Apell an alle, die Aupair werden wollen oder gerade sind: Tu es! Beiß dich durch!«

»Studieren mit Stipendien«
http://shop.interconnections.de

Die fremde Sprache

Für jemanden, der in ein fremdes Land einreist, dessen Sprache er erst noch erlernen will, bilden die ersten Schritte in diesem Land eine erhebliche Hürde.

Auch, wer schon eine solide Grundlage durch den Sprachunterricht in der Schule zu Hause mitbringt, kann deshalb noch nicht unbedingt im täglichen Leben mithalten, denn dort wird meist schneller, undeutlicher und »umgangssprachlicher« gesprochen.

Dazu kommt, dass gerade zu Anfang alle Formalitäten zu erledigen sind: vom Aufsuchen der Familie über die behördliche Anmeldung bis zur Schulanmeldung. Gerade hier tauchen häufig erste Schwierigkeiten auf: Das Meldesystem in vielen Ländern ist undurchsichtig ... Glücklicherweise geben die meisten Vermittler und auch viele Familien ausreichende Hilfestellung zur Bewältigung dieser Anlaufschwierigkeiten. Auch die anfänglichen Absprachen mit der Familie leiden oft darunter, dass die Aupairs sich nicht genug ausdrücken können, um ihre Sorgen und Probleme präzise darzulegen.

Bärbel, neun Monate lang als Aupair-Mädchen im französischsprachigen Kanada, wäre fast an den Formularen im Einwanderungsbüro gescheitert. Sie konnte die Fragen kaum verstehen, wobei andererseits ihre weitere Aufenthaltsmöglichkeit von der richtigen Beantwortung abhing. In solchen Fällen erweist sich natürlich die Hilfe einer Vermittlungsorganisation oder der Familie als sehr nützlich – doch in jenen Ländern, in denen es keine Organisationen gibt, und in Fällen, wo die Familien keine Hilfestellung leisten, ist das Aupair völlig auf sich selbst gestellt.

Vielleicht findet sich aber auch ein Freund oder Bekannter, der die Sprache beherrscht und zumindest am Anfang bei den Behördengängen und bei anderen wichtigen Gelegenheiten dabei ist.

Stefanie, die fünf Monate in einer deutsch-dänischen Familie verbrachte, hatte Glück, da sich ihre Gastmutter sehr für sie einsetzte und dafür sorgte, dass sie einen Sprachkurs beginnen konnte. »Das war ein ganz schöner Aufwand, da man im Dänemark nur mit einer CPR-Nr. (die dänische Registrierungsnummer) einen Sprachkurs kostenlos besuchen kann. Dank des großen Einsatzes meiner Gastmutter und den vielen Telefonaten konnte ich bereits nach wenigen Wochen, vorerst als Gasthörerin, wenig später offiziell als Schülerin, die *Sprogskole* besuchen. Zweimal die Woche zweieinhalb Stunden Dänisch – gemeinsam mit sieben anderen, fast alle in meinem Alter und aus ganz Europa. Anfangs war die Kurssprache Englisch, aber von Stunde zu Stunde kam mehr Dänisch hinzu.«

Stefanie berichtet aber auch, dass es zunächst schwierig gewesen sei, die dänische Sprache in ihren Alltag einzubauen – zumal sie in einer zweisprachigen Familie lebte, in der alle perfekt deutsch sprachen: »Die Kinder wurden deutsch und dänisch erzogen – meine Gastmutter und ich sprachen Deutsch mit den Kindern, mein Gastvater und die Großeltern, die ums Eck wohnten, Dänisch. Unterhaltungen wurden aber meist auf Deutsch geführt, da alle Familienmitglieder darin perfekt waren. Wer also auf das Sprachliche großen Wert legt, der sollte sich eine einsprachige

Dr. Frank Sprachen & Reisen GmbH
DFSR
Siegfriedstraße 5
64646 Heppenheim
Tel.: 06252/ 9332-22
s.pristaff@dfsr.de, www.dfsr.de

DFSR
DR. FRANK SPRACHEN & REISEN GMBH

Bürozeiten: 9.00–17.30 Uhr

Ansprechpartner: Frau Sophia Pristaff

Gründungsjahr: 1978

Altersbegrenzung: zwischen 18 und 30 Jahre

Dauer des Aufenthalts: Mindestdauer 6 Monate (Ausnahme: Sommer-Au-Pair)

Besondere Voraussetzungen: nachweisbare Erfahrung in der Kinderbetreuung durch Referenzen und Zeugnisse,
Spaß an der Kinderbetreuung,
sportlich, aktiv,
gute Englischkenntnisse,
gute Gesundheit,
einwandfreies polizeiliches Führungszeugnis,
Führerschein von Vorteil

Anmelde- oder Bewerbungsfrist: 3 Monate

Länder der Aufenthalte: England, Irland, Spanien, Frankreich, Italien, USA, Neuseeland

Weitere Kosten: Anreise, Abreise, Visum ggfs., Kaution ggfs., Versicherung, zusätzlicher Sprachkurs

Vermittlungsgebühr und Kommunikationskosten: 225,– Euro

Weitere Programme: High School, Praktika im Ausland, Volunteer, Sprachreisen, Inbound Germany

Verbandsmitgliedschaften:
IAPA, DFH, FDSV, FIYTO, CSIET, GWEA

Familie suchen! Versprechungen beim Kennenlernen ändern nämlich leider die Gewohnheiten einer Familie nur selten, wie ich schnell gemerkt habe. Auch in der Öffentlichkeit kam man mit Englisch und/oder Deutsch so perfekt zu recht, dass meine Hemmschwelle dementsprechend hoch lag. Ich hätte gerne raschere Fortschritte gemacht, aber vielleicht war ich selbst nicht aktiv genug. Zusätzlich kamen noch zwei Monate Sommerferien der Sprachschule dazwischen, in denen ich mich mit dänischen Büchern, Zeitungen und Liedtexten, dänischem Radio und TV über Wasser gehalten habe. Dafür lag das Kursniveau nach den Sommerferien mit nur noch vier übrigen Schülern deutlich höher, Hauptsprache im Kurs war nun Dänisch, und nur bei Problemen oder Nachfragen wurde Englisch gesprochen. Jetzt hatte ich erstmals das Gefühl der Sprache annähernd mächtig zu sein. Ich machte erste Versuche in Geschäften, beim Bäcker oder mit meiner dänischen Gastoma ... Kurz vor Ende meines Aufenthaltes habe ich die Sprachprüfung für das erste Modul abgeschlossen, um meine Sprachkenntnisse Schwarz auf Weiß auf dem Zertifikat zu haben. In diesem Sinne – nur Mut zu „exotischen" Sprachen!

Die Begegnungen mit der Familie, insbesondere die täglichen Mahlzeiten, sind ein Prüfstein für Sprachkenntnis und Ausdrucksfähigkeit sind. Nicht selten sitzt das Aupair zwar mit am Tisch, kann aber der Unterhaltung nicht folgen. Oder die Familie unternimmt verzweifelte Versuche, eine gemeinsame Unterhaltung in Gang zu bringen, die aber mit der alltäglichen Sprache nicht viel gemein hat.

In so einem Fall ist es gewiss besser, wenn die Gastfamilie nicht allzusehr von ihrem gewohnten Verhalten abweicht. Natürlich soll sie das Aupair auch nicht ignorieren, ein paar erklärende Äußerungen erleichtern den Einstieg. Aber auch das Aupair kann sich auf den »Ernstfall« vorbereiten – um so besser übrigens, als es sich bereits vor Antritt seines Aufenthalts mit seiner Gastfamilie auseinandersetzt: etwa, indem es sich bei vorhandenen Grundkenntnissen schon zu Hause auf mögliche Fragen der Gasteltern vorbereitet (auch wenn diese zunächst nur mit dem Ziel gestellt werden, ein »peinliches Schweigen« zu überspielen), etwa über die Verhältnisse in seinem Herkunftsland. Ein regelmäßiger Blick in die Zeitung in den Wochen vor dem Aupair-Aufenthalt wirkt Wunder! Genauso gilt, dass nur derjenige sich an den Verhältnissen im Gastland interessiert zeigen kann, der sich rechtzeit kundig gemacht hat und nicht allein auf die mageren Auskünfte im Lehrbuch verlässt.

So gut die Vorsätze auch sein mögen: zu Beginn wird man auf diese Weise vielleicht nicht viel mitbekommen, aber angesichts der ständigen Konfrontation mit der Sprache schreitet das Lernen meist überraschend schnell voran – auch wenn anfangs nach ein bis zwei Stunden »nichts mehr geht«.

Ein Tipp: wenn zu selten Gelegenheit besteht, in und mit der Familie zu sprechen (Kleinkindbetreuung!), bieten sich andere Möglichkeiten an, die für die Sprachschulung nützlich sind: so viel wie möglich lesen, fernsehen, Radio hören. Zwar fehlt bei dieser Art von Kommunikation die unmittelbare Begegnung mit Menschen – sie soll ja eigentlich auch Schwerpunkt des Aupair-Aufenthaltes sein – aber das Lesen oder Hören der Sprache via Schrift, Fernsehen usw. stellt eine außerordentlich gute Schulung für das Sprachgefühl dar. Hinzu kommt, dass all dies zu Hause möglich ist, das Aupair also für die Familie anwesend ist. Die Sprachkurse bilden dazu eine weitere, äußerst sinnvolle Ergänzung. Einmal ganz abgesehen von der Gelegenheit zur Kontaktaufnahme mit »Gleichgesinnten« ...

Kaum ein Aupair beklagt sich nach einem längeren Aufenthalt darüber, sprachlich nicht weitergekommen zu sein. Die Quellen dieser Sprachschulung sind dabei höchst unterschiedlich: in manchen Fällen finden häufig Gespräche in der Familie statt, manchmal stehen eher auswärtige Freunde und Freizeitkontakte im Vordergrund. Übrigens: eine Sprache im persönlichen Kontakt zu Muttersprachlern erlernen zu wollen, bedeutet, diese in erster Linie als Menschen zu betrachten und nicht etwa losgelöst als bloßen Übungsgegenstand!
Wer vorhat, als Aupair ins Ausland zu gehen, und seit längerer Zeit die dortige Sprache nicht mehr praktiziert hat, kann schon im Heimatland zumindest einen kurzen Sprachkurs zur Auffrischung belegen. Bei uns bietet z.B. die VHS günstige Kurse an; abgesehen von zahllosen privaten Instituten, mit ihren Kurzzeit- und Wochenendkursen (Adressen in den örtlichen Branchen-Fernsprechbüchern bzw. im Internet), und die kostenlose Möglichkeit des Spracherwerbs auf Gegenseitigkeit via Kleinanzeige. Daneben sind eine ganze Reihe von Sprachlernprogrammen auf Kassetten im Handel, mit entsprechenden Begleittexten, zu verschiedenen Preisen für jedes Niveau.

Sprachkurse

Um keine Missverständnisse aufkommen zu lassen: der Besuch von Sprachkursen im Rahmen eines Aupair-Aufenthalts stellt in der Regel *keine* Verpflichtung dar. Die Anmeldung bei einer Sprachschule kann daher nur aus eigener Initiative erfolgen. Umgekehrt gilt, dass die Gastfamilie den regelmäßigen Besuch einer Sprachschule zu ermöglichen hat. Dass dieser Faustregel oft geographische Grenzen gesetzt sind – bis zur nächsten größeren Stadt müsste das Aupair etwa zwei oder drei Stunden Fahrt zurücklegen – sollte bereits bei den ersten Absprachen mit der Gastfamilie angesprochen werden.
Je nach Gesetzgebung jedes einzelnen Landes kann der Nachweis eines Sprachkurses für die Erteilung einer Aufenthaltsgenehmigung aber von Belang sein (z.B. in Frankreich). Auch spielt die regelmäßige Teilnahme an Sprachkursen bei der Fortzahlung von Kindergeld im Einzelfall möglicherweise eine Rolle.

Wahl der Schule – Einschreibung

Bei der Wahl einer geeigneten Schule bieten sich grundsätzlich zwei Möglichkeiten:

- Man kann bereits vom Heimatort aus Kontakt zu einer Schule aufnehmen, sich dort vormerken lassen und später dort einschreiben. Anschriften teilen die meisten Vermittlungsorganisationen mit.

- Oder man fährt erst einmal selbst dorthin und sieht sich die Schule an. Aus diesem Grunde ist es ratsam, sich vor Antritt der Aupair-Stelle ein paar

Tage Zeit zu lassen. In Ländern, wo Sprachkurse nicht verpflichtend sind, besteht auch nach den ersten Wochen der Eingewöhnung noch die Möglichkeit, sich nach einer passenden Schule umzusehen.

Allerdings: wenn schon die Sprachkurse für einen Aupair-Aufenthalt nicht selbstverständlich sind, ist es wichtig, der Familie *vorher* mitzuteilen, an einem solchen Kurs teilnehmen zu wollen, denn andernfalls kann die Familie sich weigern, dazu Zeit zu gewähren!

Im Gastland besteht meist Gelegenheit, sich mehrere Schulen anzusehen (in ländlichen Gebieten ist die Auswahl allerdings begrenzt!) und deren Niveau und Unterrichtsmethode sowie die Tarife zu vergleichen. Am billigsten sind grundsätzlich alle staatlichen Schulen. Private Institute erheben deutlich höhere Gebühren, bieten aber oft einen intensiveren Unterricht.

Ein Anhaltspunkt für die Auswahl der Schule sind auch die Angebote, die über den Sprachunterricht hinausgehen. Manche Schulen bieten Kurse zu weiterführenden Themen an (Geschichte, Politik, Literatur etc.), handwerkliche Gruppen (Töpfern, Malen), Kulturseminare und oft auch Sportklassen (vorwiegend in staatl. Einrichtungen). Daneben werden Schreibmaschinenkurse, Ausbildung in Fachsprachen (etwa Geschäftsverkehr, kaufmännisches Englisch / Französisch usw.), Stenografie, Computerkurse und ähnliches angeboten.

Sicher eine ganze Menge für ein Aupair, das 30 Stunden in der Woche schwer arbeiten muss, aber möglicherweise auch die Gelegenheit, neben der Sprache etwas zu lernen, was später – im Studium oder Beruf – nützlich sein kann.

Nicht unwichtig ist auch die Ausstattung der Schule: gibt es einen Aufenthaltsraum, eine Cafeteria, eine Bibliothek? Und nicht zuletzt: kann ich dort außer Aupairs auch andere Leute kennenlernen? Wie sind die Kontaktmöglichkeiten, etwa im Rahmen eines begleitenden Freizeitprogramms?

Wer sich gleich zu Anfang bei einer Schule eingeschrieben hat, muss in der Regel einen Monat oder bis zum Ende des Trimesters warten, um wechseln zu können.

Die meisten Vermittler erteilen hinreichende Auskünfte, um sich ein Bild von der Schule zu machen. Welche Schule zu einem passt, hängt natürlich auch vom Alter, vom Lern- und Sprachniveau, der Entfernung vom zukünftigen Wohnort, von der Einteilung der Stundenpläne und dem angestrebten Abschluss ab.

Gebühren

Zwischen den verschiedenen Schulen bestehen erhebliche Preisunterschiede – in Paris gelten zum Beispiel die Kurse des *Institut Catholique* als günstig. Die letztlich anfallenden Kosten summieren sich aus Einschreibegebühr und eventueller Vorauszahlung, den eigentlichen Kursgebühren, den häufig nicht enthaltenen Kosten für Lehrmaterial, den bei Anmeldung zu Prüfungen erhobenen Gebühren und schlussendlich auch den anfallenden Fahrtkosten.

Besonders gut organisiert ist das Angebot an Sprachkursen in Paris und London. In England ist fast immer, sofern die Vermittlung über eine der größeren Vermittlungsagenturen abläuft, eine Sprachschule in der Nähe der Gastfamilie (Ausnahmen bestätigen die Regel, wie das Beispiel im Erfahrungsbericht von *Christine* zeigt). Auch in allen Städten Südeuropas existiert ein entsprechendes Kursangebot. Hier gilt, dass die Gebühren mitunter die Hälfte des Taschengeldes verschlingen. Schließlich bestehen auch in Ländern außerhalb Europas in der Regel einige Möglichkeiten, Sprachkurse jeden Niveaus zu besuchen. Private Universitäten und Colleges, zum Beispiel in den USA, sind allerdings relativ teuer. Kanadische Hochschulen verbieten ausländischen Aupairs von vornherein sich einzuschreiben.

Räumliche Entfernung zur Sprachschule

»Existiert eine Schule in der Nähe meines Wohnortes?« »Wie komme ich zu den Kursen?« Neben den Überlegungen in den vorigen Kapiteln sollte man sich auch klarmachen, wie es sich mit den Nahverkehrsverbindungen zur Kursstätte verhält. Wer etwa in den Randbezirken einer Groß- oder gar Millionenstadt wohnt, kann sich durch die Auswahl der Schule in der Stadtmitte die Möglichkeit verschaffen, mehrmals in der Woche dorthin zu kommen – um sich außerhalb der Kurse umzusehen, Geschäfte anzuschauen, sich in ein Café zu setzen ... oder einfach um zu flanieren.

In den meisten Städten bestehen gute Verbindungen mit öffentlichen Verkehrsmitteln; und wenn die Familie eine Monatskarte bezahlt, muss dafür nicht gleich das halbe Taschengeld geopfert werden. Schwieriger ist die Situation in ländlichen Bezirken und in Ländern mit ausgeprägtem Individualverkehr wie den USA: die öffentlichen Verkehrsmittel reichen oft nicht aus, fahren zu selten, und die Verkehrswege sind ausgesprochen lang. Hier leistet ein Führerschein nützliche Dienste, wobei man aber stets seine Fahrpraxis und Versicherungsaspekte berücksichtigen sollte.

Für Aupairs, die im Innenstadtbereich wohnen, fallen die Möglichkeiten am vielfältigsten aus: eine Schule, Universität oder private Sprachschule ist fast immer in der Nähe oder schnell mit öffentlichen Verkehrsmitteln erreichbar.

Da die Sprachkurse zum »Schwerpunktprogramm« jedes Aupair-Aufenthaltes gehören, sollte es möglich sein, die Familie davon zu überzeugen, bei der Suche nach einem geeigneten Verkehrsmittel behilflich zu sein. Oder man trifft ein Arrangement: die Familie leiht dem Aupair ihr Auto, damit es zu den Sprachkursen kommt; im Gegenzug werden vor oder nach den Kursen die Einkäufe erledigt. Oder es gelingt, eine Mitfahrgelegenheit zu organisieren – in die nächste größere Stadt, wo Sprachkurse stattfinden.

Eine willkommene Gelegenheit, Kontakte zum Aufbau von Fahrgemeinschaften zu finden: Kleinanzeigen im örtlichen Gemeindeblatt, an Schwarzen Brettern (sind häufig in Geschäften, Supermärkten und an Rathäusern zu finden), an denen man mitteilt, dass eine Mitfahrgelegenheit gesucht wird. Vielleicht entstehen auf diese Weise auch Kontakte zu anderen Aupairs oder Leuten, die sich in einer ähnlichen Situation befinden?

Grundsätzlich sollte man bereit sein, Hilfsangebote der Gastfamilie nicht von vorneherein abzuschlagen, nach dem Motto »ich bin schließlich alt und selbständig genug, mir selbst zu helfen«. Gerade in romanischen Ländern mit hochentwickeltem Familiensinn (und wenig effektiver Verwaltung) stieße eine solche Haltung nicht nur auf Unverständnis – wenn nicht gar auf beleidigte Reaktionen! – man brächte sich auch um Kontakte und einige Erleichterungen. Hier ist es nämlich durchaus üblich, zum Erreichen eines Ziels nicht den direkten Weg zu gehen, sondern Umwege über Verwandte, Freunde, Verwandte von Freunden oder die Bekannte der Cousine zu benutzen, die sich von der Nachbarin im Nebenhaus die Haare schneiden lässt und ihrerseit einen Nachbarn hat, der wiederum Pförtner bei ...

Wenn der Weg zur Sprachschule nicht allzuweit ist, tut's freilich oft auch ein Fahrrad oder Mofa.

Taschengeld, Kost & Logis ...

Aupairs werden nicht nach einem festen Tarif entlohnt; sie erhalten kein Gehalt, von dem sie leben und über das sie frei verfügen können. Aus diesem Grund wird man nicht am Ende des Monats auf dem Bankauszug ablesen können, was der Familie die Arbeit des Aupairs wert gewesen ist.

Trotzdem bestehen klare Anhaltspunkte, um die Leistungen der Familien einzuschätzen – ebenso wie die Arbeit eines Aupairs von den Familien beurteilt wird.

Taschengeld

Obwohl die Höhe des Taschengeldes in den meisten europäischen Ländern einheitlich geregelt ist (im Durchschnitt etwa 250 – 450 € im Monat), sind in manchen Fällen Abweichungen festzustellen.

In Frankreich z.B. werden zurzeit ca. 80 € pro Woche für das Dreißig-Stunden-Aupair-System gezahlt. Die Berechnung orientiert sich dabei am gesetzlich garantierten Mindestlohn (SMIC), der in unregelmäßigen Abständen der Teuerungsrate angepasst wird. Allerdings kann es immer noch vorkommen, dass einzelne Familien weit weniger Taschengeld zahlen, besonders in der Provinz.

Das übliche Taschengeld für Aupair-Haustöchter in Großbritannien beträgt zur Zeit etwa 79 £ wöchentlich. Einige Familien zahlen auch einen höheren Betrag, fordern dann in der Regel aber eine größere Arbeitsleistung.

Abweichungen nach unten können sich auch in den südeuropäischen Ländern – also in der Hauptsache Griechenland, Italien und Spanien – ergeben, wo 250 € aber gleichwohl als Richtwert genannt werden. Ein u.U. unterschiedlicher Lebensstandard muss natürlich stets in Betracht gezogen werden.

Die Agenturen verlangen in der Regel von den Familien die Zahlung eines Taschengelds in der oben beschriebenen Höhe. Bei erheblichen Abweichungen haben wir dies unter den jeweiligen Agenturen vermerkt.

Wichtig also: sich vorher genau erkundigen, was die Familie zu zahlen bereit ist oder was das Vermittlungsbüro grundsätzlich verlangt. Dies gilt verstärkt in den anderen Ländern, ganz besonders

DIE FAMILIENAGENTUR GmbH

Paul-Ehrlich-Straße 4
60596 Frankfurt am Main
Tel.: 069 63 19 81 71
Fax: 069 63 19 82 44
info@diefamilienagentur.com
www.diefamilienagentur.com

DIE FAMILIENAGENTUR

Bürozeiten: Mo. bis Fr. 8-17 Uhr

Gründungsjahr: 2007

Ansprechpartner: Frau Kubis

DIE FAMILIENAGENTUR ist eine fachlich spezialisierte Beratungs- und Vermittlungsagentur für die Familien- und Seniorenbetreuung.
Zu unseren Schwerpunkten zählt die Vermittlung von ausländischen Au-pairs in deutsche Familien sowie die Vermittlung von deutschen Au-Pairs in das Ausland.
Wir bieten Ihnen kompetente Beratung, Informationen und Betreuung vor und während des gesamten Au-pair Aufenthaltes.

Zu unserem Leistungsspektrum gehören:

- Beratungs- und Informationsservice
- Informationsangebote auf unserer Website
- Unterstützung bei Behördengängen
- Kostenfreie Hotline
- Kooperation mit Au-pair Agenturen weltweit
- Einhaltung von Qualitätsstandards
- Ansprechpartner bei Fragen und Problemen
- Mitgliedschaft in der Au-pair Society e.V.

Besuchen Sie uns auf unseren Internetseiten oder kontaktieren Sie uns per Telefon, E-Mail oder auf dem Postweg. Wir freuen uns auf Ihre Anfragen!

Verbandsmitgliedschaften: Au-pair Society e.V.

in südeuropäischen. Hier werden zwar auch etwa 250 € Taschengeld gezahlt, aber häufig wird dafür stillschweigend eine längere Arbeitszeit vorausgesetzt.

Sozial- und Krankenversicherung

Auch diese Leistungen der Familien zählen indirekt zum Arbeitslohn. Französische Familien müssen knapp 200 € im Monat für die staatliche Sozialversicherung bezahlen, sofern das Aupair regulär angemeldet ist. In diesem Betrag sind Kranken-, Renten- und Unfallversicherung enthalten.

In Großbritannien unterliegt die Aupair-Beschäftigte mit dem Tag ihrer Anreise dem Versicherungsschutz des staatlichen Gesundheitsdienstes »National Health Service«. Während der ersten 26 Wochen sind sie jedoch nicht rentenversicherungspflichtig.

Nicht in allen Ländern sind die Familien verpflichtet, für die Krankenversicherung des Aupairs aufzukommen (Einzelheiten im Länderteil. Auch darüber sollte schon im Voraus verhandelt werden, denn wenn man sich im Heimatland selbst versichern muss, geht (je nach Art und Umfang der Versicherung) ein ordentlicher Teil des ohnehin nicht üppig bemessenen Taschengelds dafür vom Konto ab. In Deutschland und Österreich ist eine kombinierte Kranken-/Unfall- und Haftpflichtversicherung um die 23 bis 48 € zu haben.

Aupair USA
http://shop.interconnections.de

Monatskarte

In Frankreich, namentlich in Paris, gehört die Bezahlung der Monatskarte für öffentliche Verkehrsmittel ebenfalls zu den Leistungen der Familie.

Die meisten Vermittlungsbüros, jedenfalls in Paris, haben diese Regelung in ihre Verträge aufgenommen. Auch in Deutschland wird den Familien die Bezahlung der Monatsfahrkarte empfohlen. In anderen Ländern ist auch sie Gegenstand von Verhandlungen mit der Gastfamilie oder der zuständigen Vermittlungsagentur.

In Paris ist beispielsweise die »Carte Orange« für Bus, Metro, RER und SNCF so gut wie unabdingbar.

Eigenes Zimmer

Im Europäischen Aupair-Abkommen wird dieser Punkt in einer nicht ganz eindeutigen Formulierung angesprochen. Es heißt dort: »(Der Aupair-Beschäftigte) soll *nach Möglichkeit* über ein eigenes Zimmer verfügen«.

Diese Rahmenbestimmung liegt natürlich weitgehend im Ermessen der Gastfamilien. *Maria* zum Beispiel, die ein halbes Jahr lang mit einer amerikanischen Familie lebte, sollte in deren Haus ihr eigenes Zimmer bekommen. Nur befand sich dieses Zimmer, als sie ankam, noch »im Bau« – und das bis zu ihrer Abreise. Stattdessen wurde sie in einem der Kinderzimmer untergebracht. Wenn die Tochter, um deren Zimmer es sich handelte, dieses für sich haben wollte, wurde sie vor die Tür geschickt. Maria besaß keinen Schrank für sich und keinerlei persönlichen Bereich.

Die meisten angebotenen Zimmer, jedenfalls in den europäischen Großstädten, sind klein und enthalten oft gerade das Notwendigste. Geräumige, großzügige Zimmer sind selten; auch Sonderausstattungen wie Fernseher, Radio, eigene Küche, eigenes Bad sind die Ausnahmen. Eine bessere Unterbringung zu erhandeln, fällt in den meisten Fällen schwer. Gerade in Städten wie Paris oder London sind die Platzverhältnisse oft sehr beengt.

Eine weitere maßgebliche Frage: liegt das Zimmer innerhalb oder außerhalb der Wohnung? Der eine möchte sich nach der Arbeit ganz zurückziehen können, der andere hat es lieber, mit der Familie in einer gemeinsamen Wohnung zu leben.

Folgende *Mindestausstattung* sollte in dem Zimmer (außer Bett, Tisch und Stuhl) auf jeden Fall vorhanden sein:

- *Warmes Wasser* auf dem Zimmer und eine Heizung, falls der Aufenthalt in den kälteren Regionen stattfindet – in dieser Beziehung sollte man sich keine Illusionen machen: auch die Wintermonate in Italien oder Spanien, ja selbst in Israel, sind von einer unangenehm feuchten Kälte. Die Heizkosten gehen auf jeden Fall zu Lasten der Familie.
- Vorteilhaft ist auch eine *Kochgelegenheit* und die Möglichkeit, seinen Abwasch im Zimmer zu erledigen.
- Sofern das Zimmer keinen eigenen *Kühlschrank* hat, sollte man sich eine Ecke im Kühlschrank der Familie reservieren, wo die eigenen Lebensmittel untergebracht werden können.
- Eine *Grundausstattung an Geschirr* ermöglicht es, auch einmal für sich allein zu kochen oder für einen Gast.

- *Fernsehgerät, Radio, Plattenspieler, Kassettenrecorder* u.ä. können natürlich nicht von der Familie verlangt werden. Wer Wert darauf legt – nebenbei sind Fernseher und Radio auch für die Sprachschulung nützlich – sollte diese Geräte von zu Hause mitbringen.

Zustand und Ausstattung des Zimmers können schon einen ersten Eindruck davon vermitteln, was die Arbeitsleistung des Aupairs der Familie Wert ist – und ob sie sich Gedanken über die Bedürfnisse des Aupairs gemacht haben. Aber nicht immer ist umgekehrt ein großes und komfortables Zimmer auch eine Garantie für die Freundlichkeit und Aufgeschlossenheit der Familie.

Freizeit

»Freizeit« ist ein dehnbarer Begriff. Wenn das Aupair sich in der Wohnung aufhält, nichts Konkretes zu tun hat, aber zur Stelle sein muss, wenn das Baby wieder aufwacht, könnte man sagen, dass es eigentlich Zeit für sich hat. Diese Abgrenzung von Ruhepausen während der Arbeit und von tatsächlicher Freizeit ist oft schwierig, wenn nicht gar unmöglich. Die meisten Vermittler weisen klar darauf hin, dass einem Aupair mindestens zwei bis vier Stunden wirkliche – also ununterbrochene – Freizeit pro Tag zur Verfügung stehen müssen. Also Zeit, die das Aupair frei einteilen kann, in der es die Wohnung verlassen und in der es hingehen kann, wohin es möchte. Sprachkurse und die Teilnahme an kulturellen Veranstaltungen fallen natürlich auch in diese Zeit. Dazu kommt mindestens ein komplett freier Tag pro Woche für kulturelle Bedürfnisse, Freizeitaktivitäten und Religionsausübung. Die Familie hat grundsätzlich in die Art und Weise, wie das Aupair seine Freizeit gestaltet, nicht hineinzureden. Gut gemeinte Ratschläge sind natürlich möglich, aber ob das Aupair sie befolgt, ist seine Sache. Abweichungen müssen mit der Familie ausdrücklich vereinbart werden.

Aber: Was tun in der Freizeit?
In einem unbekannten Land fällt es meist schwer, Kontakte zu knüpfen. Und meist begegnet man eher anderen Ausländern als Einheimischen. Viele Vermittlungsbüros haben sich auch mit diesem Problem beschäftigt und bieten eine Reihe von Freizeitaktivitäten an, die auch Begegnungen mit Einheimischen (Rahmenprogramm, »social programs«, Aupair-Clubs usf.) ermöglichen.

Andreas, der sein Aupairjahr in den USA verbrachte, berichtet: »Wenn man erst einmal eine Weile in den Staaten, z.B. einem der typischen »Suburbs«, gelebt hat, weiß man, wie schwer es ist, dort mit jungen Leuten in Kontakt zu kommen. Die studieren oder arbeiten nämlich meist außerhalb, so dass man sie tagsüber kaum zu Gesicht bekommt. Gute Gelegenheiten, um Gleichgesinnte zu treffen, sind öffentliche Sportanlagen, wo sich nach Feierabend eine Menge abspielt. Es ist einfach, dort Bekanntschaft zu schließen, da die Amerikaner ausnehmend kontaktfreudig sind. Auch Kirchen bieten häufig Freizeitveranstaltungen für junge Leute an – Näheres ist den Gemeindeblättern zu entnehmen, die man z.B. in den zahlreichen Bibliotheken erhält. Außerdem kann man im Kindergarten oder der Vorschule »seiner« Kinder nachfragen, ob noch andere Babysitter ein- und ausgehen. Auch sogenannte »Bookstores«, eine Mischung zwischen Café und Buchhandlung, sowie Universitäten bieten Möglichkeiten. Schwarze Bretter an Universitäten oder Jugendherbergen sind eine Fundgrube für kostengünstige Mitfahrgelegenheiten.«

Das ist aber nur ein kleiner Teil der Möglichkeiten. Sehr nützlich sind die Dienste der *Jugendinformationsbüros*, die in mehreren Ländern bestehen (in Frankreich: CIDJ, in Portugal: CNIJ bzw. CRIJ u.a.). Davon abgesehen informieren auch Fremdenverkehrsbüros und Touristik-Unternehmen über Freizeitmöglichkeiten.

Gute Kontakte ergeben sich ferner beim Besuch von Sportkursen, Musik- bzw. Workshops usw.

Ferien

Eine gesetzliche Garantie für Ferien innerhalb der Aupair-Zeit existiert nicht, viele Organisationen schreiben den Gastfamilien aber einen bezahlten Urlaub von zwei Wochen (bei einer Aufenthaltsdauer von einem Jahr) vor, in Deutschland sind es bis zu vier Wochen. In der Regel werden ein paar Tage über Weihnachten und Ostern gewährt.

Abgesehen davon nehmen aber die meisten Familien ihre Aupairs mit in den eigenen Ferien. Die Angebote klingen nicht selten verlockend: Urlaub an der See, am Strand liegen, baden, vielleicht eine weite Reise ... nur: für die Aupairs stellen die Familienferien nicht immer eine Erholung dar – häufig sogar das genaue Gegenteil. Diese Erfahrung musste *Marlen* machen, die als Aupair in einer französischen Familie arbeitete: »Der Ski»urlaub« mit meiner Familie ist mir als negativstes Erlebnis in Erinnerung. Das waren für mich zehn schlimme Tage meines Lebens. »Eingesperrt« in einer Hütte bei Grenoble musste ich rund um die Uhr vierzehn Leute bedienen, davon zeitweise sechs Kinder beaufsichtigen (in Ski-kleidung werfen, halberfrorene Hände warmhauchen etc., was übrigens für mich noch die liebste Beschäftigung war), Essen-kochen, Geschirrspülen, einem stubenunreinen Hund hinterherputzen und und und ... Als meine Madame am Ende der Reise meinte, ich sei faul und solle mich grundlegend ändern, wenn ich keinen Ärger mit ihr wollte, war ich am Ende meiner Kräfte. Nervlich war ich auch ziemlich angekratzt und wollte nur noch weg von Paris.«

Nachteilig ist an diesem „Urlaub" für das Aupair, dass sich die eigentliche Arbeitszeit nur schwer bestimmen lässt. Ist das Spielen mit den Kindern am Strand Arbeit oder Freizeitbeschäftigung? Die Einschätzung dürfte im wesentlichen davon abhängen, wie sich Familie und Aupair verstehen. Zudem ist der Besuch einer Sprachschule am Ferienort problematisch, wenn nicht gar unmöglich. Auch alle sonstigen Kontakte – zu Mitschülern, anderen Aupairs oder Nachbarn – liegen erst einmal auf Eis; oftmals muss am Urlaubsort auch das Zimmer mir den lieben Kleinen geteilt werden..

Wer schon längere Zeit in der Familie gelebt hat, kann vielleicht am ehesten abschätzen, was auf ihn zukommen wird. Manche Aupairs kommen aber im Frühjahr oder im Sommer zu dem Familien und fahren schon nach einer kurzen Eingewöhnungszeit mit ihnen in den Urlaub. »Ein Sprung ins kalte Wasser« (auch wenn das Meerwasser um diese Zeit warm ist)!

Unter dem Stichwort »Sommer-Aupair« ein paar Erfahrungen und Ratschläge zu diesem Thema ...

Sommer-Aupair

Wer träumt nicht davon, einen billigen Urlaub an südlichen Gestaden zu verbringen – bei freier Kost und Logis, gegen Mitarbeit in einer Familie?

Aupair-Aufenthalte in den Sommermonaten dauern in der Regel zwischen einem und drei Monaten. Die Arbeitszeiten orientieren sich dabei an den längerfristigen Aupair-Verträgen, ebenso das Taschengeld. Nur ist die Arbeitszeit bei Sommeraufenthalten meist länger, oder besser gesagt: sie lässt sich nicht so genau definieren.

Das Spielen mit den Kindern am Strand; gemeinsames Kochen im Ferienbungalow; in der Sonne liegen, während man gleichzeitig auf die Kinder aufpasst ... wo liegen die Grenzen zwischen Arbeit und Freizeit?

Ein Tipp: zusammen mit der Familie einen (groben) »Dienstplan« aufstellen, der auch Zeiten vorsieht, in denen das Aupair völlig unabhängig von der Familie ist. Auch wenn dieser Plan öfter mal durchbrochen wird, ist er immerhin eine Grundlage, auf die beide Seiten sich beziehen können.

Das Zusammenleben mit der Familie ist am Ferienort meist bedeutend intensiver als am Heimatort. *Intensiv* in jeder Hinsicht: gemeinsame Ausflüge, räumlich beengte Verhältnisse in der Ferienwohnung usw. Das Zusammenwohnen auf engem Raum wird kein Problem sein, wenn man sich untereinander versteht und die Urlaubsstimmung für eine lockere Atmosphäre sorgt. Kommt es aber zu Konflikten, gibt es hier noch weniger Ausweichmöglichkeiten als etwa in der Stadt.

Eine gewichtige Rolle spielt dabei die Unterbringung: nicht alle Familien sind bereit, das Aupair in einem eigenen Zimmer, im Hotel oder einer Pension unterzubringen. Es kann sein, dass das Aupair mit den Kindern in einem Zimmer schläft, im Wohnzimmer oder Wohnwagen untergebracht wird – auf jeden Fall keine Möglichkeit hat, sich in seine eigenen vier Wände zurückzuziehen. All das kann problemlos sein ... Für alle anderen Fälle gibt es eventuell die Möglichkeit, im eigenen Zelt zu schlafen (gegen Bezahlung der Zeltplatzgebühren) oder sich in einer Jugendherberge einzumieten. Das entspricht zwar nicht unbedingt dem Sinn eines Aupair-Aufenthalts, ist aber immer noch besser als sechs Wochen unter Spannungen. Auf jeden Fall sollten alle wichtigen Absprachen mit der Familie schon vor dem Urlaub getroffen werden.

Dazu gehört:

- Wie lang ist die reine Arbeitszeit?
- Wie hoch das Taschengeld?
- Wie sieht die Unterbringung aus?
- Trägt die Familie einen Teil der Anreisekosten?

Die Vermittlungsgebühren für das Sommer-Aupair fallen oft für die Aupairs vergleichsweise hoch aus. Der Grund liegt in der Schwierigkeit bei der Vermittlung solcher Kurzaufenthalte. Eine frühzeitige Anmeldung – Bewerbungsunterlagen müssen meist bis Anfang April vorliegen – ist auf jeden Fall anzuraten.

Hier ein Erfahrungsbericht:

Den »Sommer mit drei wundervollen Prinzessinnen im Reich der Sandburgen« nennt *Stefanie* ihre Zeit als Sommeraupair. Die Idee, ihren Sommer im schönen Frankreich zu verbringen, entstand bei ihr irgendwann gegen Ende des Winters.

»Die Zeit, in der es hier bei uns noch richtig kalt und regnerisch ist und es auf der Uni ganz schön viel zu tun gibt. So machte ich mich über ein Internetportal auf die Suche nach der "perfekten" Familie und fand diese auch ziemlich schnell. Nach einer großen Menge an ausgetauschten E-Mails und Fotos war es dann ziemlich schnell fix: Ich würde als Aupair für fünf Wochen bei Familie B. in der Bretagne arbeiten und leben. Die Familie, bestehend aus Mama Gaëlle, Vater Trystan und den drei Mädchen Megan (8 Jahre), Jade (3 Jahre) und Rose (11 Monate), empfing mich dermaßen herzlich, dass für mich von Anfang an klar war, dass eine tolle Zeit mit ihnen auf mich wartete. Die Eltern waren die ganze Zeit über eher wie Freunde für mich, mit denen man am Abend gemütlich bei einem Glas Wein zusammensitzt, Karten spielt oder DVD-Abende mit Pizza macht. Nachdem wir gleich zu Beginn ge-klärt haben, was sie sich von einem Aupair erwarteten und was alles zu meinen Aufgabenbereichen zählte, kam es auch nie zu Missverständnissen.«

Stefanies Aufgaben lagen darin, sich um die Mädchen zu kümmern, während die Eltern bei der Arbeit waren, vier Tage die Woche, von circa 8 bis 18 Uhr.

»Nun, die Tage, die ich von früh bis spät mit den Mädchen verbrachte, waren schon auch teilweise sehr anstrengend, vor allem jene Regentage, von denen es in der Bretagne genügend gibt und an denen man mehr oder weniger ans Haus gefesselt ist. Aber dadurch, dass meist viel zu tun war und wir uns gemeinsam ein tolles Sommerferienprogramm mit kleinen Bootstouren, Bastel-nachmittagen, Picknicken und Spielen im Sand am Strand, Zoobesuchen, Radtouren und gemütlichen (Spiel-)Tagen im Garten machten, vergingen die einzelnen Tage wie im Flug. Im Gegenzug bekam ich von der Familie neben Essen (viel Essen!!) und Unterkunft (ein wirklich gemütliches Zimmer mit Internet und Telefon) 70 € Taschengeld pro Woche und die Möglichkeit, an meinen freien Tagen entweder mit ihnen unterwegs zu sein oder die Gegend alleine zu erkunden.

Ich finde, dass die Arbeit als Aupair eine wirklich tolle Möglichkeit ist, ein neues Land, neue Leute und eine Sprache (besser) kennenzulernen, vielleicht sogar Freundschaften fürs Leben zu schließen - bei mir ist dies definitiv der Fall! Man muss aber auch Glück mit der Familie haben und sich bei der Auswahl genug Zeit lassen, um die Familie im Vorfeld – durch E-Mails oder Telefonate – ein bisschen kennenzulernen.«

Da Stefanie schon nach ihrer Matura für neun Monate als Aupair in Frankreich gewesen war und diese Zeit damals für sie nicht nur gut gelaufen war, wusste sie beim zweiten Mal einerseits auf was sie sich einließ, wenn sie sagte, „Ich möchte während den Ferien als Aupair arbeiten", andererseits aber auch, welche Fragen sie vor ihrem Reiseantritt an die Familie stellen wollte und welche Dinge (Arbeitszeit, Taschengeld, etc.) sie unbedingt im Vorhinein mit ihnen klären wollte.

»Also ich finde, man darf nicht vergessen, dass die Arbeit mit Kindern auch unheimlich anstrengend ist, und dass man selten Zeit nur für sich hat. Denn auch wenn man sozusagen frei hat, aber trotzdem zu Hause sein möchte, werden die Kinder das nie richtig verstehen, wieso sie jetzt nicht mit dir spielen dürfen ... Aber trotz allem ist es doch eine schöne Zeit und eine tolle Erfahrung, und ich würde das sofort jedem, der gerne neue Menschen kennen-lernt, gerne Zeit mit Kindern verbringt und kreativ, fröhlich und geduldig ist, weiterempfehlen.«

Hinweis:

Sommeraupairs bzw. Aupairs für die Ferien, finden sich bei www.au-pairbox.com.

»Arbeiten in der Entwicklungszusammenarbeit«
Zwischen Bauern und Ministern,
Erfahrungsberichte, Anforderungsprofile, Chancen

http://shop.interconnections.de

Wie Aupair werden?

Es gibt zunächst mal höchst unterschiedliche Wege, in Kontakt mit einer Gastfamilie zu treten. Der naheliegendste läuft über die einschlägigen Vermittlungsagenturen.

Manche großen Vermittler in kirchlicher Trägerschaft unterhalten auch Gästehäuser bzw. Kontaktstellen in London und Paris.

Die Agenturen stellen Kontakte zu den Gastfamilien her, mit denen es einen Schriftwechsel, z.b. per E-Mail gibt, bevor das Aupair endgültig in das entsprechende Land reist. In anderen europäischen Ländern (Spanien, Italien, Griechenland u.a.) sind die Abläufe häufig noch weniger perfektioniert.

Die Agenturen unterhalten dort häufig Kontakte zu privaten Unternehmen, üben also keinen Einfluss auf die eigentliche Vermittlung aus; von den privaten ausländischen Büros werden teilweise Vermittlungsgebühren verlangt.

Literatur

Speziell für Aupair sind folgende Bücher erschienen:

- »Abenteuer Au-Pair USA & Europa, Erlebnisberichte, Tipps, Adressen«, Euro 15,90
- »Aupair USA – zwischen Traum und Frust, Kinder, Kultur, Abenteuer«

Beide erhältlich über http://shop.interconnections.de.

Grundsätzliches

Allein oder zu zweit?

Grundsätzlich gilt für die Verfahrensweise sämtlicher Vermittler: die Gastfamilie ist diejenige, die das Aupair auswählt. Sie entschließt sich nach Durchsicht der Unterlagen, die die Agentur zur Verfügung stellt, mit dem Bewerber Kontakt aufzunehmen. Deshalb ist es oft nicht leicht – wenn man sich nicht gerade für London oder Paris beworben hat - mit einer Freundin an ein und denselben Ort vermittelt zu werden. Zahlreiche Aupairs haben dennoch Glück gehabt und gute Erfahrungen damit gemacht, mit einer Freundin zusammen in das Aupair-Leben einzusteigen. Jede lebt mit ihrer eigenen Familie, und man trifft sich regelmäßig. Gegenüber dem Alleingang bietet das einige Vorteile:

- Es ist immer jemand in der Nähe, mit dem man sich austauschen und über Probleme sprechen kann. Solche Gespräche sind vor allem dann wichtig bei Autreten von Schwierigkeiten in der Familie. Ein Gespräch mit einer Freundin bzw. einem Freund ist ein guter Spiegel der eigenen Verfassung, das dazu beitragen kann, einem mehr Sicherheit über die eigene Situation zu verschaffen.

- Ganz »allein« in einer Familie, wenn man etwa gewohnt ist, in Gruppenzusammenhängen zu leben, kann viel Einsamkeit bedeuten, ganz besonders dann, wenn es mit der Sprache noch hapert – oder die Familie von vornherein auf Distanz geht.

- Besonders in großen Städten ist es viel sicherer, abends nicht alleine auszugehen.

• Was das eine Aupair nicht hat, kann das andere vielleicht ergänzen: ein Auto, bessere Kontakte nach außen, Informationen über Freizeitmöglichkeiten u.a. Dies ist die eine Seite der Gemeinsamkeit. Die andere ist, dass gerade jene Aspekte des Aupair-Daseins, die einem am Anfang als nur negativ erscheinen – das Alleinsein, die Sprachschwierigkeiten, die mangelnde Durchsetzungsfähigkeit innerhalb der Familie – auch eine Möglichkeit sein können, diese Probleme allein zu bewältigen. Wer einmal hier »durchgegangen« ist, hat in vielen Punkten dazugewonnen. Es hängt also von der persönlichen Erfahrung ab und davon, wie man sich selbst einschätzt: allein zu gehen oder zu zweit.

Stadt oder Land?

Manchem Aupair ist von vornherein klar, dass es nur aufs Land oder nur in die Stadt vermittelt werden möchte. Unentschiedenen nennen wir ein paar Anhaltspunkte, die die Ortswahl erleichtern können.

Stadt

• Vorteile: »Mehr los«, breitgefächertes Kultur- und Freizeitangebot, international, große Auswahl an Sprachschulen, gute Verkehrsverbindungen (öffentliche Verkehrsmittel), gut entwickeltes Aupair-System, besonders in den europöischen Großstädten), mehr »Ausweichmöglichkeiten«.
• Nachteile: In manchen Großstädten »Überfremdung«, d.h. man trifft eher auf andere Ausländer als auf Einheimische. Manche Aupairs zieht es aus diesem Grund von Paris in die Provinz, um dort das »richtige Frankreich« kennenzulernen. Ob die Gefährdung, besonders von Frauen, in Großstädten größer ist als auf dem Land, lässt sich schwer beurteilen; menschenleere U-Bahn-Stationen um Mitternacht gibt es jedenfalls in ländlichen Gebieten nicht ... Obendrein ergeben sich in Großstädten häufig zeitraubende und – z.b. im Berufsverkehr – nervenzehrende Wege: zum Bäcker, zum Postamt, zu Bekannten usw.

Klara, die eine Familie in Paris gefunden hatte, gefiel das ereignisreiche Großstadtleben gleich sehr.
»Paris war genau das Richtige für mich, eine pulsierende Stadt mit sehr, sehr vielen unterschiedlichen Menschen, die alle zusammen U-Bahn fuhren, was für die Pariser einfach nichts Besonderes war. Meine Heimatstadt Dresden kam mir damals dagegen unglaublich spießig und überhaupt nicht weltoffen vor.
In Paris lernte ich viele tolle Menschen kennen – andere Aupairs, Erasmus-Studenten, aber auch Franzosen. Wir saßen in den ersten warmen Sonnenstrahlen an der Seine, nutzten immer den ersten Freitagabend im Monat für ausgiebige, kostenfreie Museumsbesuche, und mit der Zeit kannte ich auch richtige Geheimtipps wie den Sonntagsbrunch in einer kleinen Mensa, der, verglichen mit allem anderen, wirklich günstig war.«

Land

• Vorteile: Naturnähe, möglicherweise ursprünglichere, in jedem Fall traditionellere gesellschaftliche Strukturen (was allerdings auch eine Belastung sein kann, man denke nur an die intensive »soziale Kontrolle«); Möglichkeit, an landschaft-

lich interessanten Orten zu leben; Überschaubarkeit; fehlende Anonymität.
- Nachteile: Vereinsamung; wenig Kontakte außerhalb der Familien und deren Freundeskreis; schlechte Verkehrsverbindungen; Schwierigkeiten, eine geeignete Sprachschule zu finden; oft konservative Einstellung der Bevölkerung ...

Franziska, die bei einer englischen Familie in Schweden arbeitete, gibt zu, dass es in der ländlichen Umgebung anfangs schwieriger sein kann, neue Leute kennenzulernen – aber bei weitem nicht unmöglich! Einen Sprachkurs konnte sie leider nicht besuchen. Der Ort, in dem sie wohnte, war klein und auf dem Land gelegen - »in wunderschöner Natur an einem See, allerdings auch fernab jeder Stadt, und zum nächsten Supermarkt und Bahnhof musste ich eine halbe Stunde mit dem Fahrrad fahren. Ich hatte in der Nähe eine Reitmöglichkeit gefunden, und im nächsten Ort konnte ich in einem kleinen Orchester mitspielen. Ansonsten las ich viel oder ging abends spazieren. Ich bin froh, dass ich die erste schwere Zeit durchgestanden habe, obwohl ich oft daran gedacht hatte, aufzugeben. Manchmal ist es sehr schwer, Anschluss zu finden – gerade in ländlichen Gegenden. Aber es lohnt sich wirklich, Leute anzusprechen, herumzutelefonieren und zu versuchen einem Sport- oder Musikverein beizutreten.« Auch für *Katharina*, die es auf eine Insel ganz im Norden Norwegens verschlug, war das ländliche Leben eine Umstellung: »Die Insel war winzig klein und knapp oberhalb des Polarzirkels. Die nächste große Stadt war zwei Stunden mit der Schnellfähre entfernt, und der nächste mittelgroße Ort am Festland ungefähr eine halbe Stunde. Da ich aus einer Großstadt komme, konnte ich mir eine Insel mit nur 124 Einwohnern schlecht bis gar nicht vorstellen; trotzdem wagte ich den Sprung dahin. Ich fand Anschluss in der kleinen Gruppe Jugendlicher auf der Insel. Mit ihnen machte ich Tagesausflüge in die Stadt, und mit meiner Gastfamilie sogar eine Wochenendreise, um Weihnachtsgeschenke zu besorgen.«

Die Entscheidung ob Stadt oder Land ist allerdings nicht allein vom Willen des Aupairs abhängig. Die meisten Gastfamilien wohnen in oder in der Nähe größerer Städte. Zwar versuchen die meisten Agenturen, den Ortswünschen der Bewerber zu entsprechen, aber wo keine Stellenangebote sind, ist natürlich nichts zu machen. Grundsätzlich gilt: für Bewerber, die keine festen Ortswünsche äußern, bestehen in der Regel günstigere Vermittlungsmöglichkeiten. Zu bedenken gilt es, dass bei einer Vermittlung in ausgesprochen ländliche Gegenden ein Führerschein und gute Fahrpraxis erwünscht sind.

Mit Agentur oder ohne?

Es ist nicht gesetzlich vorgeschrieben, mit einer Agentur nach der passenden Gastfamilie oder dem perfekten Aupair zu suchen. Jeder sollte für sich abwägen, ob die die finanzielle Einsparung *ohne* Agentur sich lohnt, wenn die ersten Probleme auftreten. Deshalb sollen hier die jeweiligen Vor- und Nachteile kurz vorgestellt werden.

Rabea, die für drei Monate ins französischsprachige Ausland gehen wollte, würde auf jeden Fall für die Agentur plädieren. Sie hatte über das Internet eine Gastfamilie mit einem zehnjährigen Mädchen in Frankreich in der Nähe des Genfer Sees gefunden und sich nach einigen Telefonaten und E-Mails für die Familie entschieden.

»Meine Gastfamilie erschien mir sehr sympathisch; etwas stutzig machte mich allerdings, dass ich zu der Gastmutter überhaupt keinen Kontakt hatte, sondern ausschließlich der Vater alles mit mir regelte. Bereits kurz nach meiner Anreise in Frankreich kam es dann auch zu Schwierigkeiten mit meiner Gastfamilie, da von mir erwartet wurde, dass ich mich vollständig an das Leben der Familie anpassen sollte, während auf meine Vorstellungen, Bedürfnisse und Wünsche gar keine Rücksicht genommen wurde. Die Situation entsprach nicht den vorher abgesprochenen Fakten. Beispielsweise sollte meine Hauptaufgabe ursprünglich sein, mich um die zehnjährige Tochter zu kümmern und ein wenig im Haushalt mit zu helfen. Letztlich war es aber so, dass ich mich kaum um das Kind kümmern musste, stattdessen aber wie ein Dienstmädchen behandelt wurde, das rund um die Uhr zur Verfügung stehen sollte, um im Haushalt mitanzupacken.«

Schwierig war außerdem die Kommunikation mit der Familie, da Rabea dank ihrer vorzüglichen Sprachkenntnisse in der Lage war, über Probleme zu sprechen, während die Familie, besonders die Mutter, allerdings immer so tat, als gebe es keine und als sei alles in Ordnung. Letzlich brach Rabea ihren Aupair-Aufenthalt nach zwölf Tagen in Frankreich ab und kehrte nach Deutschland zurück, da die Gastmutter ungerechtfertigte Vorwürfe ihr gegenüber äußerte, und Rabea nicht mehr bereit war, sich alles gefallen zu lassen.

»Im Nachhinein sehe ich es so, dass man einerseits als Aupair sehr gut in der Lage sein muss, sich anzupassen - andererseits sollte man sich von seiner Gastfamilie auch nicht alles gefallen lassen. Problematisch war natürlich, dass es keinen Vertrag mit der Familie gab, an den sich beide Seiten halten mussten. So gab es keine verbindlichen Vereinbarungen und Absprachen, was meine Gastfamilie leider ausnutzte. Ich würde heute immer dazu raten, den Aupairaufenthalt über eine Agentur zu planen, da es so die Möglichkeit gibt, die Familie zu wechseln. Wichtig ist es meiner Meinung nach auch, darauf zu achten, dass man als Aupair nicht unterbezahlt wird, sondern schon in etwa 250 Euro pro Monat gezahlt bekommt, da einige andere Familien auch versuchten, weitaus geringere Summen (unter 100 Euro pro Monat) als Taschengeld zu bezahlen.«

Gerade bei außereuropäischen Ländern ist die Gefahr, dass es nicht klappt und man letztlich alleine da steht, groß. Dann steht man da, mit einem Rückflugticket, das womöglich erst acht Monate später gilt. Deshalb sollte man beim Ticketkauf unbedingt darauf achten, seinen Rückflug zur Not umbuchen zu können.

In Europa sind die Anfahrtswege nicht so lange, so dass man im Notfall nicht mutterseelenallein auf einem fremden Kontinent ist. Da auch die Formularitäten wie Visum etc viel unkomplizierter sind und es in den einzelnen europäischen Ländern jeweils eigene Aupairgesetze gibt, ist es hier weit weniger riskant, ohne Agentur als Aupair zu arbeiten. Schlecht laufen kann es mit und ohne Agentur. Von daher empfiehlt es sich in jedem Fall, einen schriftlichen Vertrag mit der Familie abzuschließen, in dem genau die Arbeitszeiten, Aufgaben, Bezahlung, Anspruch auf Urlaub sowie die anderen Pflichten und Rechte festgehalten sind. Wer sich ohne Agentur bewirbt, kann sich die Familie natürlich selber aussuchen, und viel genauer nach den eigenen Vorlieben gehen – also beispielsweise nicht nur alle Familien auswählen, deren Hobbys mit „Reiten" angegeben sind, sondern gezielt nach Familien suchen, die auf dem Land leben und eigene Pferde haben.

Katrin war für 6 Monate in Pontoise, ca. 30 km von Paris entfernt. Sie wurde über die GIJK vermittelt. Sie bezeichnet den Weg über eine Vermittlungsagentur eine Aupair Stelle zu bekommen als am einfachsten, würde aber im Nachhinein vor Ort selbst eine Stelle suchen. »In einer Stadt wie Paris sind in den Zeitungen täglich An-zeigen, an den Pinnwänden der Sprachschu-len häufen sich die Angebote.«

Vor der endgültigen Entscheidung die Familie zu begutachten, hält *Frederike*, die als Aupair nach Cannes ging, für das Wichtigste, obwohl sie selbst Glück hatte. Sie empfiehlt, viel Zeit in die Suche einer geeigneten Familie zu investieren:

»Dadurch, dass ich mich bezüglich der Suche nach einer Familie für eine Selbstor-ganisation entschieden hatte, war ich schon Monate vorher in Kontakt mit mehreren Familien. Durch regelmäßiges E-Mail-Schreiben kristallisierte sich dann die für mich passende Aupair-Familie heraus. Es ist wirklich wichtig, im Vorfeld viel Kontakt mit den Gasteltern zu haben, ob E-Mail oder Telefonate. Nur so merkt man, ob die Charaktere zusammenpassen!«

Die Bewerbung über eine Agentur hat natürlich den Vorteil, dass der Organisationsaufwand geringer ist – wenn man mal von den vielen Formularen absieht, die man für die Agentur ausfüllen muss; normalerweise werden Referenzen, Gesundheitszeugnis, Fotos, Kopien des Führerscheins und des Reisepasses und dergleichen benötigt. Dafür hat man in einer Agentur immer einen Ansprechpartner, wenn man Einzelnes nicht versteht, und normalerweise muss man sich auch nicht selbst mit den Behördengängen herumschlagen. Dank eines Fragebogens, in dem man das gewünschte Land sowie Anzahl und Alter der Wunschkinder einträgt, werden von der Agentur mögliche passende Familien „herausgefiltert" und als Vorschläge an das Aupair weitergeleitet – ein verkürzter Suchaufwand also, wenn man nicht selber erst alle unpassenden herausfinden muss …

Wer auf jeden Fall über eine Agentur vermittelt werden möchte, kann sich im Internet kostenlos Informationsmaterial beschaffen und dann in aller Ruhe die passende Agentur auswählen, je nachdem, welche Leistungen einem wichtig sind. Wer sich bei www.au-pair-box.com einträgt, wird binnen zwei Tagen so einige Antworten erhalten und kann auswählen. Wichtige Kriterien sind etwa Reise- oder Aupair-Treffmöglichkeiten, Vorbereitungscamp ja oder nein, Betreuung vor Ort, Staaten-/ Regionenwahl, wie funktioniert die Familienauswahl, etc.

Gastfamilien, die Aupairs ohne Agenturen suchen, werden im Internet fündig. Hat man sich dann geeinigt, heißt es einen Vertrag aufsetzen und gemeinsam mit einem Einladungsbrief an das Aupair schicken. Kommt das Aupair aus einem Nicht-EU-Land, so stellt es daraufhin seinen Visumantrag an der Botschaft. Die Gastfamilie wird von der Ausländerbehörde aufgefordert, eine sogenannte Verpflichtungserklärung abzugeben. Der nächste Schritt ist das Arbeitsamt, wo die Arbeitsgenehmigung ausgestellt wird. All diese Papiere gehen dann der Botschaft bzw. dem Konsulat zu, was dem Aupair daraufhin das Visum ausstellt.

Stammt das Aupair dagegen aus der EU, so sind außer einem Vertrag zur beidseitigen Sicherheit keine weiteren Formalitäten nötig. Eine Ausnahme bilden noch die neuen EU-Länder: Aupairs aus diesen Staaten benötigen eine Arbeitserlaubnis der Agentur für Arbeit, genauere Angaben dazu erteilt ebendiese.

Hinweis:
Au-Pair-Box, www.au-pair-box.com

Probleme mit männlicher Aufdringlichkeit

Obwohl die meisten Frauen wahrscheinlich genügend Erfahrungen mit aufdringlichen Männern gemacht haben – zu Hause oder im Ausland – und im Laufe der Zeit ihre eigene Strategie entwickelt haben, möchten wir ein paar Bemerkungen zu diesem Thema machen, das nicht nur, aber vor allem, weibliche Aupairs betrifft.

Besonders in südlichen Ländern – aber nicht ausschließlich – werden Frauen, vor allem wenn sie allein unterwegs sind, häufig als »Freiwild« betrachtet. Man(n) spricht sie ungebetenerweise an, verfolgt sie, versucht, sie anzufassen und ähnliches.

Vor der *Alliance Française* in Paris zum Beispiel, so ein ehemaliges Aupair-Mädchen, soll es teilweise zugehen wie bei einem Spießrutenlauf – manche Männer, vor allem Maghrebiner, haben sich dort auf die Aupairs regelrecht »spezialisiert«.

Die Situationen, in denen Frauen häufig belästigt werden, lassen sich in zwei Kategorien untertteilen:

- Belästigungen auf der Straße, in Kneipen, Cafés usw.
- Situationen, bei denen die erste Begegnung noch harmlos aussieht, und die Absichten der Männer erst später deutlich werden.

Wichtig in kritischen Situationen ist eine Grundhaltung, die nach außen – auch wenn nur vorgetäuscht – Sicherheit, Selbstbewusstsein und Zielstrebigkeit ausdrückt. Patentrezepte dafür gibt es natürlich nicht, aber eine gute Schulung gegen die Angst und für ein sicheres Auftreten sind etwa Selbstverteidigungskurse, in denen Frauen lernen können, sich körperlich zu wehren. Die Gewissheit, körperlich nicht unbedingt unterlegen zu sein, trägt entschieden zum notwendigen Selbstvertrauen bei.

Nachfolgend noch einige Tricks, die in brenzligen Situationen direkt anwendbar sind:

- Wenn eine Situation kritisch erscheint, sich auf jeden Fall so bewegen, als habe man ein bestimmtes Ziel.

- Wird jemand abends oder nachts verfolgt, eine Frau auf der Straße ansprechen, in ein Restaurant oder ein Café gehen. Man ist dort zumindest nicht allein und kann eventuell ein Taxi bestellen oder einen Bekannten anrufen.
- Wer tagsüber belästigt wird, betrete ein Geschäft oder ein öffentliches Gebäude. Dort gibt es zunächst mal die Möglichkeit, abzuwarten und notfalls jemanden um Hilfe zu bitten.
- Bestimmte Viertel nachts nicht ohne Begleitung aufsuchen.
- Die eigene Adresse nur jemandem mitteilen, bei dem unliebsame Überraschungen ausgeschlossen sind.
- Nur Leute mit aufs Zimmer nehmen, die man schon etwas länger kennt.
- In manchen Fällen erleichtert das Tragen eines Eherings oder die Mitteilung, dass man auf den Ehemann oder Verlobten warte, den Umgang mit männlichen Heisspornen.

Skepsis ist auf jeden Fall angebracht, wenn jemand gleich am ersten Abend ein Treffen in seiner Wohnung vorschlägt; wenn jemand verlockend klingende Job-Angebote im Café oder in der Kneipe unterbreitet und alles weitere bei sich zu Hause besprechen möchte; wenn jemand nachts an einsamen Plätzen unbedingt ein Gespräch anfangen will ...
Wem eine Einladung fragwürdig erscheint, sollte sich von einem Freund oder einer Freundin begleiten lassen – oder gar nicht erst hingehen.
Von vielen Seiten wird empfohlen, eine Gaspistole oder Spraydose mit sich zu führen. Dabei besteht allerdings die Gefahr, dass in der Aufregung der »Schuss nach hinten losgeht« und man sich selbst außer Gefecht setzt.
Dies sind natürlich nur vereinfachende Vorschläge, mit denen jede Frau nach eigenem Ermessen umgehen kann und die auch nicht für jede Situation zutreffen.

Leider führen die Erfahrungen mit aufdringlichen Männern oft dazu, dass Frauen sich nur noch aus der Defensive heraus verhalten, unoffen werden, sich harmlose Kontaktmöglichkeiten verbauen. Einen Mittelweg zwischen Skepsis, Angst und Vorsicht einerseits – und Vertrauen andererseits – zu finden, ist oft schwierig, zumal der Umgang zwischen den Geschlechtern in allen Kulturen und Gesellschaftsschichten unterschiedlichen Spielregeln unterliegt. Was zu Hause als grobe Anmache oder Belästigung betrachtet würde, kann in Frankreich völlig anders gemeint sein und umgekehrt.

Was für Aupairs noch erschwerend dazukommt: die üblen Situationen beschränken sich manchmal nicht nur auf Orte außerhalb der Wohnung. Bisweilen vergessen auch die Familienväter ihre Moralansprüche und machen sich an die Aupair-Mädchen heran, die noch dazu in einem Abhängigkeitsverhältnis stehen.
In solchen Fällen gibt es nur eins: die Familie sofort verlassen und umgehend die Vermittlungsagentur benachrichtigen – solche Familien werden dann nicht mehr vermittelt!

Wie beschäftige ich die Kinder?

Säuglinge:

Säuglinge bis drei Monate nehmen ihre Umgebung noch nicht bewusst wahr.

Außer Streicheln und Wiegen kann man dem Neugeborenen etwas vorsingen oder beruhigend mit ihm sprechen, um ihn an den Klang der eigenen Stimme zu gewöhnen. Etwas größere Babys zwischen drei und sechs Monaten lassen sich durch Grimassen und Vorsingen ebenso unterhalten wie mit Gegenständen, die sie untersuchen können. Am liebsten haben sie Dinge, die Geräusche von sich geben, wenn man sie schüttelt. Babys zwischen sechs und neun Monate haben immer noch große Freude am Untersuchen von Gegenständen. Alles, was Geräusche macht, wird nun immer interessanter. Ist das Baby ein dreiviertel bis ganzes Jahr alt, sind Dinge, mit denen man Krach machen kann, immer noch der Renner. Geliebt wird in dieser Phase auch das „*Wo bin ich?*"-Versteckspiel, bei dem man sich oder nur sein Gesicht verbirgt und mit einem „*Guck guck!*" wieder hervorkommt.

Babys lieben Zählreime – hier zwei Beispiele für das Spiel mit den fünf Fingern:

Der ist in den Brunnen gefallen – der hat ihn rausgeholt – der hat ihn nach Hause gebracht – der hat ihn zugedeckt – und der Kleine hat ihn wieder aufgedeckt!

Das ist der Daumen – der schüttelt die Pflaumen – der hebt sie alle auf - der bringt sie nach Haus – und der Kleine isst sie alle auf!

Vielen Babys gefällt auch Bewegung – also mehr oder weniger schwungvoll im Kreis drehen, „fliegen lassen", über den Kopf stemmen, mit ihm auf dem Arm tanzen, ihnen etwas vortanzen,

Wenn man mal Ruhe braucht, lassen sich die Kleinen auch mal gern eine halbe Stunde von einem Mobile faszinieren. Sie hören auch gerne Musik und finden dazu tanzende Stofftiere oder Tücher super.

Man kann die Kleinen auch einpacken und mit dem Bus in die Stadt fahren, zum Bummeln und Schaufenster gucken. Bei nicht so gutem Wetter sucht man Schutz in einem Café – am besten natürlich mit anderen AuPairs und Kindern. Generell sind Ausflüge eine gute Zeitbeschäftigung – für die Kleinen sind auch so simple Dinge wie Zug- oder Straßenbahnfahren spannend. Eine tolle Einrichtung sind auch Mütter-Treffs, die es in den meisten größeren Städten gibt. Es gibt feste Spielvormittage, wo die Mütter oder Babysitter zusammensitzen und die Babies in babyfreundlichem Umfeld herumkrabbeln können. Krabbelgruppen werden von Kirchengemeinden und Familienbildungszentren angeboten. Eine nette Abwechslung ist auch ein Babyschwimmkurs.

Kleinkinder (1–3):

Ein- bis Dreijährige lassen sich schon von einfachen Dingen faszinieren, beispielsweise einer gut zugeschraubten Plastikflasche mit Wasser und Spülmittel drin, die sie schütteln können. Türme aus Bauklötzen bauen und wieder umschmeissen steht auch ganz oben auf der Liste der Ein- bis Dreijährigen, ebenso Seifenblasen machen. Auch das kurz-hinter-der-Tür o. Ä. verstecken und dann - „*Guck guck*" – wieder hervorschauen ist noch immer beliebt. Gerne hören die Kleinen Musik und hopsen dazu herum oder singen mit. Einfache Spiele wie Memory werden interessant. Zur Vorweihnachtszeit kann man gemeinsam Plätzchen backen. Generell wird gerne herumgematscht – mit Sand, Matsch, Knete, oder eben Kuchenteig. Auch aktivere Spiele sind möglich – „Fangi" und „Wettrennen" etwa, oder Spiele mit Bällen und Luftballons. Verstecken ist natürlich ein Klassiker, ebenso wie mit dem Bobbycar zu fahren oder eben alles auf dem Spielplatz auszuprobieren. Spontane „Krachmach-Aktionen" mit Topfdeckeln und Kochlöffeln machen den Kleinen auch großen Spaß. Ist ein schöner Park in der Nähe, hinspazieren und die Enten, falls vorhanden, füttern.

Gerade dem Spielen und Toben mit ihren Schützlingen konnte *Frederike* bei ihrem Aupairaufenthalt in Cannes viel abgewinnen: »Spielen, basteln und toben – alles was ein Kinderherz begehrt. Und jeder möchte doch manchmal wieder Kind sein und seine Fantasien ausleben …«

Kindergartenalter (3–6):

Maike, deren Schützlinge aus ihrer schwedischen Gastfamilie im Kindergartenalter waren, erzählt: »Beide Kinder waren sehr aktiv und spielten unheimlich gerne draußen im Garten oder auf Spielplätzen, so dass wir viel Zeit draußen verbrachten. Darüber hinaus wurden viel gepuzzelt und gebastelt. Hier war es von Vorteil, mich daran zu erinnern, was ich selber in dem Alter gern gespielt und gebastelt hatte, denn so konnte ich den Kindern neue Dinge zeigen, an denen sie Gefallen fanden. Sehr gern mochten die Kinder es auch, wenn ich ihnen Geschichten vorlas.«

Malen, generell selber gestalten finden die Kleinen ganz groß. Man zeichnet ein paar Grundformen vor (Haus, Wald, Sonne, Tiere, Menschen), und die Kinder dürfen das dann ausmalen. Immer beliebt ist auch das Kartoffelstempeln – das Aupair (oder größere Geschwister) schnitzen aus Kartoffeln Herzchen, Sterne und einfache Muster, etwas Farbe drauf, und fertig ist der Stempel. Funktioniert auch toll mit Stoffmalfarbe auf Kissenbezügen und ist dann beispielsweise ein schönes Geschenk für die Eltern! Stempeln geht aber auch noch einfacher: die Handflächen mit Wassermalfarbe bepinseln und Handabdrücke machen. Oder einen Bogen weißes Papier zerknüllen, wieder auseinanderfalten und alle Knicke farbig nachmalen. Gerne wird mit Lego gespielt.

Auch Hampelmänner und -tiere lassen sich recht einfach herstellen: dazu aus Tonkarton einen Kopf, Arme, Beine und Bauch ausschneiden und die Gliedmaßen mit Musterbeutelklammern am Rumpf befestigen. Je mit einem Faden Arme und Beine verbinden und dann einen Faden daranknoten, der zwischen den Beinen herausbaumelt – fertig ist der Hampelmann!

Großen Spaß macht auch das „Baum-Pusten" – Vorsicht, am besten mit alter Kleidung und ausreichend Tropfschutz: dazu mit einem Schwamm ein Stück Tonpapier befeuchten, und etwas verdünnte Plakafarben am Bildrand platzieren (am besten mit einer Pipette). Mit einem Strohhalm vorsichtig draufblasen und skurrile Bäume mit weit verästelten Zweigen kreieren.

Schöne Dinge lassen sich aus Salzteig herstellen. Dafür 2 Teile Mehl, 1 Teil Salz und 1 Teil Wasser mit etwas Öl verkneten und draufloskneten. Die fertigen Kunstwerke einen Tag durchtrocknen lassen, Ofen auf 50° vorheizen und je nach Größe der Figuren ein bis zwei Stunden backen. Danach anmalen. Man sollte natürlich darauf achten, dass die Kinder den Teig nicht in Massen essen, aber er schmeckt durch das ganze Salz ohnehin nicht gut.

Faszinierend finden es die Kleinen, Kresse o.Ä. anzupflanzen. Dazu Kressesamen in feuchte Watte legen und warm und hell stellen (am besten aufs Fensterbrett).

Aus Walnüssen lassen sich Miniboote herstellen (kleine Fahnen aus Zahnstochern basteln und mit Knete befestigen) und kleine Rennen veranstalten – das ist sogar in der Regentonne spannend.

Ein Memoryspiel, in dem die Kleinen übrigens ganz groß sind, lässt sich leicht zusammen basteln. Dazu gleich große Pappkarten ausschneiden (oder die schon fertigen im Bastelladen kaufen) und mit allerlei Motiven bekleben.

Grundschulkinder (6–10):

Der Renner ist eine Schatzsuche – dazu einen Schatz verstecken, eine Schatzkarte zeichnen und die Kinder auf die Suche schicken. Stundenlange Beschäftigung garantiert!

An Regentagen einfach mal einen Basteltag einlegen: Postkarten basteln (Bekleben, Bemalen, Bestempeln), Perlenketten auffädeln, Steine bemalen, Tiere aus Kiefernzapfen, Kastanien und Zahnstochern bauen, Blumen pressen und damit Bilder kleben, Schächtelchen mit Serviettentechnik bekleben, Blätter sammeln und Collagen daraus kleben, Stiftebecher aus Klopapier oder Konservendosen basteln und bekleben, Fensterbilder basteln, Taschen oder T-shirts mit Stofffarbe bemalen, Jonglierbälle herstellen (dazu Sand in einen Luftballon füllen,

den Luftballonhals abschneiden und mit einem zweiten halslosen Luftballon „umgekehrt" verschließen). In windigen Gegenden im Herbst einen Drachen basteln. Herbst und Winter sind auch die richtigen Jahreszeiten, um Vogelkekse zu „backen": Rindertalg (vom Metzger) erhitzen, bis er sich verflüssigt, währenddessen eine Kordel durch verschiedene Plätzchenformen ziehen und verknoten, die Förmchen auf Alufolie legen und mit Vogelfutter füllen. Dann den Rindertalg daraufgießen und im Kühlschrank erkalten lassen.

Alte Flaschen lassen sich prima mit etwas Silberdraht und ein paar Perlen verzieren – einfach mit der Zange in Form biegen und eine Art Netz um die Flasche legen.

Auch aus Pappmachée lassen sich tolle Dinge herstellen – Schalen, Sparschweinchen (einen Luftballon bekleben) oder Kasperlepuppen und Masken. Dazu einen Haufen Papierschnipsel (Zeitung zerreissen – schon das macht den Kindern meist viel Spaß) mit Kleister verrühren bis eine klebrige Masse entsteht. Nach dem Trocknen lustig bemalen.

Im Auto:

Auf Autofahrten sind Kinder schnell gelangweilt. Am einfachsten zerstreuen Ratespiele die Zeit. Dabei versucht man beispielsweise, vorherzusagen, welche Farbe das nächste vorbeikommende Auto haben wird. Auch das allseits bekannte *Rate rate was ist das?* und *Ich sehe was, was du nicht siehst!* leisten auf langen Autofahrten gute Dienste. Das Gedächtnistrainingsspiel *Ich packe meinen Koffer und nehme mit ...* wird im Auto zu *In meinem Auto befinden sich ...*

Hat man auf Stadtfahrten eine so genannte „rote Welle", so kann man an den einzelnen roten Ampeln die Sekunden zählen und am Ende die Ampel wählen, die einen am längsten aufgehalten hat. Sind die Kinder schon älter, so dürfen sie raten, wann eine bestimmte Strecke, z.b. drei Kilometer, zurückgelegt wurde. Das kann man ganz einfach am Tacho nachprüfen.

Erstes Telefonat

Sind die ersten Bewerbungshürden genommen, steht oft das erste Telefonat mit der möglichen künftigen Gastfamilie an. Da es oft ausschlaggebend für die Entscheidung (des Aupairs oder der Familie) ist, sollte man sich ausreichend darauf vorbereiten. Dazu gehören die Kenntnis der einschlägigen Vokabeln sowie ein Fragekatalog, der an die Gastfamilie gerichtet wird. Zudem sollte man die eigene Motivation klar in Worte fassen können, denn auch die Familie wird Fragen stellen.

Diese können sein:
- Motivation Aupair-Jahr?
- Erfahrungen du in der Kinderbetreuung?
- Umgang mit Kindern (freundschaftlich oder autoritär)?
- Warum gerade das Land? Kenntnisse / Schon mal da gewesen?
- welche Städte man gern kennenlernen möchte
- Wie selbständig / schon mal längere Zeit von daheim weg gewesen?
- Beziehung zu den eigenen Familienmitgliedern?
- Erwartungen an die Gastfamilie?
- Freund oder Freundin?
- Erfahrungen in der Hausarbeit?
- Gewohnheiten und Hobbys (Sport, tag- oder nachtaktiv, Basteln, Tanzen, etc.). Religiös?
- Ernährungsgewohnheiten?
- Persönlichkeit, Weltanschauung?

Fragen des Aupairs an die Familie können so aussehen:
- Grundlegendes über die Familie (Namen, Alter, Wohnort, Anzahl und Alter der Kinder, Beruf,...)
- Welche Arbeitszeiten und Aufgaben?
- Wichtige Kleinigkeiten wie Auto, Curfew, Familienmitglied oder eher Angestellte, Regelung Besuch
- Fragen zu den Gasteltern – Name, Alter, Beruf, Hobbys
- Fragen zu den Kindern – Name, Alter, Beruf, Hobbys, Charakter, Kindergarten- / Schulzeiten
- Fragen zum Familienleben: gemeinsame Aktivitäten, „Traditionen" (z.B. Skifahren in den Winterferien)
- Erziehung: Ansichten zur Kindererziehung (eher streng / autoritär, eher freundschaftlich / antiautoritär)
- Genaue Aufgaben des Aupairs: Zeiten pro Tag / Woche, Tätigkeiten, wie oft Babysitten, Wochenende frei, etc.
- Routine Tagesablauf der Familie (wer wann daheim, etc.)
- Verwandte – eng? Leben sie in der Nähe?
- Ort – wo genau? Haus oder Wohnung? Eigenes Zimmer/Bad? Anbindung öffentliche Verkehrsmittel / eigenes Auto? Klima?
- Motivation der Gastfamilie?
- Gab es davor schon Aupair, wenn ja, Kontakt?

Au-pair-Bundesarbeitsgemeinschaft IN VIA

c/o IN VIA Katholischer Verband für
Mädchen- und Frauensozialarbeit – Deutschland e.V.
Karlstr. 40, 79104 Freiburg
Infotelefon: 0761 200 206, Fax: 0761 200 638
au-pair.invia@caritas.de, www.aupair-invia.de
Ansprechpartner: Ricarda Unser

Der Zusammenschluss der katholischen Au-pair Beratungsstellen in Deutschland vermittelt Au-pair Aufenthalte in Europa (Frankreich, Großbritannien, Irland, Italien, italienisch- und französischsprachige Schweiz, Spanien, Belgien, und andere Länder). Wir sind Ansprechpartner für Au pairs und Gastfamilien. Die Mitglieder der Au-pair- BAG (Adressen s. www.aupair-invia.de) bieten Au pair Treffen, Ausflüge und Au pair Seminare an. In London und Paris hat IN VIA eigene Anlaufstellen, das Foyer Porta (Paris) und den German YMCA (London). Dort werden regelmäßig
Au-pair-Treffen und auch Seminare angeboten. Rechtsträger der Au pair BAG ist IN VIA Deutschland e.V.

Gastfamilien in Deutschland stellen wir Bewerberinnen zur Auswahl vor, beraten Gastfamilien in allen administrativen Fragen (Ausländerbehörden, Arbeitsamt, Botschaften) und unterstützen Familien und Au-pairs während des Aufenthaltes. Nicht nur wenn es Probleme gibt! IN VIA vermittelt Au-pairs aus der ganzen Welt. Die meisten Bewerbungen stammen aus Mittel- und Osteuropa. Au-pairs sind eine Unterstützung, eine Bereicherung, aber auch eine Herausforderung für jede Gastfamilie: Heimweh, Schwierigkeiten mit der Fremdsprache und das Eingewöhnen in die neue Umgebung und Kultur - dabei müssen Gastfamilien erst einmal behilflich sein (Familienanschluss bieten und Kontakte vermitteln). Au-pairs sind keine billigen Arbeitskräfte, sondern junge Menschen, die sich in einer Familie engagieren und gleichzeitig für ihr Leben lernen möchten. Au-pair-Aufenthalte basieren auf einem Geben und Nehmen. Die in der Au-pair-BAG IN VIA zusammengeschlossenen Au-pair-Agenturen betreuen bundesweit kompetent und zuverlässig ausländische Au-pairs, Gastfamilien und deutsche Au-pairs während des Aufenthaltes. Wir bieten Au-pair-Treffen, Ausflüge und Au-pair-Seminare an.

Vermittlungsgebühren: 150 Euro für die Vermittlung von Au-pairs ins Ausland

Verbandsmitgliedschaften:
– Deutscher Caritasverband e.V.
– Internationaler Verband ACISJF-IN VIA
– Gütegemeinschaft Au pair e.V.

Sonstiges: Unsere Voraussetzungen sind Grundkenntnisse der jeweiligen Landessprache, Erfahrungen mit hauswirtschaftlichen Tätigkeiten und Kinderbetreuung, Anpassungsfähigkeit an fremde Kulturen und Menschen. Je nach Zielland gelten unterschiedliche Altersbegrenzungen: insgesamt zwischen 18 und 30 Jahren. Aufenthalte in der Regel von 6 bis 12 Monaten.

Henning, der als Aupair in die USA ging, ermuntert dazu, den Telefonhörer ohne Scheu zu ergreifen: »Keine Angst vor dem ersten Telefongespräch; ich war auch furchtbar nervös: Sind sie nett?Ist mein Englisch gut genug? Was werden sie fragen? Aber ob man es glaubt oder nicht – die Hostfamilie ist genau so gespannt und aufgeregt wie man selber! Auch das mit dem Englischen regelte sich von alleine; mein Gegenüber war da wirklich sehr geduldig und wusste, dass ich eben kein Amerikaner war. Man sollte sich auf jeden Fall nicht scheuen, den Gasteltern zu sagen, bitte langsamer zu sprechen oder sich zu wiederholen.«

Vermittlung durch deutsche Agenturen

Die konkreten Schritte über eine deutsche Stelle (ähnlich in der Schweiz und in Österreich) sehen etwa folgendermaßen aus:

Persönliche Voraussetzungen

1. Mindestalter 18 Jahre (in Ausnahmefällen und in England 17 Jahre), Höchstalter 28–30 Jahre.
2. Grundkenntnisse der Landessprache (bzw. in Englisch oder Französisch).
3. Grundkenntnisse, Erfahrungen und etwas Geschick in hauswirtschaftlichen Tätigkeiten und in der Kinderbetreuung.
4. Die Bereitschaft, sich auf die Mentalität der Gastfamilie einzustellen.

In Frankreich und Großbritannien sind verheiratete oder geschiedene junge Frauen von einer Bewerbung ausgeschlossen. Auch männliche Bewerber können in Großbritannien nicht vermittelt werden. In Kanada liegen die Anforderungen derzeit am höchsten (Abitur, abgeschlossene Pädagogik- oder hauswirtschaftliche Ausbildung).

Alle Agenturen empfehlen eine Aufenthaltsdauer von einem Jahr, mindestens aber ein halbes Jahr. Die besten Chancen, eine Gastfamilie zu finden, bestehen für einen Aufenthalt von zehn bis zwölf Monaten, was auch der Dauer der Sprachschulkurse entspricht (eine Schuljahrsperiode = zehn Monate, September-Juli). Die günstigsten Antrittstermine liegen im September und im Januar / Februar. Der Herbst ist deswegen am günstigsten, weil die Familien zum Schuljahrsbeginn aus den Ferien zurückkehren und die Nachfrage nach Aupairs besonders groß ist. In den Ferienmonaten Juli und August sind die Vermittlungschancen gleich Null. Außerdem ist das Sprachschulangebot in dieser Zeit geringer«. Über www.aup-pair-box.com tritt man mit einer Nachricht leicht in Kontakt mit diversen Angenturen.

Bewerbungsunterlagen

Meist werden verlangt:

1. Anmeldeformular
2. Ein oder mehrere Passbilder (für Paris fünf) oder ein Passbild und ein Privatfoto im Kreis der eigenen Familie
3. Handgeschriebener und ausführlicher Lebenslauf (nicht tabellarisch; meist in deutsch und französisch / englisch)
3. Ärztliches Attest (Vordruck; nicht älter als drei Monate; kann nachgeliefert werden)
4. Eine Charakterreferenz (Empfehlungsschreiben in deutsch und französisch

/ englisch einer Persönlichkeit, die das Aupair kennt, z.b. des Lehrers, Pfarrers, Bürgermeisters oder ein Arbeitszeugnis; Referenzen von den eigenen Eltern oder sonstigen Familienmitgliedern werden nicht anerkannt)
5. Eine Referenz über Kinderbetreuung
6. Kopie des polizeilichen Führungszeugnisses
7. ggf. eine Kopie des Führerscheins
8. Zeugniskopien (Abitur)
9. Einen Brief an die noch unbekannte Gastfamilie
10. ggf. eine bestimmte Summe in Briefmarken für die weitere Beförderung

Das Verfahren läuft bei allen – auch privaten – Vermittlungsagenturen ähnlich.

Referenzen werden fast immer verlangt, ebenso ein ärztliches Attest. Dies muss eventuell von einem staatlich geprüften oder öffentlich bestellten und beeidigten Übersetzer in die jeweilige Landessprache gebracht werden (Anschrift und Telefonnummern im Branchenfernsprechbuch unter »Dolmetscher« bzw. »Übersetzer«, beim zuständigen Landgericht oder bei den Konsulaten des Gastlandes).

Liegen alle Unterlagen vor, wird die Bewerbung bearbeitet. Die Kontaktaufnahme mit der Familie erfolgt entweder schriftlich, telefonisch oder per Mail. Die weiteren Schritte innerhalb des Landes, z.B. wie man die Arbeitsgenehmigung erhält, finden sich im Länderteil.

Schließlich sollte nicht vergessen werden, dass Pass oder Personalausweis noch während der gesamten Dauer des Aufenthalts, meist auch noch sechs Monate länger, gültig sein müssen.

Brief an die Gastfamilie

Der Brief an die künftige Gastfamilie sollte möglichst in der Landessprache geschrieben sein und neben einer ausführlicheren Darstellung des Lebenslaufs viel über die eigene Persönlichkeit verraten. Wichtig ist also eine Schilderung der persönlichen Interessen und Hobbys, aber auch die Motivation, die einen dazu bewegte, als Aupair zu arbeiten. Hat man beispielsweise jüngere Geschwister, lange Jahre gebabysittet, ein Praktikum im Kindergarten gemacht, möchte später als Erzieher arbeiten? – All das sind Gründe, die angeführt werden sollten. Ferner sollte man beschreiben, wie man sich seinen Aupair-Aufenthalt vorstellt, was man sich von der Gastfamilie erhofft. Möchte man viel Familienanschluss, bei allen Ausflügen und Besuchen dabei sein? Oder wünscht man sich recht viel Unabhängigkeit und möchte auch mal ohne schlechtes Gewissen alleine sein oder mit Freunden verreisen?

Auf jeden Fall zu erwähnen sind spezielle Lebensgewohnheiten wie vegetarische Ernährung, Rauchen oder besonders intensiv gelebte Religiosität. Ebensowenig darf man Allergien oder sonstige gesundheitliche Beeinträchtigungen verschweigen. In Großbritannien haben Raucher übrigens kaum Aussicht auf Vermittlung.

Referenzen

In der Regel reicht man zwei Referenzen ein, davon mindestens eine über Kinderbetreuung. Am besten, man lässt sich ein Zeugnis einer Familie ausstellen, in der man jahrelang gebabysittet hat. Darin sollte auf jeden Fall erwähnt werden, wie viele Kinder man betreute und in welchem Alter sie waren. Ferner natürlich der Zeitraum der Beschäftigung und das Aufgabengebiet – war man z.b. vorwiegend abends als „Nachtwache" eines schlafenden Säuglings zuständig, oder beaufsichtigte man nachmittags eine tatendurstige Rasselbande von zwei bis sieben Jahren? Das Zeugnis sollte eine klare Empfehlung aussprechen.

Ein Beispiel:

Sabrina M. ist seit drei Jahren als Babysitterin bei uns tätig. Sie kommt in der Regel einmal in der Woche abends, bringt die Kinder ins Bett und passt dann mit eingeschaltetem Babyphon auf sie auf, während wir ausgehen. Zu ihren Aufgaben gehören hier das Zubettbringen der Kinder, Beaufsichtigen von Zähneputzen, Waschen, Umziehen etc. An zwei weiteren Tagen der Woche kommt sie nachmittags, wobei sie entweder dem ssiebenjährigen Jonas bei seinen Hausaufgaben hilft, oder mit ihm und der vierjährigen Valerie auf den Spielplatz geht oder bastelt.

Sabrina ist während unserer Abwesenheit alleine für das Wohl unserer Kinder verantwortlich und hat sich als zuverlässig und verantwortungsbewusst bewährt. Sie hat alle ihr zustehenden Aufgaben stets zu unserer vollsten Zufriedenheit erledigt und genießt neben unserem Vertrauen die Zuneigung der Kinder. Sie behandelt sie stets geduldig und liebevoll, macht ihnen aber auch ihre Grenzen klar. Wir können Sabrina für eine Aupair-Tätigkeit ohne Weiteres empfehlen.

Die zweite Referenz sollte von einem Bekannten ausgestellt werden. Dies kann der Pfarrer sein, ein Freund der Familie oder beispielsweise ein Lehrer. Hierbei sollte insbesondere auf den Charakter eingegangen werden.

Ein Beispiel hierzu:

Ich kenne Sabrina M. bereits seit fünf Jahren, als sie in unserer Pfarrgemeinde in unsere KjG-Gruppe eintrat. Mit Begeisterung nahm sie an Freizeitwochenenden und sonstigen gemeinsamen Aktivitäten teil. Stets genoss sie das Zusammensein mit Gleichaltrigen und schloss rasch Freundschaft. In den letzten zwei Jahren leitete sie gemeinsam mit zwei Kollegen ihre eigene KjG-Gruppe, organisierte Treffen und ein Sommerlager. Sie ist vielseitig interessiert und sozial kompetent. Ich halte Sabrina für eine Tätigkeit als Aupair-Mädchen im Ausland für geeignet.

<u>Fotos</u>

Wie bei regulären Bewerbungen auch spielen die Fotos eine große Rolle und sollten daher mit Sorgfalt ausgesucht werden. Neben den Passbildern ist es empfehlenswert, einige Privatfotos, gerne im Kreis der Familie oder mit den Babysittkindern, beizulegen. Auch eine Fotocollage mit Kommentaren kommt gut an.

<u>Gesundheitszeugnis</u>

Wer sich im europäischen Ausland bewirbt, benötigt kein offizielles Formular. Hier genügt eine Bescheinigung des Hausarzts, die das Freisein von chronischen oder infektiösen Erkrankungen attestiert und keine psychischen oder physischen Defekte vorliegen, die gegen eine Aufnahme einer Aupairtätigkeit sprechen. Wichtig ist allerdings, dass die Bescheinigung zum Antritt der Aupair-

Tätigkeit nicht älter als drei Monate ist. Wer sich für die USA bewirbt, erhält ein vom Hausarzt auszufüllendes Formblatt von der Agentur. Hier wird detaillierter auf den Gesundheitszustand eingegangen; auch müssen alle Kinderkrankheiten und Impfungen angegeben werden.

Vermittler im Ausland

Hier gestaltet sich die Kontaktaufnahme teilweise etwas schwierig, weil man am anfangs wohl nur schriftlich oder telefonisch mit den Büros verkehren kann. Die meisten ausländischen Agenturen können auf Englisch oder Französisch angeschrieben werden.

In den meisten Fällen müssen Aupair – und in allen Fällen die Familien – für die Vermittlung bezahlen. Die Gebühren fallen recht unterschiedlich aus und sollten immer mit den Leistungen der Büros verglichen werden.

Leider steht bei einigen Agenturen die Zahl der Vermittlungen im Vordergrund, während die Auswahl der Familien und die Abstimmung der Wünsche beider Parteien nicht selten vernachlässigt wird. Andererseits sind diese Agenturen häufig auf Weiterempfehlung angewiesen und daher in den meisten Fällen auch dann behilflich, wenn das Aupair gekündigt hat und eine andere Familie sucht. Versprechungen oder mündlichen Zusicherungen sollte man nicht blind vertrauen.

Arbeitszeiten, Höhe des Taschengeldes und Leistungen der Familie sind zwar in den meisten Ländern einheitlich geregelt, aber es bestehen teils erhebliche Unterschiede zwischen den Angeboten der Vermittlungsbüros. Es lohnt sich auch, mehrere Agenturen anzuschreiben und die Angebote zu vergleichen oder deren Informationsseiten im Internet zu studieren.

Wer auf diese Weise Kontakt zu einer Gastfamilie findet, sollte schon im Vorweg sehr genaue schriftliche Abmachungen über Arbeitszeit, Höhe des Taschengeldes sowie Arbeits- und Wohnbedingungen treffen. Viele Aupairs haben die Gastfamilie schon nach wenigen Wochen fluchtartig wieder verlassen, weil die Bedingungen dort unerträglich waren – zumal, wenn diese vorher nicht genau abgesprochen waren.

Wer in der Gastfamilie in Schwierigkeiten gerät, kann sich wenden an eine

- im Land ansässige Vermittlungsagentur (auch die meisten privaten Agenturen sind zur Hilfe in Problemfällen bereit, unabhängig davon, ob die Vermittlung über sie gelaufen ist oder nicht)
- kirchliche Jugendorganisation
- Filiale der großen internationalen Jugendverbände (YMCA, YWCA, Youth for Understanding, AFS u.a.)
- diplomatische Vertretungen des Heimatlandes

Anschriften finden sich, soweit bekannt, unter den jeweiligen Länderkapiteln.

Vermittlung übers Internet

Neben der Vermittlung über Agenturen läuft heute ein Großteil der Aupair- bzw. Gastfamiliensuche über das Internet ab. Auf einschlägigen Seiten können sich Familien wie zukünftiges Aupair Profile anlegen und durch eine detaillierte Suche genau die passende Familie bzw. das passende Aupair finden. Meist verraten einem die hochgeladenen Fotos bereits auf den ersten Blick, ob man auf einer Wellenlänge liegt. Dass dabei die Vermittlungsgebühren entfallen, ist natürlich ein zusätzlicher Anreiz.

Auch für *Manuela* stellte sich nach ihrem Entschluss, Aupair zu werden, die Frage, ob sie selbständig suchen oder eine Agentur hinzuziehen sollte. »Ich denke, dass es dafür kein Patentrezept gibt und jeder seine eigene Entscheidung treffen sollte – beides hat seine Vor- und Nachteile! Ich jedenfalls habe mich damals gegen eine Agentur entschieden; aus dem einfachen Grund, dass die meisten Agenturen nur für ein ganzes Jahr vermitteln und ich nur etwa acht Monate bleiben wollte. Außerdem geht es ohne Agentur meist wesentlich schneller! Ich habe meine Gastfamilie über das Internet gefunden – ein tolles System! Man kann ein eigenes Profil erstellen und sich die Profile der potentiellen Gastfamilien ansehen, auch mit Fotos. Somit hat man eine viel größere Auswahl an Familien als bei einer Agentur und kann auch gleich mit ihnen in Kontakt treten.« Linda, die sich ihre Familie in Südengland selber im Internet gesucht hatte, sagt sogar: »Innerhalb Europas braucht man meiner Meinung nach keine Agentur, denn die können manchmal gar nicht viel helfen. Deshalb hab ich mir meine 200 Euro gespart.«

Allerdings sollte man die Vorteile, die die Vermittlung über eine Agentur bietet, nicht unterschätzen. Über ihre Agentur bekam *Michaela* beispielsweise eine Liste mit Name, Adresse und Telefonnummer aller Aupairs ihrer Stadt. »Ich lernte ca. 20 deutschsprachige Aupairs in Monaco und Umgebung kennen. In Nizza, wo die Agentur ihre Kontaktstelle hatte, fanden alle zwei bis drei Wochen Treffen aller Au Pairs in Südfrankreich statt, etwa sechzig waren das. So konnte man sehr gut Kontakt zu anderen knüpfen.«

Zudem ist es im Ernstfall bedeutend einfacher, sich gegen schlechte Behandlung zu wehren oder die Familie gar zu wechseln, wenn man einen Ansprechpartner hat, möglichst natürlich in der Stadt, in der man sich befindet.

Private Kontakte

Auch über persönliche Kontakte kommen viele Aupair-Aufenthalte zustande. Oft vermitteln Bekannte oder die Eltern an eine befreundete Familie im Ausland.

Auch hier das Dilemma, dass es bei solchen Aufenthalten keine festen Regeln existieren. Oft gehen die Vorstellungen der Familien und der Aupairs über die Art der Arbeit, die Zahlung eines Taschengeldes und andere wichtige Fragen weit auseinander. Dazu kommt noch, dass die Aupairs sich in manchen Fällen in ihrer Kritik zurückhalten, weil sie es mit der Familie – oder den Bekannten zu Hause – nicht verderben wollen.

Auch solche Aufenthalte sollen sich am europäischen Aupair-Abkommen orientieren; rechtzeitige und klare Absprachen können mancher späteren Enttäuschung vorbeugen.

Weitere Möglichkeiten

Der Fantasie sind hierbei keine Grenzen gesetzt. Wer sich schon in dem betreffenden Land aufhält, findet oft noch weitere Gelegenheiten zum Kontakt mit Familien um sich dort nützlich machen zu können. Erfolgreich sind oft Anschläge in Form von Zetteln an öffentlichen Plätzen (z.b. in Supermärkten, an Rathäusern usw.). Und vieles andere ... wie Anschreiben an Goethe-Institute, Deutsche Schulen oder Handelskammern im Ausland - deutschsprachige Aupairs sind nach wie vor begehrt, und das nicht zuletzt wegen ihrer Muttersprache ...

Vor der Abreise

Reisekosten

Die Kosten für die Fahrt / den Flug vom Heimatort aus sowie für die Rückreise trägt in der Regel das Aupair selbst. Ausnahmen sind bestimmte Sonderarrangements, etwa beim Sommer-Aupair, wo manche Familien die Fahrt von ihrem Wohnort in den Ferienort bezahlen, oder beim Aupair-Programm in den USA. Hier sind die bei nahezu allen Anbietern die Flugkosten vom Heimatflughafen nach New York und der Transfer zur Gastfamilie Teil des Leistungspaketes. Dafür entstehen dem Aupair höhere Vermittlungskosten. Zudem ist eine Kaution zu hinterlegen.

Geldreserve

Ein Aupair-Aufenthalt deckt in der Regel nur die grundlegendsten Kosten ab. Wer eine teure Sprachschule besucht, im Land noch herumreisen möchte, sich ab und zu etwas zum Anziehen kaufen will, sollte an ein zusätzliches Finanzpolster denken. Auch die Kosten für Hin- und Rückreise sind zu bedenken.

Kathi, die als Sommeraupair nach England ging, erzählt: »Obwohl ich von der Familie gerecht entlohnt wurde und mir sogar ein eigenes Auto zur Verfügung stand, brauchte ich in dieser Zeit relativ viel Geld, da in London selbst ein normales Sandwich schon ein halbes Vermögen kostet. Aber man ist eben nur einmal jung!«

Auch *Claudia*, die fünf Monate bei einer spanischen Familie arbeitete, berichtet Ähnliches. Sie erhielt dort kaum mehr Taschengeld, als für die Spachschule zu berappen war; was blieb, ging für den Öffentlichen Nahverkehr drauf.

»Ohne die Unterstützung meiner Eltern hätte ich nicht leben können, denn von mei-nem Gehalt blieb so gut wie nichts übrig. Ohne einen Schulbesuch wäre der Aufent-halt in Spanien für mich jedoch nicht so sinnvoll gewesen, da ich auf dieser Schule ein Diplom erworben habe, das mir später sehr nützlich sein kann.«

Versicherungen

Die Bedingungen bei der *Kranken-* und *Sozialversicherung* sind von Land zu Land unterschiedlich (s. Länderteil).

Zu berücksichtigen ist in allen Fällen, dass die eigene Krankenkasse im Heimatland informiert werden sollte. Häufig gibt es die Möglichkeit von Übergangsregelungen, falls die Krankenversicherung im Ausland erst nach Ablauf einer bestimmten Frist zahlen sollte.

Wenn sich die Versicherungsfrage im Vorwege nicht klären lässt, ist auf jeden Fall eine Versicherung im Heimatland anzuraten. In vielen Fällen ist auch eine Zusatzversicherung angebracht, wenn die Versicherungen im Gastland nicht alle Kosten übernehmen.

Die *Haftpflichtversicherung* für Aupairs ist in der Regel nicht teuer, aber sinnvoll, besonders wenn man als Aupair die Verantwortung für Kinder übernimmt. Auch diese Versicherung sollte im Heimatland abgeschlossen werden, wenn die Gastfamilie nicht eindeutig zugesichert hat, dass sie eine solche abschließen wird. Versicherungsagenturen und -makler geben über die jeweils günstigsten Tarife Auskunft.

Bei der *Rentenversicherung* besteht in den meisten Ländern keine Verpflichtung zur Zahlung der Beiträge durch die Gastfamilie. Im Einzelfall kann es aber vorteilhaft sein, freiwillige Beträge zur Sozialversicherung im Gastland – oder im Heimatland – zu entrichten. Unter bestimmten Voraussetzungen kann der Aupair-Aufenthalt im Ausland bei der Rentenberechnung auch als Ausfallzeit anerkannt werden. Innerhalb der EU werden die im Gastland geleisteten Zahlungen später auf die eigene Rentenversicherung angerechnet. Wem also die Rentenversicherung am Herzen liegt, der / die sollte sich mit der örtlichen Beratungsstelle der Bundes- oder Landesversicherungsanstalt in Verbindung setzen.

Kindergeld

Hier die Bescheinigungen, die für die (Fort)Zahlung von *Kindergeld* an die Eltern (in der BRD) während eines Aupair-Aufenthalts vorgelegt werden müssen:

1. Bestätigung einer Sprachschule *(Schulbescheinigung)* über mindestens zehn Stunden Unterricht pro Woche (Az.: III B 39/06, laut IWW); sollte die Unterrichtszahl pro Woche weniger betragen, genügt es i.d.R. auch, eine Bescheinigung der Sprachschule vorzuweisen, dass die restliche Stundenzahl durch Vor- und Nachbereitung erfüllt werde.

2. Erklärung, dass der im Rahmen des Aupair-Aufenthalts absolvierte theoretische und praktische Erwerb von Sprachkenntnissen (Sprachstudium) einen Bezug zum später angestrebten Beruf aufweist bzw. die Sprachkenntnisse für die spätere *Berufsausbildung* notwendig sind. Strebt ein »Kind« einen Beruf an, zu dessen Ausübung umfassende Kenntnisse fremder Sprachen benötigt werden, für den aber eine geregelte Ausbildung mit berufsqualifizierendem Abschluss nicht vorgeschrieben ist (z.B. für die Tätigkeit als Flugbegleiter, Fremdsprachenkorrespondentin, Auslandskorrespondentin, Fremdsprachenstenotypistin), kann ein Auslandsaufenthalt im Rahmen eines Aupair-Verhältnisses als Berufsausbildung angesehen werden.

3. Bescheinigung über das monatliche Taschengeld

In der Praxis ergibt sich bei Aupair-Aufenthalten jedoch folgende Hürde: sobald das Kind, für das Kindergeld beantragt

wurde, über ein eigenes Einkommen von (umgerechnet) mehr als derzeit 7650 € pro Jahr verfügt, lehnen die Kindergeldkassen eine Weiterzahlung von Kindergeld ab. Bei der Berechnung dieses »Einkommens« wird aber nicht nur das üblicherweise ohnehin viel niedrigere Taschengeld zugrunde gelegt, sondern ebenso Kost und Logis. Je nach Bundesland werden verschiedene Bemessungsgrößen (Arbeitsentgeltverordnung) herangezogen: so beträgt der in Baden-Württemberg derzeit für Unterkunft und Verpflegung veranschlagte Satz bei einem Aufenthalt des Aupairs in Frankreich ca. 400 €, so dass obengenannte Einkommensgrenze in aller Regel überschritten wird.
Richtige Anlaufstelle bei der Frage, ob man kindergeldberechtigst ist, ist die Kindergeldkasse (Familienkasse des Arbeitsamtes), T. 0180 15 46 33 7 (4,6 Cent die Minute).

Es lohnt sich in jedem Fall, bei den zuständigen Kindergeldkassen in jedem Einzelfall nachfragen. Liegt der allgemeine Lebensstandard im Gastland besonders niedrig (Portugal, Griechenland usw.), wird meist ja auch ein entsprechend geringfügiges Taschengeld vereinbart.
Unabhängig vom Sonderfall »Aupair« gilt, dass in Deutschland Kindergeld für Jugendliche zwischen 16 und 27 Jahren gezahlt wird, die sich in einer Schul- oder Berufsausbildung bzw. im Studium befinden.

Vor der Rückkehr

Zur Sicherung eines sofortigen *Krankenversicherungschutzes* nach der Rückkehr ist es notwendig, dass sich das Aupair bei Ausscheiden aus der ausländischen Krankenkasse eine Bescheinigung über die Dauer der Mitgliedschaft (in Frankreich Bescheinigung »E 104«) ausstellen lässt und sich innerhalb von 21 Tagen nach dem Ausscheiden bei seiner heimischen Krankenkasse wieder anmeldet.

Im Falle eines Aupair-Aufenthaltes in Frankreich ist es ratsam, sich von der Familie einen *Beschäftigungsnachweis* ausstellen zu lassen, aus dem die Dauer des Aufenthalts hervorgeht; ferner an welche Stelle und unter welcher Nummer die Sozialabgaben abgeführt worden sind.

Falls während des Aupair-Aufenthalts keine *Rentenversicherungsbeiträge* abgeführt wurden, sollte man sich bei seiner örtlichen Beratungsstelle (in Deutschland etwa die Bundesversicherungsanstalt für Angestellte) erkundigen, unter welchen Umständen die Zeit als Aupair als sogenannte Ausfallzeit anerkannt werden kann.

»Freiwilligendienste im In- und Ausland«
http://shop.interconnections.de

Die Gastfamilie

Was spricht für die Aufname eines Aupairs?

Viele Familien entscheiden sich für die Anstellung eines Aupairs, weil

- die **Mutter berufstätig** ist und es darauf ankommt, dass tagsüber jemand zu Hause die Kinder betreut,

- **Kinder** zur Schule, zum Kindergarten gebracht und wieder abgeholt werden müssen,

- die Eltern einen **Babysitter** suchen,

- jemand gesucht wird, der sich um die Wäsche der Kinder, das Aufräumen, Bettenmachen und dergleichen kümmert,

- eine **Hilfe im Haushalt** gebraucht wird,

- die Familie Interesse daran hat, **mit einer Ausländerin / einem Ausländer zusammenzuleben** – vielleicht, um später einmal die eigenen Sprößlinge dort für einen Zeit unterzubringen?

- oder die Kinder **Sprachunterricht / Nachhilfe** in der Sprache des Aupairs erhalten sollen.

Literatur

Speziell für Familien ist folgender Ratgeber erschienen:

»Aupair-Ratgeber für Gastfamilien - Tipps, Erfahrungsberichte«

Farmjobs in Neuseeland
http://shop.interconnections.de

Überlegungen vor der Einstellung ...

Neben den allgemeinen Überlegungen, ob Sie bereit und in der Lage sind, ein Aupair bei sich aufzunehmen – die näheren Umstände eines Aupair-Aufenthalts sind in den vorigen Kapiteln besprochen worden – stellen sich einige Fragen, die bereits im Vorwege geklärt werden sollten:

1. Sind Sie bereit, mit einem (zunächst) fremden Menschen zusammenzuleben?

Was für die Aupairs gilt, gilt natürlich ebenso für die Gastfamilien: Toleranz, Geduld, Offenheit sind Voraussetzungen für das Gelingen des Experiments.
Wer ein ausländisches Aupair einstellt, sollte bereit sein, es so weit wie möglich bei den ersten Schritten im fremden Umfeld zu unterstützen.

Das bedeutet:

- Bemühen Sie sich, die Sprachstudien des Mädchens / Jungen und das Kennenlernen des Gastlandes in jeder Weise zu fördern – durch gemeinsame Ausflüge, Theaterbesuche, gesellige Veranstaltungen und dergleichen.

- Das Aupair sollte als vollwertiges Mitglied in die Familie aufgenommen werden

- Führen Sie möglichst viele Gespräche mit dem Aupair – auch wenn die Verständigung am Anfang nicht reibungslos klappt. Kleinkinder sollten nicht ausschließliche Gesprächspartner des Aupairs sein. Dies alles bedeutet, dass Sie eventuell einen Teil Ihrer Freizeit opfern müssen, um

sich dem Gast genügend widmen zu können.
- Andererseits wird Ihnen das Aupair-Mädchen (oder der Aupair-Junge) zu anderen Gelegenheiten eine willkommene Entlastung verschaffen.
- Das Verhältnis Arbeitgeber-Arbeitnehmer hat nichts mit dem Status eines Aupairs zu tun!
- Bemühen Sie sich, schon während des Briefwechsels so deutlich und offen wie möglich über die Situation in Ihrer Familie zu berichten – desto weniger Enttäuschungen und Missverständnisse wird es später geben. Arbeiten Sie bereits vor der Ankunft des Aupairs einen **Plan** aus, auf dem alle Aufgaben vermerkt sind, die später auf das Aupair zukommen.

Er sollte enthalten:
- Schulzeiten der Kinder bzw. Kindergartenzeiten
- Ihre beruflichen Arbeitszeiten
- Voraussichtliche Zahl der Babysitting-Abende
- Arbeiten im Haushalt
- Einkäufe
- Angaben zur Freizeit des Aupairs (in Anlehnung an die Zeiten der Schul- oder Volkshochschulkurse)

Lisa, die sechs Monate im eher untypischen Aupairland Estland verbrachte, kann von den Qualen eines ungeregelten Arbeitstages ein Lied singen: »Erstens wurde nie eine feste Stundenzahl vereinbart, weil meine Gastmutter das lächerlich fand. Ich hätte es fair gefunden, wenigstens grob festzuhalten, wie viel ich gearbeitet hatte. Zweitens wusste ich nie, was als nächstes mit mir passierte. Ich wurde weder über Familienausflüge, an denen ich teilnehmen sollte, noch über irgendwelche Pläne der Eltern informiert – dabei betrafen sie mich durchaus, schließlich war ich dann zeitweise mit allen drei Kindern alleine. Kurz und gut, man sprach nicht all zu viel mit mir, und das ist, vom Organisatorischen mal abgesehen, an sich schon kein schönes Gefühl. Meine Aufgaben bestanden darin, dass ich mich tagsüber um das kleinste Mädchen kümmerte, das hieß mittags kochen (meist nur für uns beide), sie schlafen legen und mit ihr spielen oder spazieren gehen. Also an sich schöne Aufgaben - aber ich hätte es manchmal doch begrüßt, wenn ich wenigstens grob gewusst hätte, wann meine Gasteltern von der Uni bzw. der Arbeit wiederkämen ...«

2. Welche Aufgaben kann das Aupair übernehmen?

Je nach Bedarf der Gastfamilie kann der Aupairalltag höchst unterschiedlich ausfallen. Die folgenden Aufgaben dürfen dem Aupair übertragen werden:

- Leichte Hausarbeiten (d. h. Mithilfe beim Sauberhalten der Wohnung, Wäschewaschen und Bügeln)
- Zubereitung von Frühstück und einfachen Mahlzeiten
- Betreuung von jüngeren Kindern (Beaufsichtigen, Spielen, zum Kindergarten oder der Schule bringen, etc.)
- Betreuung von Haustieren
- Wohnunghüten
- Babysitten abends

Zu den Aufgaben eines Aupairs gehört dagegen nicht die Betreuung pflegebedürftiger Familienmitglieder (z.B. Kranken- oder Altenpflege).

3. Wo erfolgt die Unterbringung?

Jedes Aupair hat Anspruch auf ein eigenes Zimmer. Über den Standard eines solchen Raums gibt es keine näheren Angaben. Nur: beheizbar sollte es sein, möbliert, mit Tageslicht ausgestattet und über fließend Kalt- und Warmwasser verfügen. Vor der Aufnahme eines Aupairs versetze man sich einmal selbst in seine Situation: würden Sie sich als Gast der Familie in diesem Zimmer wohlfühlen? Ist es groß genug? Haben Sie vielleicht die Möglichkeit, das Zimmer durch ein paar zusätzliche Einrichtungsgegenstände wohnlicher zu gestalten? Das Zimmer eines Aupairs sollte möglichst innerhalb Ihrer Wohnung / Ihres Hauses liegen.

4. Was kostet ein Aupair?

Hier spielt nicht nur der Lohn eine Rolle, sondern ebenso die Kosten für Unterbringung (inkl. Heizung, Warmwasser), Verpflegung, Krankenversicherung und eventuell eine Monatskarte für die öffentlichen Verkehrsmittel wie auch die zusätzlichen Ausgaben bei gemeinsamen Freizeit-Unternehmungen mit dem Aupair.

Unterbringungs- und Verpflegungkosten sind natürlich von den individuellen Bedingungen in Ihrer Familie abhängig. Auch die Kosten für die Anmeldung und die amtsärztliche Untersuchung trägt die Gastfamilie, die dem Aupair bei der Erfüllung der Anmeldeformalitäten in jeder Weise behilflich sein sollte.

Die *Krankenversicherung* inklusive einer *Haftpflichtversicherung* liegt bei 35–50 Euro pro Monat, die Leistungsangebote sind dabei recht unterschiedlich. Hierbei ist zu berücksichtigen, dass der Status eines Aupairs in der Bundesrepublik gesetzlich nicht eindeutig geklärt ist.

Handelt es sich um ein Arbeitsverhältnis, müssen eventuell Lohnsteuer und Sozialversicherung gezahlt werden. Nur bei einem Aufenthalt als Haustochter sind diese Abgaben nicht notwendig! Falls keine Familienhaftpflicht besteht, die sich auch auf das Aupair erstreckt, ist es ratsam, für das Aupair eine Haftpflichtversicherung abzuschließen.

Näheres hierzu geben die unten aufgeführten Versicherungsagenturen, die Vermittlungsorganisationen sowie das Merkblatt »Aupair bei deutschen Familien«, erhältlich bei den Landesarbeitsämtern sowie im Internet unter www.arbeitsagentur.de.

Der *Lohn* für Aupairs im Dreißig-Stunden-System liegt derzeit bei 260 Euro bzw. 600-700 CHF. Reisekosten trägt das Aupair in der Regel selbst.

Je nach Vermittler wird von den Familien für jede erfolgreiche Vermittlung eine Bearbeitungsgebühr (Vermittlung und Betreuung) erhoben, deren Höhe in Deutschland gesetzlich geregelt ist. Für deutsche Gastfamilien und Aupair zusammengenommen darf diese höchstens 12% des jährlichen Aupair-Lohns betragen; der Aupair-Lohn wird dabei unter Anrechnung sämtlicher Geld- und Sachleistungen der Familie mit etwa 660 Euro monatlich angenommen. Verlangt der Vermittler keine Gebühr vom Aupair, ist die Vermittlungs- und Betreuungsvergütung frei vereinbar.

5. Wer darf Gastfamilie sein?

Wie auch das Aupair, so hat auch eine Gastfamilie bestimmte Voraussetzungen zu erfüllen, die von der Bundesanstalt für Arbeit vorgeschrieben sind. So sind Ehepaare mit oder ohne Kind, unverheiratete

Pro Aupair
Guerickeweg 5
64291 Darmstadt
Tel.: 06151-3658791
Mobil: 0172-5620099
info@pro-aupair.com
www.pro-aupair.com
Mo–Fr 9 bis 17 Uhr

Ansprechpartner: Gabi Sandhoff

Es gibt verschiedene Möglichkeiten Zeit, im Ausland zu verbringen. Pro Aupair hat sich auf die Vermittlung und Betreuung junger Frauen und Männer spezialisiert, die eine Zeit als Au pair im europäischen Ausland verbringen möchten. Ein Aufenthalt in Europa bietet viele Vorteile: kürzere Aufenthaltszeiten, Besuche in Deutschland in den Ferien, z.B. zu Weihnachten, Besuche von Familie und Freunden, kostengünstig.

Die einzelnen europäischen Länder haben sehr unterschiedliche Regelungen hinsichtlich der Arbeitszeit, des Taschengeldes und der Freizeit. Angaben zu den konkreten Regelungen finden sich auf den Informationsblättern von Pro Aupair. Ausführliche Beratungen zu jedem Zeitpunkt des Bewerbungsprozesses ermöglichen eine fundierte Entscheidung für ein bestimmtes Land und helfen dabei, die Bewerbung zu optimieren. Ein fester Ansprechpartner bleibt für die Betreuung zuständig, auch nach der Ausreise.

Spezialisiert auf die Vermittlung junger Frauen und Männer ins europäische Ausland

Vermittlungsgebühren: 150,– €

Sonstiges:
Informationsabende jeden 1. Mittwoch im Monat, 18 bis 20 Uhr
Vorbereitungsworkshops, Online Bewerbung

Paare oder Alleinerziehende mit Kind mögliche Gastfamilien. Voraussetzung ist, dass in der Familie Deutsch als Muttersprache gesprochen wird – in Sonderfällen sind auch ausländische Familien erlaubt, deren Umgangssprache Deutsch ist. Mindestens ein Elternteil sollte die deutsche Staatsbürgerschaft haben oder aus einem anderen deutschsprachigen Land stammen.

Rechtliche Dauer des Aupair-Verhältnisses

Die Dauer des Aupair-Verhältnisses muss zwischen sechs Monaten und einem Jahr liegen. Es ist nicht möglich, eine zweite Aupairstelle anzutreten, auch wenn beim ersten Mal die Höchstdauer von einem Jahr nicht ausgeschöpft wurde.

Wöchentliche Arbeitszeit

Einschließlich Babysitting darf das Aupair nicht länger als sechs Stunden pro Tag und 30 Stunden pro Woche in Anspruch genommen werden. Eine individuelle Regelung ist nur nach vorheriger Absprache und in beidseitigem Einvernehmen möglich. Überstunden müssen zeitlich ausgeglichen werden; allerdings darf die Gastfamilie verlangen, dass die übertragenen Aufgaben in einer angemessenen Zeit erledigt werden.
Das Aupair hat Anrecht auf mindestens einen vollen freien Tag in der Woche, der nicht zwangsläufig auf das Wochenende fallen muss. Allerdings muss mindestens ein Sonntag im Monat dabei sein. Zusätzlich stehen dem Aupair mindestens vier freie Abende pro Woche zu.

Urlaubsanspruch

Es hat sich so eingebürgert, dass das Aupair bei einem vollen Jahr in Deutschland zwei bis vier Wochen bezahlten Urlaub erhält. Ist das Aupair weniger als ein Jahr in der Familie, so erhält es für jeden vollen Monat einen Urlaub von zwei Werktagen.
Fährt die Familie in den Urlaub, so begleitet das Aupair sie häufig. Es übernimmt auch dort Aufgaben wie die Betreuung der Kinder. Dieser gemeinsame Urlaub zählt nur als eigener Urlaub des Aupairs, wenn ausschließlich unwesentliche Aufgaben übernommen werden und für das Aupair keine Anwesenheitspflicht besteht.
Bleibt das Aupair dagegen daheim, ist ein „Verleihen", also die Beschäftigung bei Nachbarn oder Bekannten, nicht zulässig.

Sprachkurs

Dem Aupair muss die Möglichkeit gegeben werden, an einem Sprachkurs und weiteren Veranstaltungen zur deutschen Sprache und Kultur teilzunehmen. Die Kosten sind vom Aupair selbst zu tragen; viele Gastfamilien zahlen aber Zuschüsse oder übernehmen die Kosten ganz.

Kündigung

Ist nach Ablauf der Eingewöhnungsphase mit Kulturschock, erstem Kennenlernen etc. kein harmonisches Zusammenleben möglich, sollte das Aupairverhältnis im gegenseitigen Interesse gekündigt werden.
Wurde eine Kündigungsfrist nicht vereinbart, so lässt sich der Vertrag nur in

gegenseitigem Einvernehmen auflösen (Auflösungsvertrag). In der Praxis ist es meist Usus, dass das Aupair so lange bleibt, bis es eine andere Gastfamilie gefunden hat. Bei einem schwerwiegenden Grund kann das Aupairverhältnis auch fristlos gekündigt werden, ansonsten sind zwei Wochen üblich.

Anforderungen

Für Bewerber aus Nicht-EU-/EWR-Staaten außer der Schweiz gilt ein Mindestalter von 18 Jahren, Bewerber aus den EU-/EWR-Staaten und der Schweiz müssen mindestens 17 Jahre alt sein. Maßgebend ist dabei der Beschäftigungsbeginn. Minderjährige benötigen die schriftliche Einverständniserklärung ihrer Eltern oder gesetzlichen Vertreter. Sind Aupair und Gastfamilie verwandt, so ist eine Aupair-Beschäftigung nicht zulässig.

Schon vor Beschäftigungsbeginn sollte das Aupair über Grundkenntnisse der deutschen Sprache verfügen. Es werden Sprachkenntnisse erwartet, die dem Level A 1 des Gemeinsamen Europäischen Referenzrahmens entsprechen.

Es gelten folgende Sonderregelungen für Bewerber aus Nicht-EU-/EWR-Staaten (außer der Schweiz) sowie aus den neuen EU-Mitgliedern Estland, Lettland, Litauen, Polen, Slowakei, Slowenien, Tschechien, Ungarn, Rumänien und Bulgarien:
In der Gastfamilie muss Deutsch als Muttersprache gesprochen werden, und es muss mindestens ein Erwachsener die Staatsangehörigkeit eines EU-/EWR-Staates oder der Schweiz besitzen.

Integration in die Familie

Ebenso wie sich manche Aupairs eine Gastfamilie wünschen, die sie oder ihn wie eine Tochter oder einen Sohn aufnimmt, zu allen Familienfeiern und Ausflügen mitnimmt, sind auch viele Gastfamilien an einem engen Verhältnis interessiert. Abends noch gemeinsam vor dem Fernseher sitzen, gemeinsam die ersten Schritte des jüngsten Familienmitglieds erleben, zusammen Drachen steigen lassen und joggen gehen.

Wieder andere Familien wünschen sich dagegen etwas mehr Distanz; wollen den Gast zwar in das Familienleben integrieren, legen aber auch Wert auf Privatsphäre; wollen beispielsweise mal einen Abend zu zweit auf der Couch verbringen oder am Sonntag einen Ausflug im engeren Kreis der Familie machen. Beides ist in Ordnung, sollte aber in jedem Fall im Vorhinein abgeklärt werden, so dass ähnlich Gesinnte zusammenfinden.

Herkunftsländer

Neben Aupairs aus den ehemaligen Ostblockstaaten sind es mittlerweile auch weit exotischere Länder, aus denen Aupairs nach Deutschland kommen. Nachfolgend der Bericht einer Organisation, die sich auf das Entsendeland China spezialisiert hat:

China – ein Exot unter den Sendeländern?
Nein, ganz und gar nicht mehr! Vielmehr verspricht die Zusammenarbeit mit China frischen Wind im Aupair-Bereich. China öffnet sich, die Jugend ist fast hungrig nach dem Westen, Sprachen werden in

Windeseile erlernt ...
Deutsche als auch Chinesen freunden sich immer mehr mit der Tatsache an, dass sie eigentlich in vielerlei Hinsicht sehr ähnlich sind. Oft wird den Chinesen eine so gegensätzliche Mentalität zugesprochen, dass es fast schon utopisch klingt, als Chinesin oder Chinese überhaupt ein Jahr in einer deutschen Familie zu verbringen – eine Skepsis, die nicht angebracht ist!

Fleiß, Verantwortungsbewusstsein, Selbstständigkeit, Motivation und Ehrgeiz -um nur einige zu nennen - sind Tugenden, in denen sich diese zwei Nationen sehr, sehr ähnlich sind. Somit steht einem gemeinsamen Familienleben in Deutschland eigentlich nichts im Wege.

Die Familie hat in China einen enorm hohen Stellenwert, wodurch sich chinesische Aupairs durch Fürsorglichkeit und einen gewissenhaften Umgang mit Kindern auszeichnen.

Ganz schön exotisch klingt die Sprache, die manch ein Kleinkind einer Gastfamilie im Laufe eines Aupair-Aufenthalts gerne spielerisch und fast unbemerkt aufnimmt. So kann es passieren, dass der eine oder andere Pieps-Ton des eigenen Kindes ein in der Intonation stimmiger Mandarinlaut ist, ohne dass es die Eltern explizit erkennen.

China ist nicht gleich China! Oft sind Gastfamilien überrascht, wenn ihnen ihr chinesisches Aupair nach einem gemeinsamen Besuch im Chinarestaurant sagen muss, dass das Essen alles andere als chinesisch war und anfängt die Familie mit den wahren Köstlichkeiten zu bekochen.

Und: andere Länder, andere Sitten und Gebräuche! Die Kaffeemaschine – für uns ein ganz alltägliches Utensil, kann aber die chinesischen Aupairs vor große Herausforderungen stellen, wird doch in China so gut wie nur Tee getrunken. Da ist der eine oder andere Filter schon mal übergeschwappt und so manches Kaffeepulver findet sich im Wasserbehälter wieder. Eine intensive Einweisung in den ersten Tagen des Aupairaufenthalts ist auf jeden Fall zu empfehlen ...

Feste, wie z. B. Weihnachten, sind für ein chinesisches Aupair ein unglaublich spannendes Ereignis, da es in China ganz andere Feiertage gibt. So nimmt ein Aupair gerne den Wunsch nach einem Weihnachtsbaum fürs nächste Jahr mit nach China.

Kulturelle Unterschiede, die 12 Monate gemeinsames Familienleben sehr spannend machen und nachhaltig auch ein bisschen zur Völkerverständigung beitragen!

Natürlich gilt auch hier – gegenseitiges Verständnis und Toleranz sind die Basis für ein gutes Zusammenleben! Alles in allem eine sehr interessante Erfahrung für beide Seiten, die es anzunehmen gilt!«
(KeyAupairs – China, Birgit Betz, Schondorf am Ammersee)

Konkrete Schritte

Wer sich zur Aufnahme eines Aupairs entschlossen hat, wende sich an eine passende Agentur bzw. fülle das Formular für die Familien bei www.au-pairbox.com aus. Dabei ist genau abzuwägen, wie wichtig einem die Betreuung seiner Familie sowie des Aupairs am Wohnort (oder in der nächstgelegenen Stadt) ist. Entsprechend Ihren Vorstellun-

KeyAupairs-China
Birgit Betz
Sonnenleite 1
D-86938 Schondorf am Ammersee
Tel: +49-8192-998894
Fax: +49-8192-998895
info@keyaupairs-china.de
www.keyaupairs-china.de

Bürozeiten: Mo-Fr. 9.00 – 13.00 Uhr, oder nach Absprache

Gründungsjahr: Februar 2008

Ansprechpartner: Birgit Betz

Die Au Pair Agentur KeyAupairs China ist eine junge Agentur in Schondorf am Ammersee, 40 km westlich von München. Die Agentur ist auf die deutschlandweite Vermittlung chinesischer Au Pairs spezialisiert. Im Falle chinesischer Au Pairs wird ein 12monatiger Aufenthalt empfohlen. Die Gastfamilie sowie das Au Pair werden im Laufe des Bewerbungsverfahrens und auch während des Aufenthalts betreut und unterstützt. Der persönliche Kontakt und wenn möglich der Besuch der Gastfamilie stehen im Vordergrund.

Erfahrungsgemäß ist mit einer 5–8wöchigen Visaabwicklung zu rechnen. Aufgrund der Spezialisierung ist ein entsprechendes Hintergrundwissen bzgl. Chinesischer Kultur, Mentalität, Gewohnheiten, etc. vorhanden. Die Agentur wird in Deutschland durch chinesische Muttersprachler unterstützt. Die Rekrutierung der Au Pairs erfolgt über Partneragenturen bzw. Sprachschulen in China, um ein interkulturelles Training und die geforderten Deutschkenntnisse gewährleisten zu können. Diese werden von der deutschen Botschaft auf A2-Level/Goetheinstitut geprüft.

gen sollten Sie sich dann bei in Frage kommenden Agenturen nach den Vermittlungschancen zu Ihren Wünsche erkundigen und sich schließlich für einen Vermittler entscheiden.

Die genauen Daten werden nach einem Fragebogen erhoben, der sich normalerweise als pdf von der Webseite der Agentur herunterladen lässt, seltener werden Sie ihn per Post als Papier erhalten. Darin werden die familiären Gegebenheiten abgefragt und die Hilfe, die Sie von dem Mädchen oder Jungen erwarten.

Der weitere Kontakt wird auch über E-Mail oder telefonisch laufen. Manche Vermittler vereinbaren einen Termin im Hause der Gasteltern, um sich vor Ort ein Bild der jeweiligen Familiensituation machen zu können. Fassen Sie dies ruhig als Qualitätsmerkmal auf: ebenso wie Sie eine sorgfältige Auswahl ihres Aupairs in dessen Heimatland erwarten, so sollte auch ihr zukünftiger Gast eine wahrheitsgemäß beschriebene Umgebung vorfinden.

Im weiteren Verlauf der Vermittlung erhalten Sie die Bewerbungsunterlagen eines Aupairs, vielleicht auch gleich mehrere Vorschläge, mit Lichtbild, eventuell auch handgeschriebenem Lebenslauf und entsprechenden Referenzen. Wer bereit ist, das Aupair aufzunehmen, schreibe ihm einen »Einladungsbrief« und schicke einen Durchschlag an die Vermittlungsstelle. Falls Sie jedoch mit dem Vorschlag nicht einverstanden sind, sind die Unterlagen umgehend an die Vermittlungsstelle zurückzusenden. Sie können dann einen neuen Vorschlag erhalten.

Der Einladungsbrief soll genaue Einzelheiten über Ihre Familiensituation enthalten:

- Anzahl, Alter und Geschlecht der Kinder
- Art und Dauer der Berufstätigkeit der Eltern und Zeiten der Abwesenheit
- Einzelheiten über das Haus bzw. die Wohnung, die Anzahl der Zimmer und die geplante Unterbringung des Aupairs
- Beschreibung der Tätigkeiten, die vom Aupair erwartet werden
- Angaben über die erwartete Mithilfe, Freizeit, Höhe des Taschengeldes
- Voraussichtliche Arbeitszeiten; Möglichkeiten zum Besuch von Sprachkursen; Bus- und Bahnverbindungen

Telefonat

In jedem Fall sollte vor der Entscheidung mit dem potentiellen Aupair telefoniert werden. Dabei sollte man allerdings nicht zu hohe Erwartungen haben – das Aupair beherrscht die Sprache noch nicht, was sich in der Aufregung eigentlich nur verschlechtern kann. Zudem ist es bedeutend schwerer, in einer Fremdsprache zu telefonieren, ganz ohne Mimik und Gestik. Um dem Aupair die Nervosität zu nehmen, sollte man sehr langsam sprechen und geduldig sein, wenn es mit dem Verstehen hapert.

Ein Telefonat kann erste Aufschlüsse darüber geben, ob man sich gegenseitig sympathisch ist und auf einer Wellenlänge schwimmt. Details sollte man allerdings per Mail klären, da im Schriftlichen nicht so viele Missverständnisse aufkommen können.

Aupair-Ratgeber für Gastfamilien
http://shop.interconnections.de

Vermittlungsagenturen

Als Vermittlungsagenturen kommen mittlerweile eine ganze Reihe Agenturen in Frage. Ob eine Agentur gemeinnützig ist oder nicht, sollte keine große Rolle spielen, denn was zählt, ist die Leistung, und die ist bei kleineren Agenturen eben oft besser.

Ferner vermitteln etliche ausländische Agenturen nach Deutschland (Adressen unter den jeweiligen Ländern). Platzierungen können grundsätzlich in allen Teilen der Bundesrepublik durchgeführt werden. Die Platzierungswünsche von Aupairs lassen jedoch eine Vorliebe für Großstädte erkennen. Gastfamilien in ländlichen Regionen sollten daher die Vorzüge des Landlebens – größere Wohnung, Eigenheim mit Garten, niedrige Lebenshaltungskosten usf. – hervorheben.

Unter der www.au-pair-box.com finden Familien unkompliziert ein Aupair.

Sprachkurse

Die Gastfamilie hat dem ausländischen Aupair genügend Freiraum für den Besuch einer Sprachschule zu gewähren. Hier bieten sich vor allem die preisgünstigen Sprachkurse der Volkshochschulen an, die im gesamten Landesbereich durchgeführt werden – auch in ländliche Regionen. Außer Sprachkursen besteht dort auch eine große Zahl anderer Angebote (Werkkurse / Gesundheit / Wissenschaft / Sport / Kultur / praktische Lebenshilfe u.a.). Die Semesterkurse beginnen in der Regel im Januar / Februar und im September. In Universitätsstädten können Sprachkurse von Ausländern an den jeweiligen Universitäten besucht werden. Daneben haben sich Goetheinstitute, sonstige Institute (z.B. das Institut für Auslandsbeziehungen in Stuttgart), gemeinnützige Verbände (Caritas, Deutsches Rotes Kreuz, Arbeiterwohlfahrt) und Vereine (Ausländerinitiativen) sowie eine Reihe von Privatschulen (Inlingua, Euro, Berlitz etc.) auf Deutschunterricht für Ausländer spezialisiert – oftmals allerdings unerschwinglich für das schmale Budget eines Aupairs. Andererseits benötigen sie vielleicht anspruchsvolle Kurse, weil sie durch ein Germanistikstudium im Heimatland bereits ausgezeichnete Kenntnisse haben und ein VHS-Kurs weit unter Niverau liegen könnte. Man erkundige sich also vor Einreise des Aupairs nach Möglichkeiten über sinnvolle Kurse und erfrage dabei auch gleich die Unterrichtszeiten, um den künftigen „Dienstplan" entsprechend gestalten zu können.

An die Familien geht der Rat, so oft wie möglich mit dem Aupair zu sprechen. Die Unterhaltungen sollten sich nicht auf gelegentliche Arbeitsabsprachen, die Gespräche mit Kleinkindern oder wortkarge Abende vor dem Fernseher beschränken. Anknüpfungspunkte ergeben sich allein aus der Tatsache, dass das Aupair in aller Regel aus einem fremden Kulturkreis stammt: was ist anders, was genauso wie bei uns / bei dir?

Spanien - Reisen mit Kindern
http://shop.interconnections.de

Erfahrungsberichte

Gastfamilien

I.

Die Österreicherin *Sandra R.* und ihr Mann Konrad waren nach dem Mauerfall nach Leipzig gezogen und hatten dort gemeinsam eine Niederlassung eines mittelständischen Betriebes aufgebaut. Die Wohnsituation in Ostdeutschland stellte sich in den ersten Jahren derart schwierig dar, dass bei der Geburt der Zwillinge Thomas und Lukas die siebenjährige Tochter Gloria ins elterliche Schlafzimmer ziehen musste, um das Kinderzimmer den beiden Brüdern zu überlassen. Da sie kein eigenes Zimmer für einen Gast bieten konnten, dachten Sandra R. und ihr Mann erst gar nicht an die Unterstützung durch ein Aupair, obwohl ihnen durch die Lektüre einer Zwillingszeitschrift diese Möglichkeit der Kinderbetreuung durchaus bekannt war. Gloria war durch einen Hort gut versorgt, aber die Zwillinge machten der Mutter wie alle Mehrlinge sehr zu schaffen.

»Nach einem halben Jahr konnte ich keine vollständigen Sätze mehr von mir geben, ich war so am Ende! Alle zwei Stunden meldete sich entweder Thomas oder Lukas, auch nachts, zum Wickeln oder Füttern. Und dazu noch die räumliche Enge. Ich hatte mich da zwar schon auf eine Warteliste bei meiner Agentur setzen lassen, allerdings wusste ich auch, dass ein Aupair ein eigenes Zimmer benötigt. Und das konnten wir beim besten Willen nicht bieten, bevor nicht unser Neubau bezugsfertig war. Doch dann kam ganz plötzlich ein Anruf des Vermittlers: Katja, eine junge Russin, wollte nach einem anstehenden Gastfamilienwechsel unbedingt weiter als Aupair in Leipzig bleiben und war sogar bereit, mit den Zwillingen in einem Zimmer zu wohnen. Trotz allem, was sich da an Problemen auf so engem Raum ergab ... das war meine Rettung!«

Innerhalb weniger Tage wuchs die Familie um ein weiteres Mitglied, die Erledigung der Formalitäten nahm allerdings sowohl bei Katja als auch bei ihrer Nachfolgerin Maria noch einige Zeit in Anspruch. Um eine Aufenthaltsgenehmigung zu erhalten, musste Familie R. unter anderem eine Verpflichtungserklärung des Ausländeramtes unterschreiben, mit der sie für sämtliche Unterhalts- sowie mögliche Krankheits- und sogar Abschiebekosten in uneingeschränkter Höhe bürgte.

»Ich wollte aus diesem Grunde von vornherein einen Bewerber aus einem EU-Land. Aber da die weitaus meisten Aupairs inzwischen aus osteuropäischen Ländern nach Deutschland stammen, war das so gut wie aussichtslos. Und unser erstes Aupair Katja war für mich wirklich der Rettungsanker, der Hoffnungsschimmer am Ende des Tunnels, auch wenn das höchst dramatisch klingt. Durch sie konnte ich plötzlich wieder Dinge in Ruhe erledigen, und wenn es nur ein Telefonat, der Einkauf oder der Hausputz gewesen ist.«

Katjas unerwartetes Eintreffen ließ Familie R. keine Zeit zur Vorbereitung auf die Ankunft des Gastes. Da ihr Mann den ganzen Tag außer Haus arbeitete, war für Sandra R. zumindest klar, dass die Zusammenarbeit mit dem Aupair ganz in ihrem Verantwortungsbereich liegen würde.

»Natürlich hatten wir uns Gedanken gemacht, welche Probleme bei der Aufnahme eines Aupairs aus einer vollkommen anderen Kultur auftreten könnten: sprachliche, gesundheitliche - das waren unsere Befürchtungen. Und dann kam alles ganz anders. Die Verständigung klappte auf Anhieb ganz gut (Katja sprach ja schon etwas deutsch, Maria lernte es sehr schnell). Wenn man sich wirklich etwas zu sagen hatte, dann ging das in den ersten Wochen und Monaten auch notfalls mit Händen und Füßen. Und wir haben immer wirklich sehr viel miteinander geredet, vor allem wenn ich ahnte, dass Katja oder Maria Heimweh hatten oder sonst irgendwie etwas nicht stimmte.

So erfuhr ich auch in den letzten Monaten, dass der gemeinsam verbrachte Familienurlaub in Österreich in den Augen der Aupairs Dauerstress mit 24 Stunden Dienst pro Tag gewesen war. Das hat mir natürlich sehr zu denken gegeben und stellt meiner Ansicht nach die eigentlich zentrale Problematik eines Aupair-Aufenthaltes für Gast und Gastfamilie dar: Das Aupair soll zwar ein Familienmitglied auf Zeit sein und an allem teilhaben, aber hat doch als junger Mensch auch ganz eigene Interessen. Ich würde daher das Zusammenleben eher mit dem in einer studentischen Wohngemeinschaft vergleichen, wo auch mehrere Parteien zusammen wohnen, leben und arbeiten, wo aber doch die Privatsphäre deutlicher getrennt ist als in einer herkömmlichen Familie: man streitet sich in der Ehe plötzlich »öffentlich«, eben vor Fremden, die zwar alles mitbekommen, aber doch distanziert daneben stehen. Durch diese Distanzierung wurden auch von unseren Aupairs einige Dinge einfach »übersehen«, die Eltern, Großeltern oder Onkel und Tante ganz selbstverständlich übernommen oder behoben hätten.

So kam es auch einmal zum (allerdings einzigen) Eklat mit Maria: Thomas und Lukas stritten sich unglaublich laut, während sie nebenbei fast eine halbe Stunde mit einer Freundin aus Lettland telefonierte. Als mein Mann das mitbekam, hat er Maria derart angefahren, dass eine ganze Weile Funkstille zwischen uns herrschte und ich auch gut verstanden hätte, wenn sie daraufhin ihre Koffer gepackt hätte. Zum Glück half auch hier eine Entschuldigung und ein klärendes Gespräch.

Mit der Aufstellung fester Zuständigkeiten und Dienstpläne haben wir uns grundsätzlich weitgehend beholfen, auch wenn es uns als »Vorgesetzten« im ersten Moment nicht leicht fiel, anstehende Arbeiten in allen Details erst einmal zu benennen und dann auch noch zu delegieren. Auch mit der zeitlichen Bemessung gab es einige Missverständnisse. So habe ich die Zeit, in der die Zwillinge schliefen und das Aupair zu Hause war, nicht etwa als Arbeitszeit gewertet, denn die Möglichkeit zur Erledigung persönlicher Dinge bestand ja sehr wohl. Genau wie die Urlaubszeit erschien dies meinen Aupair-Mädchen allerdings ebenso als eine Art Bereitschaftsdienst, der sie nach ihren Aussagen letztendlich überlastete.

In meinen Augen kam die, tatsächlich existente, Überlastung allerdings eher durch die Tatsache zustande, dass sich beide Mädchen etwas zu sehr mit ihren Sprachkursen belasteten. Leider gab es nämlich als einzige, für Aupairs mit unserer Unterstützung bezahlbare Deutschkurse lediglich an fünf Vormittagen stattfindende Angebote bei der Volkshochschule. So kam das jeweilige Aupair ziemlich erschöpft mittags gegen 14 Uhr nach Hause und musste sofort die beiden Kinder übernehmen, um überhaupt fünf Stunden täglich abarbeiten zu können. Natürlich waren beide nach einer gewissen Zeit ziemlich ausgelaugt, haben aber meiner Meinung nach nicht ganz realisiert, dass Sprachkurs und Lernen Teil ihrer Freizeit waren, die sie nach eigenem Gutdünken gestalten konnten.

Auf diese Weise haben es beide leider nur je acht Monate bei uns ausgehalten: Katja ist zu ihrem Freund gezogen, wurde ausgewiesen und kam dann zurück, um ihren Freund zu heiraten. Maria hingegen war einfach überlastet und wollte »heim zur Mama«. Beide Aupairs haben etwa einen Monat vorher bekannt gegeben, dass sie weggehen würden - ich hatte ja auch letztendlich ein gutes Verhältnis zu ihnen. Keines der beiden Mädchen war sich seiner Verantwortung allerdings wirklich bewusst gewesen: was es heißt, sich für ein Jahr als Aupair zu verpflichten.

Wir ließen beide Aupairs schriftlich bestätigen, dass sie um ihre Ausreisepflicht wussten.

Katja kannte ihren Freund schon, bevor sie zu uns kam. Und er war wohl auch der Grund, warum sie um jeden Preis in Leipzig bleiben wollte. Überhaupt waren diese Freundschaften ein weiterer Punkt, der bei mir ständig Anlass zur Sorge bot. Auf der einen Seite vertraute ich den Mädchen, auf der anderen wurde ich ein ungutes Gefühl nie ganz los, wenn ich die (zumindest bei Maria ständig wechselnden) dubiosen Bekanntschaften mit ihren schnittigen Sportwagen auch nur aus der Ferne vor unserem Haus erblickte.

Sicherlich spielte bei der Kontaktpflege zu diesen russischsprechenden jungen Männern auch Heimweh eine Rolle. Denn trotz allem waren unsere Aupairs einfach aufgrund ihres Alters noch sehr junge, nicht ausgereifte Menschen. Und worüber ich mir vorher auch nie Gedanken gemacht hatte, was aber sicherlich auch das Gefühl des Fremdseins noch verstärkt hat: die Mädchen kamen beide aus einem völlig anderen sozialen Umfeld. Ich wurde zum Beispiel von Katja gefragt, ob sie lange duschen dürfe. So lange, bis sie sauber sei, habe ich geantwortet ...

Irgendwie hatte ich immer das Gefühl, dass der relative Luxus, den wir (nach dem Umzug auch mit eigenem Zimmer und Bad) boten, allzu schnell zur selbstverständlich geworden war. So etwa auch Maries ständige Telefonate, die kaum unter 80 DM monatlich ausmachten. Die musste sie aus erzieherischen Gründen bezahlen, auch wenn sie dafür oft mehr Taschengeld bekam.

Trotz allem muss ich aber nochmals hervorheben, dass sämtliche Probleme und Unstimmigkeiten letztendlich durch die Entlastung bei der Kinderbeaufsichtigung wettgemacht wurden. Die Aupairs kamen einfach wunderbar mit den Zwillingen aus, ich konnte sie wirklich guten Gewissens alleine lassen, und es gab keine Strei-

Stepin GmbH
(Student Travel & Education Programmes International)
Beethovenallee 21, 53173 Bonn
Tel: 0228/95695-0
Fax: 0228/95695-99
info@stepin.de, www.stepin.de

Bürozeiten: Montags bis freitags telefonische Beratung von 8.00 bis 20.00 Uhr

Gründungsjahr: 1997

Ansprechpartner: Katie Comstock

Stepin gehört seit mehr als zehn Jahren zu den führenden Anbietern von Kulturaustauschprogrammen, u.a. Au-pair Aufenthalte in den USA, Australien und Neuseeland.

Das Besondere:
- Über zehn Jahre Erfahrung in der Au-pair Vermittlung
- Starker Partner vor Ort
  Gemeinsam mit seinen handverlesenen Kooperationspartnern sorgt Stepin dafür, dass die Zeit in der Gastfamilie für die TeilnehmerInnen gleich von Anfang an unter einem guten Stern steht.
- Ausgewählte Gastfamilien
  Die erfahrenen Mitarbeiter unserer Partnerorganisation wählen die Gastfamilien sorgfältig aus und prüfen, ob diese die erforderlichen Voraussetzungen erfüllen.

Altersstufe: mindestens 18 Jahre, höchstens 26 Jahre (Au-pair USA) bzw. 30 Jahre (Demi-pair Australien, Neuseeland)
- männliche Aupairs: USA, Neuseeland
- Anmeldefrist: mind. 3 Monate vor planter Ausreise
- Programmdauer: 12 Monate (Au-pair USA), mind. 12 Wochen (Demi-pair Australien, Neuseeland)

Vermittlungsgebühren:
295,- Euro (USA)
Ab 1.495,- Euro (12 Wochen Demi-pair Perth/Australien inkl. 4 Wochen Intensiv-Sprachkurs)
3.990,- Euro (16 Wochen Demi-pair Sydney/Australien inkl. 16 Wochen Intensiv-Sprachkurs)
1.970,- Euro (12 Wochen Demi-pair Neuseeland inkl. 12 Wochen Sprachkurs)

Weitere Programme: High School, Work & Travel, Auslandspraktikum, Hotel Management Studium, Freiwilligenarbeit, Sprachkurse

Verbandsmitgliedschaften: Mitgliedschaft bei IAPA

tigkeiten in Erziehungsfragen. Denn auch darüber habe ich sehr viel mit den Mädchen geredet und diskutiert. Und wir haben es sets geschafft, uns zu verbünden, wenn unsere ältere Tochter Gloria versuchte, eine Reiberei mit dem Aupair anzufangen oder den Gast gegen uns Eltern ausspielen wollte.

Leider haben wir keine Nachfolgerin für Maria mehr gefunden, so dass die inzwischen zweijährigen Zwillinge jetzt vormittags in den Kindergarten gehen.

Künftigen Gastfamilien kann ich nur folgendes raten:

Grundsätzlich sollte man sich bei der Aufnahme eines Aupairs von der Vorstellung freimachen, dass man jemanden für eine Tätigkeit als Gegenleistung bezahlt. Das ist vielleicht bei einer Haushälterin der Fall. Diese wohnt dann aber weder mit im Haus, noch ist sie auf Absprache verfügbar noch rechnet eben wirklich jede mit der Familie verbrachte Minute als Arbeitszeit.

Natürlich erfolgt auch eine gewisse Entlohnung über zusätzliche Leistungen, wie die Übernahme der Kosten für den Sprachkurs, oder Geschenke, etwa an Weihnachten, zum Geburtstag oder auch Schuhe für trockene Füße bei den täglichen Spaziergängen mit den Kindern, wenn man mit der Arbeit des Aupairs mehr als zufrieden ist. Aber das sind eher nette Gesten, wie gegenüber lieben Nachbarn, die das Aupair allerdings nie als selbstverständlich hinnehmen darf.

Diese »Nebenkosten« sind vor der Entscheidung für ein Aupair ebenso zu veranschlagen wie die für Kost, Logis, Monatskarte und Versicherung des Gastes. Und nur wenn man auch hier guten Gewissens der Aufnahme eines Aupairs zustimmen und etwa tausend Mark im Monat erübrigen kann, nur dann sollte man sich wirklich um ein Aupair bemühen. Nicht, dass Aupairs nur etwas für Reiche sind. Aber wem es allzu schwer fällt, monatlich auf eine nicht unerhebliche Summe zugunsten eines »Fremden« zu verzichten, der nicht Angestellter, sondern vielmehr Gleichgestellter sein soll, der setzt sich leicht der Gefahr aus, zuviel Gegenleistung zu verlangen.

Und für die Auswahl der Aupairs würde ich mir eine Art Qualitätskontrolle wünschen, selbst wenn das im ersten Moment sehr fordernd klingt. Es würde sicherlich viel Ärger und Enttäuschung auf beiden Seiten ersparen, wenn ein Maß für die persönliche Reife und Intergrationsfähigkeit, aber auch für Erfahrung im Umgang mit Kleinkindern und bereits vorhandene Sprachkenntnisse existieren würde. Wer alleinverantwortlich mit Säuglingen umgehen und sich in einer fremden Kultur zurechtfinden soll, der muss neben einem gewissen Durchhaltevermögen Grundkenntnisse in Erster Hilfe ebenso mitbringen wie die Fähigkeit zum interessierten Dialog mit den Gastgebern - eben das Interesse, wirklich mit der Gastfamilie zu leben, und nicht nur der Aupair-Aufenthalt als Mittel zum Zweck für ein Visum in Deutschland.«

Trotz nicht ganz reibungslosen Zusammenlebens waren Sandra R. ihre Aupairs eine überaus wertvolle Unterstützung. Durch Informationsmaterial und persönliche Gespräche bieten die meisten Vermittlungsagenturen Hilfestellung bei der Entscheidungsfindung für oder gegen die Aufnahme eines Aupairs.

II.

Julia S. aus Hamburg erzählt, dass ihr der Gedanke, ein Aupair einzustellen, kam, als sie ein Angebot bekam, ein kleines Café in dem Haus zu eröffnen, in dem sie auch zur Miete wohne. Gleich stellte sich das Problem der Kinderbetreuung. Der Große war gerade in die Schule gekommen, war also zumindest vormittags betreut; nachmittags war Julia im gleichen Haus und für alle Fragen und Probleme erreichbar. Für den Kleineren wurden zahlreiche Möglichkeiten durchdiskutiert. Das größte Problem war, dass sowohl Julia als auch ihr Mann spätestens um 5 Uhr 30 das Haus, bzw. die Wohnung, verlassen mussten. Für den Kindergarten war er noch zu klein, gerade ein Jahr alt,; außerdem öffnete dieser erst um 7 Uhr. Eine Tagesmutter war Familie S. zu teuer.

»Und welche Tagesmutter möchte um 5 Uhr 30 ihren ersten Sprössling geliefert bekommen? Außerdem wollten wir das arme Kind so früh eigentlich auch nicht aus den Federn scheuchen! Oma und Opa lehnten dankend ab. Mal zwischendurch gerne, aber dauerhaft? Nein, Danke! Nun waren endlich alle Kinder aus dem Haus, da wollte man sich verständlicherweise seine Spontanität bewahren.

Als ich schon soweit war, im Laden eine Spielecke für den Kleinen einzurichten und ihn einfach mitzunehmen, kam mir die Idee, ein Aupairmädchen zu suchen. Mein Mann war erst skeptisch, dann aber nach Aufzählung sämtlicher Vor- und Nachteile, doch schnell überzeugt. Wir fanden, es sei eine schöne Vorstellung, mit einer anderen Kultur und Sprache in Berührung zu kommen und für die Kinder eine Art große Schwester zu haben.«

Julia machte sich im Internet auf die Suche nach geeigneten Kandidaten und hatte bald sehr netten Kontakt mit einer Chinesin. Sie wollte gerne zu Familie S. kommen, und diese war auch einverstanden. Also rief Julia in einer Aupairagentur an, die anbot, den Schriftverkehr zu erledigen. Doch als sie hörten, dass das Mädchen aus China kam, rieten sie ganz dringend von diesem Vorhaben ab: Mädchen aus China würden meist von Menschenhändlern vermittelt und in Deutschland dann schnell untertauchen. Nach diesem Rückschlag informierte Julia sich noch genauer und wandte sich schließlich an diverse Agenturen, da die Zeit ihnen langsam, aber sicher davonlief. Als sie sich gerade für ein Mädchen aus Kenia entschieden hatten, brach dort Krieg aus und sie konnte das Land nicht verlassen. Eine Wechslerin wurde ihnen vorgestellt, sie trafen sich, aßen zusammen und verstanden sich fantastisch, doch sie entschied sich für eine andere Familie.

»Doch letztendlich bekamen wir das Profil von Oyunaa aus der Mongolei. Sie sagte uns sehr zu, und es wurde verabredet, dass wir mit ihr telefonieren sollten. Das versuchten wir auch, doch das Gespräch gestaltete sich schwierig - bis in die Mongolei gehen wohl einige Wortteile verloren. Nichtsdestotrotz war uns Oyunaa sympathisch, und wir luden sie ein, zu uns zu kommen. Es war mittlerweile nur noch ein Monat bis zur Eröffnung meines Cafés - die Nervosität stieg und Erleichterung machte sich erst breit, als wir endlich die Mitteilung bekamen, dass sie das Visum bekommen hatte.

In der Zwischenzeit hatten wir ein wenig über E-Mail miteinander/aneinander vorbei geschrieben. Da Oyunaa nur 3 Monate Deutsch gelernt hatte und kein Englisch sprach, waren ihre Emails manchmal ungewollt komisch. Wir waren sehr gespannt, wie es im Alltag mit der Verständigung funktionieren würde. Am Tag ihrer Anreise fuhren wir alle zusammen zum Bahnhof und begrüßten die total fertige Oyunaa, die am liebsten nur noch ins Bett gegangen wäre. Wir redeten mit Händen und Füßen und fragten uns später am Abend, als alle anderen schliefen, ob das wirklich so eine gute Idee war.

Aber heute, ein halbes Jahr später, muss ich sagen, dass wir einen echt guten Fang gemacht haben. Oyunaa kümmert sich gut um die Kinder, ihr Deutsch hat sich wirklich sehr verbessert, und sie ist sehr ehrgeizig, was das Lernen betrifft. Außerdem geht sie zum Basketball und hat schon viele Freundschaften geschlossen. Wir können inzwischen auf viele schöne gemeinsame Momente zurückblicken, auch wenn nicht immer alles eitel Sonnenschein war. Es ist nämlich schon ärgerlich, seine eigenen Sachen nicht mehr am gewohnten Platz zu finden, oder voller Vorfreude das Nutellaglas aus dem Schrank zu holen und nur Luft darin vorzufinden! Über Chips für die Kinder zum Frühstück kann man wenigstens noch diskutieren ...«

Trotz einiger Pleiten und Pannen zieht Julia ein positives Fazit und würde jederzeit ein neues Aupairmädchen aufnehmen - »... allerdings eines, das entweder unsere Sprache besser, oder Englisch gut spricht.«

III.

Renate K.s erstes Aupair kam, als ihre mittlerweile neunjährige älteste Tochter gerade mal ein paar Monate alt war.

»Inzwischen hatten wir einschließlich unseres derzeitigen Aupairs schon elf Aupairs, und eigentlich hat es im Großen und Ganzen immer ganz gut geklappt. Von den zehn vergangenen Aupairs stehen wir mit sechs noch immer in sehr gutem Kontakt, und drei sind gute Freundinnen geworden, die wir immer wieder sehen - entweder hier in Irland, oder wir besuchen sie in Österreich.

Mit dreien hat es allerdings nicht so gut geklappt, und der Aufenthalt wurde entweder von ihr aus oder mit beidseitigem Einverständnis abgebrochen. Die Gründe waren hauptsächlich Heimweh und ein Freund zuhause, aber teilweise spielten auch unterschiedlichen Erwartungen mit hinein. Meiner Erfahrung nach ist es oft Charaktersache – entweder, die Chemie zwischen Aupair und Familie stimmt, oder sie stimmt nicht!«

Grundsätzlich passt das Aupairkonzept gut auf die Lebenssituation von Renate und ihrer Familie:

»Ich schrieb von der Geburt des ersten Kindes bis kurz nach der Geburt des zweiten Kindes von zuhause aus an meiner Dissertation, und arbeite seither Halbzeit - somit lässt sich mein Arbeitstag auch sehr gut mit den Aupair-Höchstarbeitsstunden vereinbaren. Was mir an dem Aupair-System gut gefällt ist, dass es eine extrem flexible Art der Kinderbetreuung ist, und dass man auch lernt, mit anderen Menschen zusammenzuwohnen und sich auf einander einzustellen. Die Familie gewinnt im besten Fall eine gute Freundin, und die Kinder haben noch eine andere Ansprechperson, die jung und oft ganz anders und auch lockerer als Mama und Papa ist, und zu der sie eine ganz besondere Beziehung aufbauen können. Wir hatten eigentlich nie Probleme damit, ein Aupair, das das wollte, in die Familie zu integrieren. Ich finde es eigentlich total nett, dass da noch eine Erwachsene im Haus ist, mit der ich quatschen und Tee trinken kann, wenn mein Mann mal wieder viel unterwegs ist.«

Kulturschocks gab es in Renates Familie eigentlich nicht, da sie als in Irland lebende Österreicherin immer deutschsprachige Mädchen einlud.

»Somit hatten wir bis jetzt sieben Österreicherinnen, drei Deutsche und eine Slowakin, die vorher in Deutschland gelebt hatte und sehr gut Deutsch konnte. Es ist somit eher mein irischer Mann, der der kulturelle Aussenseiter in der Familie ist, da er auch nicht gut Deutsch spricht. Unsere neun und vier Jahre alten Töchter sprechen beide genauso gut Deutsch wie Englisch, und ich bin mir ziemlich sicher, dass wir das zu mindestens fünfzig Prozent unseren sehr bemühten Aupairs zu verdanken haben.«

Bei elf Aupairs blieben natürlich auch Probleme nicht aus, wie Renate erzählt:

»In unserem Fall zählten zu den Hauptproblemen mit Aupairs hauptsächlich falsche Erwartungen von Seiten des Aupairs. Ein Mädchen beispielsweise hatte sich das Ganze mehr als Urlaub und weniger als Arbeit vorgestellt und kam auch nicht damit klar, dass eine Vierjährige, die noch dazu gerade eine kleine Schwester bekommen hatte, auch mal schlechte Laune haben und anstrengend sein konnte, und dass ich nicht immer Zeit und Lust hatte, sie mit meiner neugeborenen Tochter überall hinzufahren, wenn ihr der Bus zu langsam war. Eine andere hatte sich einfach vorher nicht klar gemacht, dass ihr der Freund in Deutschland so sehr abgehen würde. Zudem fand sie das Aupair-Dasein an sich auch zu mühsam. Eine Dritte hatte sich mehr Bezahlung erwartet. Hin und wieder gab es auch unterschiedliche Vorstellungen von Kindererziehung - wobei mein irischer Mann und ich uns auch nicht immer hundertprozentig einig waren und sind. Ich machte dabei aber die Erfahrung, dass man mit einem Aupair, das einfach zu strikte Vorstellungen von Kindern hatte, viel eher reden konnte als mit einem total nachgiebigen Aupair, das die Kinder einfach vor den Fernseher parkte und Unmengen von Süßigkeiten essen ließ, damit sie in Ruhe mit ihrem Freund chatten konnte.«

Trotz dieser problematischen Aspekte, die mit jedem neuen Aupair erneut auftauchen können, sind Renate und ihr Mann alles in allem sehr glücklich mit ihrer Entscheidung, Aupairs in die Familie aufzunehmen.

»Wir finden, dass unsere Töchter optimal betreut sind, wenn mein Mann und ich arbeiten. Es werden voraussichtlich noch einige Aupairs kommen, bis die Jüngste etwas länger in der Schule ist als momentan.«

IV.

Uta A. erzählt von ihrer ersten Überlegung, es mal mit einem Aupair zu versuchen:
»Als mein Mann eine neue Stelle in Berlin angeboten bekam, war unser erster Gedanke: Ich darf meinen Job nicht aufgeben, solange wir nicht wissen, ob er diesen Job will und behält. Wir brauchten also Hilfe. Mein Mann ist Ingenieur, und ich war zu der Zeit als Ärztin in Teilzeit tätig. Großeltern und sonstige Familie wohnen weit weg. Unser ungefähr zweiter Gedanke war, die Hilfe eines Aupairs in Anspruch zu nehmen.«

Es dauerte auch nicht lange, eine Agentur zu finden. Die bombardierte Familie A. dann allerdings mit ihrer kompletten Datei an Aupairs– ob sie nun passten oder nicht. Relativ schnell war Uta A. genervt davon, von den Mädchen am Telefon zu hören: „Nein, ich will nur nach Berlin." – „Nein, ich will nicht in eine Kleinstadt, auch wenn sie in der Nähe von Köln liegt." – „Nein, ich will nicht zwei Jungen betreuen." Also schickte Uta der Dame eine E-Mail, in der sie sie bat, ihre Informationsflut zu bremsen und die Familie aus ihrer Datei zu nehmen. Die Dame bat um eine weitere Chance, und wenige Tage später bekam Uta eine E-Mail mit der Überschrift: Hier kommt die perfekte Bewerbung für Sie!

»Und sie war es: Sylwia war unser erstes Aupair und hat uns für alle Zukunft verdorben – so toll war sie. Sie passte perfekt zu uns, begriff sofort, wo ihre Aufgaben lagen und machte alles mit Liebe und Begeisterung. Sie wurde tatsächlich ein fester Bestandteil unseres Familienlebens, fuhr mit uns auf Verwandtenbesuch, ging mit uns auch am Wochenende auf Tour und machte sogar bei unserem jährlichen Karnevalsumzug mit. Zwar gab es auch hier manchmal Reibereien, wie man sie halt hat, wenn man eng zusammenlebt und gegenseitig die Eigenheiten kennen lernt. Aber da sie fleißig und aufmerksam war und wir ihr anscheinend den familiären Hintergrund bieten konnten, den sie sich vorgestellt und erhofft hatte, war es ein wunderbares Jahr. Am Schluss luden wir sogar ihre kleine Schwester und ihren kleinen Bruder für die letzten 2 Wochen zu uns ein. Wir haben auch heute noch regen Kontakt.«

Nach so einem Prachtmädel war die Familie Feuer und Flamme und stellte umgehend ein zweites Aupair-Mädchen ein. Diese sollte es, wie Uta zugibt, nach der ersten Perle nicht ganz so leicht haben.

»Allerdings passte sie auch nicht so gut zu uns wie die Erste. Und trotzdem haben wir es durch einen offenen Umgang mit den Schwierigkeiten nach kurzer Zeit geschafft, eine schöne gemeinsame Basis zu finden. Auch sie war fleißig und fühlte sich verantwortlich für die Miterziehung unserer Kinder. Sie wollte allerdings nicht so sehr den familiären Anschluss, so dass sie eher allein zuhause blieb, wenn wir auf Tour gingen. Nach zwei Monaten, in denen wir uns gut an sie gewöhnt hatten und der Alltag reibungslos vonstatten ging, fuhr sie über Weihnachten nach Hause und brach sich dort im Skiurlaub ein Bein, so dass sie nicht wiederkommen konnte.«

So entdeckte die Familie mit der Zeit immer mehr der Probleme, die entstehen können, wenn man ein neues Familienmitglied – das gleichzeitig Kinder- und Haushaltshilfe ist – ins eigene Heim aufnimmt.

»In aller Eile bekamen wir, ohne zeitliche Verzögerung, aber auch ohne ordentliche Auswahl unsererseits, einen Ersatz – ein Wechsel-Aupair. Es war die reinste Katastrophe. Nach wenigen Tagen fragte ich sie, ob sie etwas missverstanden hätte und meinte, sie sei auf einem Schüleraustausch. Kurz gefasst war sie faul, frech und mochte keine Kinder. So etwas merken Kinder sehr schnell und schon drei Wochen später bat ich sie, zu gehen. Die Agentur machte ihr ca. eine Woche lang jede Menge Vorschläge. Aber entweder waren die Kinder zu klein, zu mädchenhaft ("Bäh, Barbiepuppen!"), zu jungenhaft ("Wie, ich soll mit denen Fußballspielen?!") oder zu anstrengend ("Jeden Morgen mit dem Fahrrad zum Kindergarten begleiten? Auch bei Regen?!"). Die Agentur glaubte mir so langsam, dass dieses Mädchen völlig falsch im Aupair-Programm war und weigerte sich, sie weiter zu vermitteln. Über ein Internetforum fand sie sehr schnell eine neue Familie, die mich nicht zu meinen Erfahrungen befragte. Drei Wochen später kam der erwartete Anruf mit der Nachfrage, was denn bei uns schief gegangen sei. Noch eine Woche später dann die Nachricht, dass sie vom Gastvater zum Bahnhof gefahren worden war mit den Worten: "Noch einer Familie tust du das nicht an."«

Nach dieser Erfahrung verzichtete Familie A. erstmal auf ein weiteres Aupair, und da Utas Mann wieder zuhause war, war das auch kein Problem.

Mittlerweile arbeitet Uta aber wieder tagsüber in Teilzeit, und hat gerade das nächste Jahr mit einem Aupair hinter sich.

»Sie ist 19 Jahre jung und hat nicht wirklich Erfahrung mit Kindern gehabt. Wir haben jede Menge Höhen und Tiefen mit ihr erlebt. Wir hatten mit Heimweh, Kontaktschwierigkeiten ihrerseits, Krankheit u. Ä. zu tun. Aber: Die Kinder lieben sie heiß und innig, und das lässt mich darüber hinwegsehen, dass sie doch oft die Kinder nur aufhebt, aber nicht betreut, geschweige denn erzieht. Für den Haushalt habe ich bei ihr eine Putzhilfe zusätzlich eingestellt, da ihr Ehrgeiz sich auch dort in Grenzen hielt. Trotzdem werden wir bald unser nächstes Aupair begrüßen.«

Uta warnt davor, AuPairs als Erzieher, geschweige denn erfahrene Hausfrauen oder –männer zu sehen.

»Und wenn sie das eine gut machen, dann hapert es vielleicht mit der anderen Seite. Alles in allem ist es für uns eine schöne, abwechslungsreiche und gute Lösung für die Kinderbetreuung. Man darf wahrscheinlich nur einfach nicht zu viel erwarten und muss damit rechnen, dass eben nicht alles so gut läuft, wie man sich das wünscht. Das, was sich bisher als Wichtigstes herausgestellt hat, ist für uns nach wie vor, dass sie die Kinder lieben und die Kinder sie lieben. Alles Weitere findet sich mit ein bisschen Nachsicht und Geduld meist.«

Gastländer

Deutschland

... wird von Aupairs immer weniger nachgefragt, obwohl das Aupair-System gut entwickelt ist. Seit der letzten EU-Erweiterung zieht es Tschechen, Polen und junge Erwachsene aus den baltischen Staaten eher nach England oder Frankreich. Die Nachfrage stammt heute also aus weiter entfernten Ländern, wie Georgien, der Ukraine u.ä.
Probleme bereiten Agenturen und Familien die verschärften Visumsbedingungen. Ein Visum erhält nur noch, wer einen Sprachtest bestanden hat, der im Heimatland abgelegt werden muss. Der Bedarf seitens der Familien ist hoch, aber das Angebot an Aupairs ist gering. Viele Familien wünschen sich Aupairs aus Ländern der EU, aber die gibt es so gut wie nicht mehr.
Das Europäische Aupair-Abkommen wurde von der Bundesrepublik zwar 1976 unterzeichnet, aber bisher noch nicht ratifiziert. Dennoch entsprechen die Bedingungen eines Aupair-Aufenthaltes den Bestimmungen des europäischen Abkommens.
In Deutschland sind Haushaltshilfen und Kindermädchen nach wie vor rar und belasten das Familienbudget stark, weshalb sich meist berufstätige Mütter auf die Hilfe einer Aupair-Kraft angewiesen sehen. Sommer-Aufenthalte sind äußerst selten und nur schwer durchführbar: wegen unterschiedlichen Ferienregelung in den Bundesländern und weil die überwiegende Zahl der Familien über die Ferien verreist.

Einreise- und Aufenthaltsbestimmungen

Aupairs aus den EU- oder ERW-Staaten sowie der Schweiz benötigen für einen Aupair-Aufenthalt in Deutschland nur einen gültigen Reisepass oder Personalausweis sowie vier Passfotos (die persönlich mitgebracht werden sollten). Von der örtlich zuständigen Melde- oder Ausländerbehörde wird dann in Deutschland eine Bescheinigung über das Aufenthaltsrecht ausgestellt. Die Arbeitserlaubnis-EU wird nicht benötigt.

Eine Sonderregelung gilt für Aupairs der neuen EU-Staaten, namentlich Estland, Lettland, Litauen, Polen, Slowakei, Slowenien, Tschechien, Ungarn, Rumänien und Bulgarien. Zur Einreise ist ebenfalls lediglich ein gültiger Personalausweis nötig. Direkt nach Einreise ist dann bei der zuständigen Agentur für Arbeit in Deutschland eine Arbeitserlaubnis-EU zu beantragen. Dies hat vor der Vollendung des 25. Lebensjahres zu geschehen. Die Aupair-Tätigkeit darf erst **nach** Erteilung der Arbeitserlaubnis begonnen werden.

Aupairs aus Nicht-EU-Ländern benötigen ein Visum, das vom deutschen Konsulat oder von der deutschen Botschaft des Heimatlandes ausgestellt wird. Angehörige bestimmter Staaten (beispielsweise USA) können ohne Visum einreisen. Auskünfte dazu erteilt die Deutsche Botschaft bzw. das Deutsche Konsulat. Für den Visumantrag ist ein gültiger Reisepass und der Einladungsbrief einer deutschen Familie vorzulegen. Aus dem Einladungsbrief muss eindeutig hervorgehen, dass die Aufnahme in die Familie als Aupair nur zum Zweck von Sprachstudien erfolgt und auf ein Jahr befristet ist. Es kann zwei bis drei Monate dauern, bis das Visum erteilt wird, da der Antrag zunächst von der deutschen Vertretung im Ausland an die für die Gastfamilie zuständige Ausländerbehörde und an das Arbeitsamt geht – die beide ihre Zustimmung erteilen müssen – und dann wieder zurück zu Botschaft oder Konsulat.

Bei einer Einreise *ohne* gültiges Visum wird die Aufenthaltserlaubnis beim örtlichen Meldeamt nur für drei Monate erteilt (Besuchervisum ohne Arbeitserlaubnis). Eine nachträgliche Verlängerung ist nicht möglich.

In den ersten acht Tagen des Aufenthaltes in der Bundesrepublik muss die Anmeldung bei der örtlichen *Meldebehörde* (Ausländeramt) erfolgen. Vor der Rückreise ins Heimatland muss die Abmeldung bei der örtlichen Meldebehörde erfolgen.

Die Gastfamilie sollte bei sämtlichen Behördengängen behilflich sein und hat außerdem die anfallenden Kosten in voller Höhe zu tragen. Oftmals ist bei Aupairs aus Nicht-EU-Ländern auch eine Selbstschuldnerische Bürgschafts- und Verpflichtungserklärung der Gastfamilie nach §§ 765, 773 BGB in Verbindung mit §§ 82, Abs. 2, 83 und 84 des Ausländergesetzes abzugeben. Damit erklärt sich die Gastfamilie bereit, für sämtliche anfallenden Krankheits-, Pflege- und Unterhaltskosten sowie sonstige Verbindlichkeiten (auch denen aus Asylantrag-Stellung, Abschiebehaft, Abschiebung etc.) des Gastes aufzukommen.

Versicherungen

Da ein Aupair-Aufenthalt sich gemäß den gesetzlichen Bestimmungen in der Bundesrepublik Deutschland an der Grenze zwischen Arbeitsverhältnis und Studienaufenthalt befindet, gibt es keine allgemeinverbindlichen Vorschriften über Sozial- und Krankenversicherungspflicht. Bei der gesetzlichen Unfallversicherung besteht jedoch Meldepflicht.

Die Vermittler setzen aber voraus, dass die Familien eine Kranken- und Unfallversicherung abschließen; eine Haftpflichtversicherung wird den Gastfamilien empfohlen, falls nicht bereits eine Familien-Haftpflichtversicherung besteht. Für den Fall, dass ein Aupair in seinem Heimatland weiterversichert bleibt (dies ist nur möglich bei Ländern, mit denen Deutschland ein zwischenstaatliches Sozialversicherungsabkommen geschlossen hat, nähere Auskünfte erteilen die Krankenkassen) und der Gastfamilie keine Kosten entstehen, sollte diese sich an den Kosten für die Sprachschule beteiligen.

Bei chronischen Erkrankungen und längeren Krankenhausaufenthalten ist jedoch ebenso wie bei Zahnersatz auf diese Weise eventuell *kein* Versicherungsschutz gewährleistet. Je nach Leistung und Agentur belaufen sich die Kosten für eine Aupair-Versicherung auf ca. 30 bis 50 €.

Nähere Auskünfte über Versicherungen für Aupairs und Reisekrankenversicherungen u.a. bei:
www.aupairversicherung.org.

Aupair-Ratgeber für Gastfamilien – Tipps, Erfahrungsberichte, Adressen
http://shop.interconnections.de

Erfahrungsbericht

Auch Österreicher zieht es nach Deutschland – wie Teresa berichtet, die nach einigen schlechten Erfahrungen in Irland und Deutschland schließlich mit ihrer vierten Gastfamilie in der Nähe von Hamburg glücklich wurde.

»Mit den beiden Mädchen verstand ich mich sehr gut, obwohl die Eingewöhnungsphase schon sehr hart war. Ich war nämlich das erste Aupair; die Kinder mussten sich also erst an die neue Situation gewöhnen, und vor allem die größere der beiden Mädels war sehr zickig zu mir, was auch nicht immer so leicht wegzustecken war.

Zwischen Österreich und Deutschland gibt es natürlich nicht so krasse Unterschiede. Aber auf waldviertlerisch, meinem Dialekt von daheim, durfte ich natürlich nicht schnacken, da würde mich keiner verstehen!

Meine Gastfamilie sorgte dafür, dass ich mich wohl fühlte, zeigte mir gerne etwas von der Gegend, und bei zwei Urlaubswochen durfte ich auch dabei sein. Ich hatte ein schönes großes Zimmer mit großem Bett und durfte auch ein Auto benutzen.«

Teresa kümmerte sich hauptsächlich um die beiden Mädchen.

»Folgendes zählte zu meinen Aufgaben: Wecken der Mädchen morgens, beim Anziehen und Zähne putzen helfen, Kakao für sie machen und danach die Ältere der beiden in den Kindergarten bringen. Anschließend frühstückte ich erst einmal mit der Kleineren, die während meines Aupair-Jahres zwei Jahre wurde, und dann spielten wir den Vormittag über, bis ich das Mittagessen zubereitete und wir ihre große Schwester wieder abholten. Diese hatte bereits einige Freizeitaktivitäten, zu denen ich sie kutschierte: reiten, schwimmen, turnen, Musikschule. Ansonsten versuchte ich, oft mit den Mädels raus an die frische Luft zu gehen (Spaziergang oder eine kleine Radtour), bei schlechtem Wetter bastelten oder malten wir. Perlen aufzufädeln gefiel der Älteren auch sehr gut; sie ließen sich auch Geschichten vorlesen und liebten es, mit Puppen und Autos zu spielen. Das ältere Mädchen traf sich aber auch regelmäßig mit ihren Freundinnen, um mit ihnen zu spielen. Nach ein paar Monaten ging auch die Kleine in so eine Art Kindergarten, was für mich an zwei Vormittagen je drei Stunden Freizeit bedeutete.«

Dass es nicht immer leicht war, gibt Teresa gerne zu.

»Manchmal wollte ich am liebsten einfach nur weglaufen, vor allen Dingen, wenn die Kinder jaulig waren und rumbockten. Meine Freunde und Familie vermisste ich natürlich auch - es gibt zwar das Internet, über das man kommunizieren kann, aber das ist nicht vergleichbar mit einem persönlichen Treffen. Aber ich glaube, man lernt sehr viel für sein zukünftiges Leben während eines Aupairjahres. Was ich sehr schade fand war, dass der Kontakt mit anderen Aupairs nicht wirklich klappte. Ich traf mich nur mit einem anderen Aupair-Mädchen aus Kanada, die aber bald darauf in ihre Heimat zurückkehrte.«

Alles in allem empfiehlt Teresa aber ein Aupairjahr weiter.

»Es hat doch sehr schöne Seiten; man sieht einiges von seinem Gastland, und auch wenn bei mir jetzt nicht das Erlernen einer Fremdsprache im Vordergrund stand, so lernte ich doch einiges für die Zukunft, z.B. den Umgang mit Kindern.«

Verein für Internationale Jugendarbeit e.V. (vij)

Burgstr. 106, 60389 Frankfurt
Tel.: 069/46939700, Fax: 069/46939821
office@vij.de, www.au-pair-vij.org
Mo – Frei von 9.00 bis 13.00

Ansprechpartner: unsere regionalen Vermittlungsstellen in:
Augsburg, augsburg@au-pair-vij.org;
Bielefeld, info@aupair-westfalen.de;
Bremen, bremen@au-pair-vij.org;
Darmstadt, darmstadt@au-pair-vij.org;
Düsseldorf, au-pair.duesseldorf@gmx.de;
Hamburg, au-pair@vijhamburg.de;
Hannover, hannover@au-pair-vij.org;
Karlsruhe, vij-karlsruhe@t-online.de;
Kassel, aupairvij@kassel-netz.de;
Kiel, info@aupair-kiel-vij.de;
Leipzig, vijLeipzig@yahoo.de;
München, au-pair@vij-muenchen.de;
Nürnberg, aupair@vij-nuernberg.de;
Stuttgart, au-pair@vij-stuttgart.de;
Paris, aupair.vij.paris@wanadoo.fr

Der vij ist ein Fachverband der Diakonie. Er arbeitet gemeinnützig und verfügt über ein professionelles Netz von Beratungs- und Vermittlungsstellen in Deutschland. Als Mitglied in der Gütegemeinschaft Au-pair steht der Verein für eine seriöse und kompetente Vermittlung, Beratung und Begleitung. Die Betreuung erfolgt während des gesamten Au-pair-Aufenthaltes auch in Form von sozialen und kulturellen Angeboten.

Vermittlungsgebühren: Die Vermittlungsgebühren für deutsche Au-pairs ins Ausland betragen 150,00 €. Interessierte Familien, die ein Au-pair aufnehmen wollen, bezahlen ca 280,00 €.

Weitere Programme: Work & Travel in Neuseeland

Verbandsmitgliedschaften: Der vij ist ein Fachverband der Diakonie, Mitglied in der Gütegemeinschaft.

Österreich

... ist nicht Unterzeichner des Europäischen Aupair-Abkommens, aber die Arbeits- und Aufenthaltsbedingungen entsprechen dem europäischen Maßstab. Die meisten Familien, die sich in Österreich um ein Aupair bewerben, wohnen in Außenbezirken bzw. Vororten von Wien.

Einreise und Aufenthaltsbestimmungen

Westeuropäer haben bekanntlich keine Probleme. Aupairs zwischen 18 und 28 Jahren dürfen ohne weitere Bewilligung nach dem Ausländerbeschäftigungsgesetz für maximal ein Jahr beschäftigt werden. Allerdings muss die Gastfamilie das Aupair spätestens zwei Wochen vor Beginn der Beschäftigung beim zuständigen Arbeitsmarktservice anmelden. Formulare dafür sowie Musterverträge finden sich bei dem örtlichen Arbeitsmarktservice oder im Internet unter http://www.ams.or.at/. Gemeinsam mit der Anzeige ist auch der vom Aupair und der Gastfamilie unterzeichnete Vertrag vorzulegen, zudem ein Nachweis über den Deutschunterricht des Aupairs im jeweiligen Heimatland. Gültige Nachweise sind beispielsweise Schulunterricht, ein Semester Studium oder ein Sprachlehrgang.

Das Arbeitsmarktservice stellt dann innerhalb von zwei Wochen eine Anzeigebestätigung aus, sofern die folgenden Bedingungen erfüllt sind:

- das Aupair ist zwischen 18 und 28 Jahren alt
- es hat in den letzten fünf Jahren nicht bereits ein Jahr als Aupair in Österreich gearbeitet
- die Gewähr ist gegeben, dass der wahre wirtschaftliche Gehalt der beabsichtigten Tätigkeit dem eines Aupairverhältnisses entspricht; das trifft insbesondere dann nicht zu, wenn das Aupair keinerlei Vorkenntnisse der deutschen Sprache nachweisen kann.

Sind die zwei Wochen verstrichen und das Arbeitsmarktservice hat die Anzeige noch nicht beantwortet, so darf die Beschäftigung vorerst ohne Anzeigebestätigung aufgenommen werden. Lehnt das Arbeitsmarktservice die Ausstellung der Anzeigebestätigung ab, muss das Aupair die Beschäftigung umgehend, spätestens jedoch eine Woche nach Zustellung des Bescheides, beenden.

Die Anzeigebestätigung gilt zunächst für sechs Monate und kann vier Wochen vor Ablauf dieser Frist noch einmal auf insgesamt ein Jahr verlängert werden, sofern das Aupair diese zulässige Höchstdauer in den vergangenen fünf Jahren noch nicht ausgeschöpft hat, und sofern dem Aupair während dieser sechs Monate der Erwerb von Deutschkenntnissen ermöglicht wurde. Nach Ablauf des Jahres ist eine Verlängerung nicht möglich.

Die Anzeigebestätigung berechtigt allerdings noch nicht zum Aufenthalt; die Genehmigung hierfür muss von Aupairs, die nicht aus EWR- und EU-Mitgliedstaaten kommen, noch im Heimatland bei der österreichischen Vertretung beantragt werden. Bei der Antragstellung muss die Anzeigebestätigung vorgelegt werden, die eine der Voraussetzungen für den Erhalt des erforderlichen Aufenthaltstitels nach dem Fremdengesetz 1997 ist. Ferner ist eine notariell beglaubigte Verpflichtungserklärung der Gastfamilie vorzulegen (die z.b. am Bezirksgericht ausgestellt wird), dass die Übernahme aller Kosten gesichert ist, die öffentlichen Rechtsträgern durch den Aufenthalt des oder der Fremden entstehen. (§ 10 Abs 3 FrG). Wird der Aupair-Aufenthalt verlängert, so muss das Aupair die Aufenthaltsberechtigung erneut bei einer österreichischen Vertretung im Ausland unter Vorlage der neuen Anzeigebestätigung beantragen.

Darüber hinaus muss die Gastfamilie sich ferner vergewissern, dass das Aupair in seinem Heimatland eine für die Vertragsdauer gültige Kranken- und Unfallversicherung besitzt, die auch in Österreich einen diese Risken voll abdeckenden Versicherungsschutz gewährt. Ist das nicht der Fall, hat die Gastfamilie das Aupair auf eigene Kosten in Österreich zu versichern.

Weitere Fragen werden an den Geschäftsstellen des Arbeitsmarktservices beantwortet.

Versicherungen

Die Aupairtätigkeit unterliegt dem Betrieblichen Mitarbeitervorsorgegesetz (BMVG), nach dem die Gastfamilie für das Aupair Beiträge zahlt. Auf der Homepage www.bmwa.gv.at bzw. www.mitarbeitervorsorgekassen.at sind weitere Informationen erhältlich.

Die österreichischen Gastfamilien sind verpflichtet, eine Versicherung für das Aupair abzuschließen, sofern es nicht im eigenen Land versichert ist. Besitzt das Aupair dagegen bereits eine Versicherung im Herkunftsland, so sind alle Unterlagen (Europäische Krankenversicherungskarte) mitzuführen. Der Schein muss im Bedarfsfall bei der örtlichen Gebietskasse gegen eine geringe Bearbeitungsgebühr umgetauscht werden und berechtigt zur kostenlosen Inanspruchnahme medizinischer Leistungen; Zuzahlungen bei Medikamenten.

Sollte dies nicht möglich sein, so versichert die Gastfamilie das Aupair bei einer österreichischen Versicherung. Es ist möglich, dass diese in den ersten vier Wochen des Aupair-Aufenthaltes nur 90 % der entstehenden Kosten abdeckt. In diesem Fall, und falls keine Versicherung in Österreich abgeschlossen werden kann, sollte man sich auf jeden Fall im Heimatland kranken- und haftpflichtversichern.

Ferner ist das Aupair bei der gesetzlichen Sozialversicherung (ASVG) anzumelden; sofern die Geringfügigkeitsgrenze beachtet wird, ist die Anmeldung jedoch beitragsfrei. Weitere Informationen erteilt die zuständige Gebietskrankenkasse.

Lohn

Der Lohn richtete sich bisher nach dem Mindestlohntarif (MLT) für im Haushalt Beschäftigte des jeweiligen Bundeslandes (ca. zwischen 2,50 € und 4,50 €) und der sich daraus ergebenden maximal möglichen Stundenzahl pro Woche (ca. zwischen 16 und 31); dabei durfte die sozialversicherungsrechtliche Geringfügigkeitsgrenze nicht überschritten werden (2008: 349, 01 €).

Von Neuerungen in der Gehaltsfrage berichtet Petra Zeitlhuber von *Family Business*:

»Bisher war die Entlohnung der Aupairs vom Bundesland und der Anzahl

der Kinder abhängig, ab 2009 gilt hingegen ein einheitlicher Tarif für ganz Österreich. Sie werden für 20 Stunden pro Woche nach dem Hausgehilfen- und Hausangestelltengesetz (HGHAngG) beschäftigt, und die Entlohnung erfolgt nach dem Kollektivvertrag, der jedes Jahr angepasst wird.«
Die weiteren Bedingungen bleiben gleich, so Frau Zeitlhuber: »Es wird ihnen ein eigenes versperrbares Zimmer zur Verfügung gestellt und ermöglicht, an einem Sprachkurs teilzunehmen. Die Kosten für diesen Kurs werden zur Hälfte von der Familie getragen. Bewerber sind zwischen 18 und 27 Jahren alt und dürfen maximal 1 Jahr als Aupair in Österreich bleiben.«

Freizeit & Kontakte

Die deutschsprachigen Vermittler verfügen in vielen Städten über eigene Aupair-Clubs und -Treffs, in denen es die Möglichkeit gibt, sich mit anderen Aupairs und auch anderen Jugendlichen zu treffen. Mögliche Ansprechpartner in Sachen Freizeitgestaltung sind darüberhinaus auch Gemeindeverwaltungen – hier sind häufig Listen aller örtlichen Vereine erhältlich – Kirchengemeinden und Verkehrsbüros.

Das 20-jährige Au Pair Yujun Yang aus China, die seit August bei einer Gastfamilie in Linz drei Buben betreut, mag ihr neues Leben in Österreich sehr, würde sich aber über mehr Kontakt zu Gleichaltrigen freuen, wie sie ihrer betreuenden Agentur verrät: "Ich fühle mich hier sehr wohl. Österreich ist ein gastliches, freies Land und die Leute sind viel entspannter als bei uns zu Hause", schildert die junge Dame den Unterschied zu ihrem Heimatland. Auf die Frage, ob es für Yujun ein Kulturschock war, als sie nach Österreich gekommen ist, erzählt sie schmunzelnd: "Ja, anfangs war alles ein bisschen ungewohnt für mich, vor allem die Esskultur ist ganz anders als bei uns". Inzwischen hat sich Yujun mit der österreichischen Küche angefreundet und sogar schon einige Rezepte ihrer Gastmutter nachgekocht. "Die Lieblingsspeisen der Jungs, Wiener Schnitzel und Palatschinken, kann ich auch schon", berichtet sie stolz. Seit fast zwei Monaten arbeitet Yujun inzwischen bei ihrer Gastfamilie, bei der sie insgesamt für 20 Stunden pro Woche die Kinderbetreuung und kleinere Hausarbeiten übernimmt. Ab Herbst besucht Yujun einen Deutschkurs, um ihre Sprachkenntnisse zu vertiefen. "Manchmal verbessern mich die Kinder, wenn ich mal wieder ein Wort falsch ausspreche, das ist dann für uns immer sehr lustig", erzählt das Au Pair. In ihrer Freizeit unternimmt das chinesische Mädchen am liebsten Ausflüge und besichtigt Sehenswürdigkeiten. Besonders der Linzer Pöstlingberg mit seiner herrlichen Aussicht hat es ihr angetan. "Insgesamt bin ich hier sehr zufrieden, denn ich habe das Gefühl, richtig zur Familie dazu zu gehören. Dadurch verspüre ich kaum Heimweh. Nur mein Freundeskreis könnte etwas größer sein". So hofft Yujun beim nächsten Aupair-Treffen, das der OÖ Familienbund veranstaltet, neue Freundschaften zu knüpfen. Infos zum Thema Aupair bietet der Verein OÖ Familienbund, Hauptstraße 83–85, 4040 Linz, 0732 603060, www.ooe.familienbund.at.
(Petra Zeitlhuber, Family Business)

Schweiz

Aupairs aus Ländern, die nicht zur EG/EFTA gehören, haben einen höheren Organisationsaufwand, weswegen sie nur über eine staatliche anerkannte Agentur vermittelt werden dürfen. Aufenthaltsbewilligungen von maximal einem Jahr werden erteilt, sofern die folgenden Bedingungen zutreffen:

- das Aupair wurde über eine gesetzlich anerkannte Organisation vermittelt
- das Aupair ist zwischen 18 und 25 Jahren alt
- es muss ein Sprachkurs in der Landessprache am künftigen Aufenthaltsort besucht werden
- die Tätigkeit beträgt höchstens 30 Wochenstunden bei mindestens einem freien Tag pro Woche
- die Tätigkeit besteht aus leichten Haushaltsarbeiten und der Kinderbetreuung und wird angemessen vergütet
- das Aupair wohnt bei der Gastfamilie und verfügt über ein eigenes Zimmer

Grundsätzlich hat sich die Arbeitgeberfamilie um die Erteilung der Arbeitserlaubnis beim zuständigen Arbeitsamt zu kümmern. Dabei muss eine vertragliche Vermittlungsvereinbarung vorgelegt werden. Ferner ist eine Kopie des Aupairvertrags, in dem Rechte und Pflichten des Aupairs festgehalten sind, vorzulegen. Zudem muss die Gastfamilie das Aupair bei einer anerkannten Krankenkasse in der Schweiz versichern und die Hälfte der Kosten übernehmen.

Von der Gastfamilie, die wie das regionale Umfeld einer anderen Sprache angehören soll als das Aupair, sind auch die Kosten des obligatorischen Sprachkurses zu tragen, der im Vorfeld organisiert werden muss und eine Mindestzahl von 120 Stunden beträgt.

Erst wenn auch die schriftliche Bewilligung der kantonalen Fremdenpolizei vorliegt, darf das zukünftige Aupair mit Reisepass einreisen und muss sich innerhalb von 8 Tagen bei der zuständigen Einwohnerkontrolle anmelden. Weitere Auskünfte zur Anmeldung bei der Gemeinde-Ausgleichskasse, der Krankenkasse und dem Kantonalen Steueramt erteilen die örtlichen Vermittlungsstellen.

Für Staatsangehörige der EG-25/EFTA gelten gelockerte Bedingungen. Das angehende Aupair muss nicht von einer Organisation vermittelt werden und kann die Aufenthaltserlaubnis bei der zuständigen Verwaltungsstelle im Aufenthaltskanton selbst beantragen. Vorzulegen sind die Personalien der Gastfamilie, die Dauer des Arbeitsverhältnisses und die wöchentliche Arbeitszeit, die 12 Stunden nicht unterschreiten sollte. In der Folge wird eine Kurzaufenthaltsbewilligung (L EG/EFTA) von knapp einem Jahr (364 Tage) ausgestellt, die auf maximal zwei Jahre verlängert werden kann. Aupairs aus den EG-25/EFTA-Ländern haben gelockerte Altersbestimmungen (17 bis 30 Jahre).

Es gehört nicht zu den Pflichten eines Aupairs, den Kindern Fremdsprachen- und Nachhilfeunterricht zu erteilen oder im Wesentlichen für ihre Erziehung zuständig zu sein. Entlohnt wird das Aupair je nach Alter, Größe des Haushalts und Kanton mit 600 – 800 CHF netto pro Monat; der Bruttolohn setzt sich zusammen aus Taschengeld + 990 CHF für Kost & Logis. Evtl. müssen die Versicherungsbeiträge sowie eine Quellensteuer davon selbst bezahlt werden.

Anspruch auf Essensentschädigung besteht während der Ferien und an freien Tagen: 21,50 CHF pro Tag. Der Barlohn wird laufend an die Kostenentwicklung angepasst.

Ein Aupair unter 20 Jahren hat pro Jahr Anspruch auf fünf Wochen bezahlten Urlaub; Aupairs über 20 erhalten vier Wochen pro Jahr. Die Reisekosten: aus dem Herkunftsland an den Arbeitsort gehen in den meisten Kantonen zu Lasten der Gastfamilien.

Nützliche Dokumente

Folgende Dokumente zum Thema sind auf der Webseite www.au-pair-box.com zu finden.

APH-Mustervertrag

APH-Entschließungsantrag der EU über die Anerkennung des Status der Aupairs in der Gemeinschaft

Das Europäische Abkommen

Entschließungsantrag der EU

Die Empfehlung der EU-Kommission

Erfahrungsbericht

Francesca bemerkte bei ihrer Suche nach einer Gastfamilie, dass es gar nicht so einfach war, die richtige zu finden. Bei keiner hatte es richtig 'klick' gemacht.

»Doch dann fand ich die Familie in der Schweiz: deutsch- und italienischsprachig, in der Nähe vom Bodensee, meinem Lieblingsurlaubsort, und mit neunjährigen Zwillingen: einem Jungen und einem Mädchen. Nach etlichen E-Mails und zwei Telefonaten stand fest: ich würde ab Sommer in der Schweiz leben. Zwischen Abistress und Stimmungsschwankungen rückte der August immer näher und dann endlich (oder schon?) war es soweit und ich lernte meine Gastfamilie kennen.«

Die war auch so toll, wie Francesca sie sich vorgestellt hatte, und so lebte sie sich schnell ein.

»Auch nach zwei Monaten ließ das tolle Gefühl nicht nach! Von Heimweh keine Spur, keine vergossenen Tränen und keine Gedanken daran, dass das Jahr noch sooo lang war. Ich kann für mich sagen, dass ich die perfekte Familie gefunden habe. Die Kinder waren meist lieb, gut gelaunt und 'plauderten' den ganzen Tag. Sie schafften es, dass selbst die nebligsten Tage mit hohem Deprifaktor einem die Laune nicht vermiesten, und dass Langeweile gar nicht erst aufkam. Auch meine Gasteltern waren großartig. Neben ihrem italienischen Temperament - sie kommen aus dem Tessin - ist es vor allem ihre Offenheit, die ich an ihnen mag. Egal was war, ich konnte immer mit ihnen darüber reden. Als Angestellte wurde ich nicht gesehen, eher als ein Familienmitglied.«

Einen detaillierten Arbeitsplan, was Francesca wann, wo und wie machen musste, existierte nicht - »und das ist auch gut so! Aufgaben und anstehende Termine sprachen wir zusammen ab, was ohne Probleme funktionierte.

Mein Tag fing früh um 6 Uhr an, wenn ich mit den Kindern frühstückte. Am Vormittag, während sie in der Schule waren, erledigte ich dann leichte Hausarbeiten, wie Bügeln oder Staubsaugen, und kochte das Mittagessen. Nachmittags, nach Beendigung der Hausaufgaben, bastelten, malten und spielten wir zusammen oder unternahmen einen Ausflug auf den Bauernhof. Da meine Gastmutter an drei Tagen in der Woche arbeitete, teilten wir uns an den anderen Tagen das, was so gemacht werden musste. Wir ergänzten uns dabei sehr gut.

Ein weiterer dicker Pluspunkt war das Essen. Ich muss ja nur an Schweizer Schokolade und Käse erinnern! Darüber hinaus liebte ich die Samstagabende mit chinesischem und indischem Essen, oder auch Raclette.«

Die zwei Fremdsprachen, so Francesca, ließen sich im Alltag und mit Hilfe des Italienischkurses gut lernen und anwenden.

»Wieso zwei Fremdsprachen? – Nun, neben dem Italienischen kann man das Schweizerdeutsche definitiv auch als eine bezeichnen!«

Vom Leben in der Schweiz war Francesca begeistert; bot es ihr doch neben den kulinarischen Freuden noch so vieles mehr, was sie sich von einem Wohnort wünschte.

»In der Schweiz gibt es viel zu entdecken und zu erleben. Der Einfluss der unterschiedlichen Kulturen aus Frankreich, Italien und Deutschland ist überall zu spüren, und die Lebensqualität ist hervorragend.«

Und die Kontraseite von Francescas Liste?

»Nun, die muss leer bleiben, denn etwas Negatives habe ich nicht gefunden.«

Nützliche Dokumente

Folgende Dokumente zum Thema sind auf der Webseite www.au-pair-box.com zu finden.

APH-Mustervertrag

APH-Entschließungsantrag der EU über die Anerkennung des Status der Aupairs in der Gemeinschaft

Das Europäische Abkommen

Entschließungsantrag der EU

Die Empfehlung der EU-Kommission

Interessante Bücher

- »Studieren mit Stipendien«
- »Arbeiten in der Entwicklungszusammenarbeit – Zwischen Bauern und Ministern, Erfahrungsberichte, Anforderungsprofile, Chancen«
- »Als Animateur ins Ausland, Gästebetreuung zwischen Traum und Wirklichkeit – Jobs, Bewerbung, Tipps und Adressen, Ausbildung in Tourismus & Freizeit«
- »Arbeiten auf Kreuzfahrtschiffen – Abenteuer, Exotik, rauhe See, Service- und Knochenjobs«
- »Auswandern nach Peru – ein Kaffeehaus, alltägliches Chaos und viel Liebenswertes. Ein neues Leben zwischen Einfalt, Stempelwahn, Generalstreiks und anderen Erdbeben«
- »Handbuch Zivildienst« Alles zum Zivildienst. Bewerben, die besten Stellen. Qualifizierungen mitnehmen.

Alle erhältlich über
http://shop.interconnections.de

Länderteil

Europa

Für die EU gelten im Grunde die Regelungen des Europäischen Abkommens über die Aupair-Beschäftigung des Europarates, wie zu Beginn des Buches vorgestellt.

Hilfreich und ein gute Vorbereitung bietet allen künftigen Aupairs

   »Abenteuer Au-Pair USA & Europa, Erlebnisberichte, Tips, Adressen«, Euro 15,90.
Erhältlich über
http://shop.interconnections.de.

Hier die allgemeinen Aupair-Bedingungen:
Im folgenden werden nur *abweichende Regelungen,* sofern bekannt, in diversen Ländern beschrieben. Ansonsten gelten die Rahmenbedingungen für Europa wie nachstehend:
Alter: 18 bis 30 Jahre
Kenntnisse der Landessprache: Grundkenntnisse
Praktische Erfahrung: Kinderbetreuung, Haushalt
Familienstand: ledig und kinderlos
Aufenthaltsdauer: mindestens drei Monate
Arbeitszeit: 25–30 Wochenstunden, ein bis zwei freie Tage pro Woche
Vergütung: Kost und Logis, Taschengeld zwischen 260 und 600 €
Vermittlungsgebühr Agentur: 0–150 €

Gesundheit: keine chronischen oder dauerhaft infektiösen Erkrankungen

In den meisten EU-Ländern ist der Euro (€) die Landeswährung. Es gilt die Mitteleuropäische Zeit (MEZ), und die Uhren werden im Frühling und Herbst auf Sommer- bzw. Winterzeit umgestellt.

Die Auswärtigen Ämter (Außenministerien) von Deutschland, Österreich und der Schweiz finden sich auf den jeweiligen Webseiten:
- Deutschland: www.auswaertiges-amt.de
- Österreich: www.bmaa.gv.at
- Schweiz: www.eda.admin.ch

Eine Liste der Goethe-Institute weltweit findet sich auf der zentralen Homepage im Internet unter www.goethe.de, eine Liste der Österreichischen Kulturinstitute auf www.oei.org. Die Schweizer Stiftung *Pro Helvetia* fördert Kulturzentren in Paris, Rom und New York; Näheres unter www.pro-helvetia.ch.

Literatur

   »Jobben Weltweit«, erhältlich über http://shop.interconnections.de
Allgemeiner, weit über das Thema Aupair hinausgehender Ratgeber zu allen erdenklichen Jobmöglichkeiten, Working Holiday, Freiwilligendienste, Work and Travel, Work Camps, Austausch, Sprachenlernen, Highschool u.ä.

Agentur: Au Pair Agentur Alemania

Burgundenstr. 15, D-92318 Neumarkt
Tel. +49(0)9181-4089998, Fax +49(0)9181-440614
info@aupair-alemania.de, www.aupair-alemania.de

Bürozeiten: Mo–Fr 9–14 Uhr
Ansprechpartner: Ute Maar (Inhaberin)

Agentur besteht seit November 2005. Inhaberin ist gelernte Hauswirtschafterin und hat außer einem Studium fürs Hotelfach noch Spanisch und Englisch studiert. Sie hat einige Zeit im Ausland gelebt und gibt diese Erfahrungen gerne an die Bewerber weiter.

Au-pair-Vermittlung nach: ausländische Au-pairs nach Deutschland sowie deutsche Au-pairs nach Europa (Spanien, England, Irland, Italien, Frankreich etc.).

Männliche Au-pairs: ja, aber nur mit guten Referenzen in der Kinderbetreuung.

Besondere Voraussetzungen: 18–29 Jahre (bzw. 24 Jahre bei Visumspflicht), Erfahrung in der Kinderbetreuung, Deutschkenntnisse.

Dauer des Aufenthalts: empfehlenswert ist ein Aufenthalt von 6–12 Monaten, Sommer-Au-pairs 2–3 Monate

Bewerbungen: für Vermittlungen nach Deutschland – in deutscher Sprache, für Vermittlungen ins Ausland in englischer Sprache oder in der Sprache des Gastlandes.

Anmelde- oder Bewerbungsfrist: Bewerbung das ganze Jahr über möglich; SommerAu-pairs bis ca. April/Mai bewerben, da nur ein begrenztes Angebot von Gastfamilien vorhanden ist, die während der Sommermonate Hilfe benötigen.

Arbeitsregelungen: entsprechend dem Europäischen Au-Pair-Abkommen und den Richtlinien der Bundesagentur für Arbeit.

Gebühren: für ausländische Au-pairs kostenlos, Gastfamilien zahlen je nach Aufenthaltsdauer ab 250,– Euro. Deutsche Au-pairs zahlen insgesamt 150,– Euro.

Zusätzliche Angebote: Sprachkurse (Deutschkurse - für ausländische Au-pairs, Spanischkurse für Anfänger - für deutsche Bewerber).

Verbandsmitgliedschaften: Mitglied bei der I.A.P.A. (International Au Pair Association) und der Gütegemeinschaft Au pair e.V.

Besondere Leistungen: monatlich aktuelle Kontaktliste für Au-pairs, ständiger Kontakt und persönlicher Informationsaustausch während des gesamten Au-pair Aufenthaltes, Veranstaltung von Au-pair-Treffen (im In- und Ausland).

Online-Reiseführer

Interessante Online-Reiseführer liegen z.b. bei www.reisetops.com, www.booktops.com (Städte) und auch www.interconnections.de
Dazu suchen wir noch Texte, Reiseberichte, Joberfahrungen, Länder-, Landschafts- Städtebeschreibungen u.ä. Substantielle Beiträge belohnen wir mit einem Freiexemplar aus unserem Buchprogramm.

Belgien

Aupair-Aufenthalte sind ohne Schwierigkeit möglich: Belgien hat bereits 1969 das Europäische Aupair-Abkommen unterzeichnet, bislang jedoch nicht ratifiziert. Zu beachten ist, dass es in Belgien drei Sprachgruppen gibt: im Norden wird Niederländisch (bzw. Flämisch), im Süden Französisch und in der Gegend um Eupen – im Osten des Landes – Deutsch gesprochen. Die zweisprachige Hauptstadt Brüssel wird als vierte Sprachregion behandelt. Die Vermittlung von Aupairs erfolgt überwiegend in frankophone, also französischsprachige, Familien in Wallonien oder Brüssel.

📖 »Jobben für Natur und Umwelt – Europa und Übersee«
Erhältlich über
http://shop.interconnections.de

Aufenthaltsbestimmungen

Ein Aufenthalt in Belgien bis zu drei Monaten Dauer ist für Angehörige eines EU-Mitgliedsstaates ohne Aufenthaltsgenehmigung möglich. Die Einreise erfolgt mit gültigem Pass oder Personalausweis. Wer länger als drei Monate bleibt, sollte eine Aufenthaltsgenehmigung, *»attestation d'immatriculation«* bzw. *»bewijs van inschrijving«*, beantragen. Auskünfte darüber beim zuständigen belgischen Generalkonsulat zu Hause oder bei der zuständigen örtlichen Behörde *(Administration Communale)* erfragen. Ferner ist innerhalb von acht Tagen eine polizeiliche Meldung bei der Gemeindeverwaltung erforderlich. Um unnötige Behördengänge zu vermeiden, empfiehlt es sich, eine Kopie der Immatrikulationsbescheinigung *(Attestation d'inscription)* der Sprachschule vorzulegen.

Angehörige aus Nicht-EU-Staaten müssen vor der Einreise bei der zuständigen belgischen Vertretung eine Arbeits- und Aufenthaltserlaubnis *(Permis de travail* bzw. *Autorisation de séjour provisoire – ASP)* beantragen und ihre Fremdsprachenkenntnisse nachweisen bzw. die Immatrikulationsbescheinigung einer belgischen Sprachschule beibringen. Aupair und Gastfamilie stehen daraufhin nicht weniger als sechs behördliche Schritte bevor, was Wochen – ja sogar Monate! – in Anspruch nehmen kann: zunächst wendet sich die belgische Gastfamilie an das zuständige Regionalministerium für Arbeit mit der Bitte um Aushändigung aller notwendigen Formulare:

– Drei Anträge auf Beschäftigung eines Aupairs *(Demande d'occupation;* von der Gastfamilien auszufüllen und mit Unterschriftsbeglaubigung durch die zuständige Gemeinde zu versehen)
– Einen Mustervertrag für die Anstellung eines Aupairs (ebenfalls durch die Gemeindeverwaltung am Wohnort der Gastfamilie zu beglaubigen).

Zuständig für die Hauptstadtregion, für Wallonien und die flämischen Provinzen sind die Dienststellen des *Service de l'Immigration*.

Die Gastfamilie tut im Übrigen gut daran, sich bereits im Vorfeld um die Einschreibung des Aupairs in einen Sprachkurs zu kümmern.

Wissenswertes

- *Notruf (Polizei / Feuerwehr):* »100« für Notarzt / Krankenwagen und Feuerwehr; »101« für die Polizei. Weitere hilfreiche Telefonnummern: Rotes Kreuz »1911«; Telefonkontakt für Einsame und Alleinstehende »1991«; Vergiftungszentrale Brüssel »02 345 45 45«.
- *Telefonieren nach Belgien*: 0032 + Rufnummer ohne 0
- *Zusammensetzung der Bevölkerung:* 58% aller Belgier sind niederländisch sprechende Flamen, 33% zählen zu den frankophonen Wallonen im Süden des Landes; 1 Mio. flämisch- und französischsprechende Hauptstadtbewohner; ferner 66.000 Deutschsprachige und ein vergleichsweise hoher Ausländeranteil (ca. 869.000).

Versicherungen

Es besteht in Belgien seitens der Gastfamilien die Pflicht, ihren Aupairs eine Kranken- und Unfallversicherung zu bezahlen, die alle Kosten für Behandlungen und Medikamente abdeckt.

Aupair-Bedingungen

- *Alter:* 18–25
- *Urlaub:* im Regelfall wird nach einem halben Jahr Tätigkeit eine Woche bezahlter Urlaub gewährt, nach einem ganzen Jahr zwei Wochen

- *Lohn:* zwischen 300 und 400 €
- *Sonstige Leistung*: Ticket für die öffentlichen Verkehrsmittel bis zur Sprachschule wird oft von der Gastfamilie gezahlt
- *Sprachkenntnisse:* deutsche, flämische oder französische Vorkenntnisse

Nützliche Adressen

... in Deutschland

Belgische Botschaft,
Berlin@diplobel.org,
www.diplomatie.be/Berlin

Belgisches Haus Generalkonsulat,
T. 0049 (0)221 2575477,
F. 0049 (0)221 2575466

... in Belgien

Vlaams Commissariaat-Generaal voor Toerisme, info@toervl.be,
www.toervl.be
Zuständig für die frankophonen Landesteile und die Hauptstadt Brüssel.

Office du Tourisme des Cantons de l'Est, T. 0032 (0) 8022 76 64, F. 0032 (0) 8022 65 39, info@eastbelgium.com;
www.eastbelgium.com
Zuständig für die deutschsprachige Region im Osten Belgiens.

... in Österreich

Belgische Botschaft,
Vienna@diplobel.fed.be,
www.diplomatie.be/viennade

... und in der Schweiz

Belgische Botschaft, Bern@diplobel.org,
www.diplomatie.be/bernde

Belgische Fremdenverkehrsämter
Flandern, info@flandern.com, www.flandern.com
Allgemein: info@belgien-tourismus.de, www.belgien-tourismus.de / www.flandern.com, Brüssel, Wallonien: www.bruxelles-tourisme.be

Dänemark

Dänemark zählt zu den fünf Ländern, die das europäische Aupair-Abkommen ratifiziert haben. Allerdings ist das Aupairwesen im Land wenig verbreitet, obwohl Skandinavienfans für einen steten Fluss an Aupairs sorgen. So erzählt Anne von ihrer Motivation, nach Dänemark zu gehen: »Ich muss gestehen, dass ich ein großer Skandinavienfan bin. Ob das nun vom alljährlichen Sommerurlaub in Dänemark kam, von IKEA, H&M oder einfach generell, kann ich leider nicht sagen. Fest steht, dass mich das Land, die Lebenseinstellung, die Menschen, die Sprache, kurz gesagt einfach das dänische Flair unglaublich fasziniert. Kopenhagen ist eine wunderschöne, skandinavische, junge, dynamische, pulsierende Stadt; wer sie besucht hat, weiß, wovon ich spreche. So kam es, dass ich mich am Ende meiner Suche für eine dänische Familie in einem Vorort von Kopenhagen entschied und guten Mutes nach Dänemark flog ...«

Literatur

📖 »Jobben Weltweit«, erhältlich über http://shop.interconnections.de
Über das Thema Aupair hinausgehender Ratgeber zu allen erdenklichen Jobmöglichkeiten, Working Holiday, Freiwilligendienste, Work and Travel, Work Camps, Austausch, Sprachenlernen, Highschool u.ä.

📖 »Jobben für Natur und Umwelt – Europa und Übersee«
📖 »Freiwilligendienste in Deutschland«
📖 »Internationale Freiwilligendienste«
📖 »Freiwilligeneinsätze Weltweit,« (Intern. Freiwilligendienst auf eigene Faust organisiert)
📖 »Zivi Weltweit«

Erhältlich über
http://shop.interconnections.de

Reiseportal

www.reisetops.com

Aufenthaltsbestimmungen

EU-Bürger, darunter auch deutsche, österreichische und Schweizer Staatsangehörige, die sich länger als 3 Monate in Dänemark aufzuhalten und zu arbeiten beabsichtigen, müssen nach der Einreise eine Aufenthaltserlaubnis (dänisch *Opholdstilladelse*) beantragen. Personen außerhalb des EU-Bereichs müssen die Arbeits- bzw. Aufenthaltsgenehmigung bereits vor ihrer Einreise nach Dänemark beantragen. Die Aufenthaltserlaubnis wird von der Ausländerbehörde *(Direktoratet for Udlaendinge)* oder dem dänischen Konsulat erteilt, wenn u.a. ein Arbeitsvertrag zwischen Familie und Aupair – in dem klare Aussagen über Arbeitszeit, Arbeitsaufgaben, Taschengeld etc. enthalten sind – sowie die sogenannte »Personnummer« und Sozialversicherungskarte *(Sygesikringsbevis)* vorgelegt werden. Letztere berechtigt zur

kostenlosen ärztlichen Behandlung. Beide Unterlagen sind bei der örtlichen Meldebehörde *(Folkeregistret)* erhältlich.
EU-Bürger benötigen keine Arbeitserlaubnis. Die Erteilung einer Aufenthaltserlaubnis, die sich über einen längeren Aufenthalt als drei Monate hinaus erstreckt, kann jedoch verweigert werden, wenn binnen dieser Zeit keine Erwerbstätigkeit aufgenommen wurde.
Benötigte Unterlagen sind:
Antragsformular (rot, zweifach) und eine Einverständniserklärung
Zwei Fotos
Au-Pair-Vertrag (4-105), aus dem Arbeitszeiten und finanzielle Verhältnisse hervorgehen.
Die Verwaltungsgebühren belaufen sich derzeit auf etwa 100 Euro.
Auskünfte während des Aufenthaltes in Dänemark erteilt die Ausländerbehörde: Udlændingenstyrelsen, www.udlst.dk, die auch Anträge auf Aufenthaltserlaubnis im Bereich Kopenhagen bearbeitet. Außerhalb Kopenhagens ist die örtliche Polizei zuständig.

Wissenswertes

- *Notruf (Polizei / Feuerwehr):* »112« (gebührenfrei) für Notarzt / Krankenwagen, Polizei und Feuerwehr.
- Telefonieren nach Dänemark: 0045 + Rufnummer ohne 0
- *Währung:* 1 Dänische Krone (dkr) = 100 Öre, was z.Zt. ca. 13 Eurocents enstpricht.

Versicherungen

Nach der Anmeldung beim Einwohnermeldeamt ist das Aupair automatisch nach einer Frist von 6 Wochen krankenversichert. Für EU-Bürger entfällt diese Wartezeit, wenn sie im Heimatland krankenversichert sind. Eine Zusatzunfall- oder Hausratsversicherung ist jedoch in jedem Fall empfehlenswert. Wenn keine klaren Abmachungen über diesen Punkt mit der Gastfamilie möglich sind, sollte man sich im Heimatland unfall- und haftpflichtversichern.

Aupair-Bedingungen

- *Alter:* schon ab 17 möglich; allerdings muss der Inhaber des Sorgerechts den Vertrag unterzeichnen
- *Lohn:* 190 – 250 € pro Monat
- *Zusatzleistungen:* die Familie bezahlt die Monatskarte des öffentlichen Nahverkehrs
- *Besondere Voraussetzungen:* in der Regel werden von den dänischen Familien auch Kenntnisse der englischen Sprache vorausgesetzt.

Erfahrungsbericht

Stefanie hatte sich ihren Auslandsaufenthalt privat organisiert, was innerhalb Europas auf Grund guter gesetzlicher Vereinbarungen relativ unkompliziert ist. »Gesucht hatte ich mit Profilen bei den gängigen "Onlinevermittlungsseiten" für einen drei- bis sechsmonatigen Aufenthalt in Norwegen, meinem Wunschland. Als sich aber lange Zeit keine passende Familie abzeichnete, weitete ich meine Suche auf Skandinavien beziehungsweise auf die Länder Schweden und Dänemark aus. Und siehe da, sehr schnell gab es einige interessierte Familien in meiner Favoritenliste. Letztendlich entschied ich mich innerhalb weniger Tage für eine Familie mit zwei Kindern in Dänemark, und sie sich für mich! Bauchgefühl und eine nette Familie waren mir letztendlich wichtiger als *das* Land.«

Vor dem Aufenthalt blieben Stefanie noch vier Monate Zeit, um von Deutschland aus alles zu organisieren: Arbeitserlaubnis, Versicherungsschutz und natürlich auch ihre Zukunftsplanung für die Zeit danach ... Die letzten Tage in Deutschland waren geprägt von einem Gefühlsmix aus Organisationsstress, „ein-letztes-Mal"-Momenten, Vorfreude und Abschiedsschmerz.

Anfang Mai ging es dann los. Mit der Familie hatte Stefanie sich vorher bereits einmal getroffen und alle gleich ins Herz geschlossen – die beiden Kleinen, einen Junge (2 _) und ein Mädchen (1), genauso wie ihre deutsche Gastmutter und ihren dänischen Gastvater. Beim ersten Treffen konnte sie somit alle Familienmitglieder kennenlernen, traf ihre Vorgängerin, um sich mit ihr auszutauschen, und die Kinder hatten einen Tag, um sie zu beschnuppern.

»Das war ein entscheidender Vorteil für den Tag, an dem ich dann endgültig meine neue dänische Welt betrat. Ein großes Haus mit einem großem Zimmer für mich, Garten und Blick auf den Fjord, erwarteten mich. Noch mitten in der Nacht wollten mir die beiden Kids unbedingt das Haus zeigen. Am nächsten Morgen haben wir bei wunderschönem Sonnenschein auf der Terasse gebruncht. Wir waren den ganzen Mittag über draußen und nutzten das für Dänemark untypische Sommerwetter aus. Ein toller Start! Am Abend kamen die Großeltern, und nachdem die Kids im Bett waren, gab es für die Großen ein mehrgänges Abendessen von meinem Gastvater und, wie bei den Dänen angeblich so üblich, mit viel Wein und Schnaps und Kaffee zur Nacht.«

Am nächsten Morgen begann Stefanies Arbeitsleben als *aupair pige*, wie es auf Dänisch heißt. Anfangs machte sie alles noch gemeinsam mit ihrer Gastmutter, die sich viel Zeit nahm, um ihr alles zu zeigen, aber auch die nötige Geduld entgegenbrachte, die Dinge selbst auszuprobieren.

»Meine Aufgaben waren es, die Kinder morgens anzuziehen, beim gemeinsamen Frühstück zu helfen, anschließend die Küche aufzuräumen, Küche, Kinderzimmer oder auch andere Räume zu saugen, ein bisschen aufzuräumen, Wäsche zu machen, Staub zu wischen – je nachdem, was gerade anfiel. Nebenbei natürlich die Kinder betreuen und am Morgen eine Runde Spazierengehen. Oft waren wir Einkaufen oder die Enten füttern, Züge beobachten oder im Garten spielen. Nach dem Mittagessen und Zubettbringen der Kinder hatte ich frei. Gelegentlich fielen abends ein paar Stunden Babysitten an, wenn die Eltern Termine hatten. Mein dänischer Vertrag sah 5 Stunden an 5 Tagen die Woche vor, jedoch exklusive des Familienlebens, das man beim AuPair-Aufenthalt mitbucht und definitiv nicht unterschätzen sollte! Wenn man sich nicht gerade in sein Zimmer "flüchtet" oder das Haus verlässt, ist man immer Ansprech- oder Spielpartner. "Komm! Bissi komm!!" heißt es dann immer! Ich war neben meiner Aufgabe für die Kinder auch ein bisschen die Gesellschafterin im Haus, da mein Gastvater oft viel und lange arbeitete und meine Gastmutter somit den Tag über alleine war. Sie begann erst im Laufe meines AuPair-Aufenthalts halbtags zu arbeiten. Mit der Zunahme ihrer Arbeitszeiten änderten sich natürlich auch meine Arbeitszeiten; ich musste flexibler einsatzfähig sein und musste auch mal länger mithelfen, je nachdem, wann sie als Deutschlehrerin an einer Realschule Unterricht hatte.

Im Grunde bedeutet Aupairsein einfach dazusein! Man ist Mamaersatz (und man wird wirklich als solche in der Öffentlichkeit gesehen und angesprochen!), große Schwester auf Zeit, Haushaltsmanagerin, Spielpartnerin, Geschichtenerzählerin, Köchin, Gärtnerin, und noch vieles mehr.«

Trotz oder gerade wegen der vielen Arbeit genoss Stefanie die Freizeit sehr.

»Viele meiner Freunde in Dänemark habe ich über Zufälle durch die Familie oder die Sprachschule kennengelernt, einige auch über die Kommunikationsmöglichkeit Internet – Aupair-Foren und Networks machen es einem da sehr einfach, vor allem, um den Kontakt zu Gleichgesinnten zu halten. Gemeinsam haben wir Ausflüge in ganz Dänemark gemacht, Sehenswürdigkeiten abgeklappert und die schöne Landschaft genossen. Am Wochenende ging es auf die örtlichen Partys. Typisches skandinavisches Vorglühen mit Trinkspielchen, Dosenbier aus dem Boardershop an der deutschen Grenze und "Partyhopping" inklusive.

Leider war es schwer, echte Dänen kennezulernen, da Dänen große Familienmenschen sind und sich ein großer Teil des Lebens im Familien- und Freundeskreis abspielt, selbst wenn sie sonst sehr locker und relativ offen sind.«

Spannend ist bei einem Auslandsaufenthalt natürlich immer, die Unterschiede zu daheim kennenzulernen, neue Feste und Traditionen zu feiern und so richtig in die neue Kultur einzutauchen.

»Ich kam in den Genuss des dänischen *Fødselsdagfest* (dem Geburtstagsfest) und fühlte mich an meine Kindertage zurückerinnert, da alles so schön dekoriert war – die beste weiße Tischdecke lag auf dem Tisch, es gab einen Geburtstagskuchen, Kerzen und natürlich den *Dannebrog* (die dänische Flagge). Es wurde sogar für mich gesungen – egal, wohin ich kam, jeder hat mir das dänische Geburtstagsständchen gesungen!

Ein besonderes Highlight im Sommer ist natürlich auch *Sankt Hans Aften*, das Mittsommerfest. Es ist jedes Jahr am 23.Juni und wird mit einem Familienfest, gemeinsamem Essen, großen Lagerfeuern und dem Verbrennen von Strohhexen am Vortag von Sankt Hans (dem längsten Tag des Jahres, der nach Sankt Johannes dem Täufer benannt wurde) gefeiert.«

Überrascht und beeindruckt war Stefanie vom Wetter, das so ganz anders war als das, was sie kannte.

»Hier oben gibt es kaum Tage, an denen es nur regnet. Meist hatten wir einen Sonne-Wolken-Regen-Mix. Vom Haus aus konnte ich beobachten, wie das Wetter über die Stadt hereinzog. Und, obwohl ich mich hier nur rund 800km nördlich von meiner Heimat befinde – die Sonne geht im Sommer rund eine Stunde später unter und früher wieder auf! Es bleibt sehr lange dämmerig morgens, und abends und auch um Mitternacht sieht man am Horizont noch einen hellen Lichtstreifen. Ein Phänomen, das ich nicht erwartet hatte!«

Nach fünf Monaten mitten im dänischen Familienleben wird Stefanie ganz wehmütig, wenn sie an den baldigen Abschied denkt:

»Die letzten Tage müssen geplant werden – habe ich alles gemacht was ich machen wollte? Was bringe ich an Mitbringseln mit? Wie bekomme ich das alles wieder nach

Hause? Werden mich die Kinder vermissen? Wann komme ich das nächste Mal zurück?
... Mein letztes Projekt in der Ferne ist, meine Nachfolgerin einzuarbeiten und ihr einen Teil davon weiterzugeben, was mich hier so beeindruckt hat. Die kleinen Dinge im Leben nämlich: Kinderlachen, gemeinsame Stunden mit der Familie, ein schönes Abendessen zu kochen, Kuchen zu backen, meine Haushaltsfähigkeiten auszutesten, jeden Sonnenstrahl auszunutzen und generell das Leben zu genießen, auch wenn es mal drunter und drüber geht!«

Nützliche Adressen

... in Deutschland

**Dänische Botschaft, beramb@um.dk,
www.ambberlin.um.dk/de**

**Dänisches Fremdenverkehrsamt,
Glockengießerwall 2, Pf 540 505,
D-22505 Hamburg,
T. 0049 (0)40 320 21141, F. –111,
www.visitdenmark.com**
Zentralbüro für D, CH und A.

**Dänisches Kulturinstitut,
Quantiusstr. 8, D-53115 Bonn,
T. 0049 (0)228 908 66 28, F. -29,
dki@dankultur.de,
www.dankultur.de**
Auch zuständig für Österreich und die Schweiz.

**Deutsch-Dänische Gesellschaft e.V.,
info@deutschdaenischegesellschaft.de,
www.deutschdaenischegesellschaft.de**

... in Dänemark

Zur Erteilung von Aufenthaltsgenehmigungen zuständige Ausländerbehörde in Kopenhagen.

**Folkeregistret, Dahlerupsgade 6,
DK-1640 Kopenhagen V,
T.folkeregisteret@kff.kk.dk,
www3.kk.dk**
Meldebehörde; außerhalb der Hauptstadt helfen die örtlichen Polizeidienststellen weiter. Vergibt darüberhinaus die für die dänische Sozialversicherung wichtige persönliche Codenummer, bestehend aus Geburtsdatum und einer vierstelligen Ziffer.

**Det Danske Kulturinstitut,
Kultorvet 2, DK-1175 Kopenhagen K,
T. 0045 33 13 54 48,
F. 0045 33 15 10 91,
dankultur@dankultur.dk,
www.dankultur.dk**
Sommersprachkurse für Anfänger mit Vorkenntnissen.

... in Österreich

**Dänische Botschaft, Führichgasse 6,
Postfach 298, A-1015 Wien, T. 0043 (0)15 12 79 04 -0, F. 0043 (0)513 81 20,
vieamb@um.dk,
www.ambwien.um.dk/de**

... und in der Schweiz

**Dänische Botschaft, brnamb@um.dk,
www.ambbern.um.dk/de**

Sprachschulen

Dänischkurse für Ausländer werden in allen größeren Städten und für alle Niveaus angeboten. Teils handelt es sich um Einrichtungen, die den staatlichen Schulen angegliedert sind, teils um Volkshochschulen oder Privatinstitute. Wer in den »Gelben Seiten« des Telefonbuches unter »Sprogundervisning« nachsieht, wird dort eine Reihe gewerblicher Anbieter vorfinden. Auch in Dänemark gilt allerdings, dass private Sprachschulen ziemlich hohe Kursgebühren verlangen, während sich der öffentliche Unterrichtssektor durch öffentliche Zuschüsse billiger ist. Zur Teilnahme an diesen Kursen bedarf es allerdings einer polizeilichen Meldung am Wohnort, insbesondere der Vorlage eines »Personnummerbevis« und der persönlichen Sozialversicherungsnummer. Eine Alternative stellen die über einhundert dänischen Volkshochschulen dar.
Auskünfte über Sprachschulen auf der Homepage der *Dänischen Botschaft in Berlin*, www.ambberlin.um.dk. und beim Dänischen Fremdenverkehrsamt.

Finnland

Finnland spielte bislang unter den Ziellländern für Aupair-Aufenthalte eine untergeordnete Rolle, hat aber in den letzten Jahren an Anziehungskraft gewonnen. So erzählt *Sarah* von ihrer Entscheidung, in Finnland zu arbeiten: »Skandinavien fand ich immer schon toll, da ich Natur und Inga Lindström-Filme mag.«
Das Land hat das Europäische Aupair-Abkommen 1997 unterzeichnet, allerdings noch nicht ratifiziert.

Offizielle Kontakte stellen eher die Ausnahme dar, und das Aupair-Wesen steckt noch in den Anfängen; allerdings sind die Aussichten auf eine Stelle ausgezeichnet, da die Nachfrage das Angebot um einiges übersteigt. Die Gründe dafür liegen in der Berufstätigkeit der Frauen und dem Mangel an Mädchen, die in einem Aupair-Aufenthalt in Finnland wenig Vorteile erkennen. Für deutschsprachige Aupairs bietet sich neben den heimischen Agenturen der Weg über das finnische Arbeitsministerium als Ansprechpartner an.

Literatur

📖 »Jobben Weltweit«, erhältlich über http://shop.interconnections.de
Ratgeber zu allen erdenklichen Jobmöglichkeiten, Working Holiday, Freiwilligendienste, Work and Travel, Work Camps, Austausch, Sprachenlernen, Highschool u.ä.

Reiseportal

www.reisetops.com

Aufenthaltsbestimmungen

Für EU-Bürger gelten dieselben formalen Bedingungen wie in allen übrigen Mitgliedsstaaten. Bei der Einreise reicht es, den Personalausweis oder Reisepass vorzuweisen. Die Dokumente müssen drei Monate länger gültig sein als der vorgesehene Aufenthalt im Land. Nach der Ankunft ist dann eine Arbeitserlaubnis zu beantragen, wobei einen die Gastfamilie bzw. die Agentur unterstützen.
Bei Aufenthalten über drei Monaten

ist eine Aufenthaltsgenehmigung zu beantragen. Dies kann bei der Einreise bei den Finnischen Einwanderungsbehörden erfolgen oder bereits vor der Abreise beim Finnischen Generalkonsulat. Die Einreise mit der Genehmigung in der Hand bietet den Vorteil, in das Einwohnermeldeverzeichnis aufgenommen zu werden, sofern die Aufenthaltsgenehmigung über mindestens ein Jahr ausgestellt ist. Aber auch ohne Aufenthaltsgenehmigung ist EU-Bürgern die Aufnahme einer Aupairtätigkeit gestattet. Die Aufenthaltsgenehmigung wird meist auf fünf Jahre erteilt und an die Anschrift der Gastfamilie geschickt.

Besondere Bedingungen gelten für Staatsangehörige der übrigen Nordischen Länder (Schweden, Norwegen, Island und Dänemark), die für die Einreise keinen Pass benötigen. Schweizerinnen wenden sich an die Botschaft in Bern.

- *Zeitdifferenz:* in Finnland gilt die Osteuropäische Zeit (OEZ bzw. »Moskauer Zeit«), also MEZ + 1 Stunde.

Versicherungen

Das Aupair wird durch die Gastfamilie kranken-, unfall- und haftpflichtversichert. Dazu besorge man sich vor der Abreise die Europäische Krankenversicherungskarte EHIC von der heimischen Krankenkasse. Allerdings werden nur akut auftretende Krankheiten abgedeckt, so dass eine Zusatzversicherung sinnvoll ist. Dies gerade auch in Anbetracht etwaiger Kosten für Zahnbehandlungen. Vor Aufnahme der Tätigkeit wird daher zu einem Zahnarztbesuch und bei absehbaren Problemen die oder bei anderen chronischen Krankheiten zum Beibehalt der Versicherung daheim geraten.

Wissenswertes

- *Notruf:* allgemeine Notrufnummer für Polizei, Feuerwehr, Rettungsdienst und Notarzt: »112«. Alle Krankenhäuser unterhalten einen rund um die Uhr besetzten Notfalldienst.
- Telefonieren nach Finnland: 00358 + Rufnummer ohne 0

Aupair-Bedingungen

- *Urlaub*: Üblicherweise wird nach einem halben Jahr Tätigkeit eine Woche bezahlter Urlaub gewährt
- *Lohn:* mindestens 252 €

Erfahrungsbericht

Familienanschluss, Arbeit mit Kindern, eine neue Sprache lernen und die Möglichkeit, Land und Leute kennenzulernen – das waren die Gründe, die Eva dazu bewogen, ein Jahr als Aupair zu arbeiten. Auf eigene Faust machte sie sich im Internet auf die Suche nach einer geeigneten Familie. Das Land war ihr dabei nicht ganz so wichtig, denn – »was nützt ein tolles Land, wenn die Chemie mit der Gastfamilie nicht stimmt? Dadurch verschlug es mich in ein eher exotisches Aupair-Land: Finnland! Mit meiner zukünftigen Ersatzfamilie verstand ich mich sofort gut, und so machte ich mich Ende Juli auf nach

Helsinki zu Sari, Jouni und ihren Kindern Iris (3), Heta (7) und Kim (9).«

Das gute Gefühl hatte Eva nicht getrogen, und sie verbrachte ein durchweg schönes Jahr in Finnland. Zu ihren Aufgaben gehörte es, die beiden großen Mädchen zur Schule zu bringen und abzuholen, ihnen bei den Hausaufgaben zu helfen und mit ihnen zu spielen, das kleinste Mädchen nach dem Kindergarten zu betreuen, einmal in der Woche die Wohnung zu saugen, dazu verschiedene kleinere Tätigkeiten im Haushalt. Ihre Gasteltern waren, so Eva, in allen Dingen sehr entgegenkommend und flexibel.

»Wir vier Mädchen hatten großen Spaß zusammen und unternahmen viel, von Spielplatz über Museum zum Picknick. Auch mit den Eltern redete ich oft stundenlang über Gott und die Welt. In den beiden Urlauben konnten wir unsere gute Beziehung noch vertiefen. Im Winter flogen wir nach Lappland, wo uns – im Gegensatz zu Helsinki – reichlich Schnee und Minusgrade erwarteten. Ski- und Hundeschlittenfahren machte allen großen Spaß. Im Sommer stand ein Badeurlaub in Hanko auf dem Programm, und wir verbrachten ein paar schöne, sonnige Tage dort.«

Wie gut Eva in die Familie integriert war, zeigte sich auch an Weihnachten. Der finnische Weihnachtsmann – Joulupukki – sprach Deutsch und geizte nicht mit Geschenken für sie. Nach seinem Besuch gab es ein großes Essen, und mit vollen Bäuchen ließen alle den Abend vor dem Kamin ausklingen.

Eva hatte ein schönes Weihnachtsfest gefeiert und überhaupt nicht bereut, es nicht zuhause in Deutschland verbracht zu haben. Auch sonst fühlte sie sich in ihrer Gastfamilie wie daheim.

»Sari und Jouni waren sehr gastfreundlich, und so konnte ich oft Besuch aus der Heimat empfangen oder Freundinnen, die den letzten Bus verpasst hatten, ein Bett anbieten. Dies ermöglichte die tolle Lage der Wohnung – nur zehn Minuten vom Zent-rum Helsinkis entfernt. Ich fand schnell gute Freunde, mit denen ich die vielen Konzerte besuchte oder einfach nur in einem der gemütlichen Cafés vom Aupair-Alltag entspannte. Auch die beiden großen Ereignisse Vappu (1.Mai) und Juhannus (Mittsommer) feierten wir zusammen.«

Das Leben in der finnischen Hauptstadt war spannend und bot einen guten Ausgleich zum Aupair-Dasein.

»Helsinki ist eine schöne und vor allem sehr grüne Stadt, direkt am Meer, nicht zu groß und nicht zu klein, mit vielen Einkaufs- und Ausgehmöglichkeiten. Es ist einfach meine "perfekte Stadt"! Auf Finnisch verständigen konnte ich mich nach einer Weile auch recht gut, obwohl fast alle Finnen nahezu perfekt Englisch sprechen und es auch gerne anwenden.

Trotz hoher Preise ist das Vorurteil von den saufenden Finnen leider oft zutreffend. Gerade an den Wochenenden verwandelt sich da so mancher zurückhaltende Finne in einen aufdringlichen Draufgänger. Trotzdem fühlte ich mich in Helsinki aber immer sicher. Die Kriminalitätsrate dort ist sehr niedrig, überall stehen Sicherheitsleute, und man sieht kaum Bettler auf der Straße.«

Bei allem Lob vergisst Eva aber auch nicht die negativen Seiten des Lebens in Finnland. An einige Dinge musste sie sich erst gewöhnen.

»Die sehr lockere Erziehungsweise ohne Regeln und Konsequenzen machte mir oft das Leben schwer, da den Kindern vieles nicht beigebracht wurde, das für mich wichtig

gewesen wäre: Respekt, Höflichkeit und das Einhalten bestimmter Grenzen. Ein anderes Problem stellte für mich die einseitige Ernährung dar, denn irgendwann hat man einfach keine Lust mehr auf Nudeln mit Ketchup und Fleisch.«
Trotzdem – Evas Fazit ist durchweg positiv:
»Ich wurde in dem Jahr wirklich ein Teil der Familie; die Kinder und ich hatten Spaß, wir konnten alle Probleme ansprechen und eine Lösung dafür finden, ich habe etwas Finnisch und viel über Land und Kultur gelernt, neue Freunde gefunden und mich am Ende ein bisschen in Helsinki verliebt. Eine tolle Erfahrung, die ich jedem nur empfehlen kann!

Nützliche Adressen

...in Deutschland

Finnische Botschaft, T. 0049 (0)30 50 50 30, info.berlin@formin.fi, www.finnland.de

Generalkonsulat von Finnland, T. 0049 (0) 40 350 8070, info.hamburg@formin.fi

Deutsch-Finnische Gesellschaft, T. 0049 (0)711 518 11 65, F. -518 17 50, info@dfg-portal.de, www.deutsch-finnische-gesellschaft.de
Gibt u.a. die »Deutsch-Finnische Rundschau« heraus und bietet Unterstützung bei der Planung von Finnland-Reisen.

... in Finnland

Finnische Zentrale für Tourismus, Eteläesplanadi 4, FIN-00130 Helsinki, F. 00358 10 605 83 33, mek@mek.fi, www.visitfinland.de(Postanschrift: Finnish Tourist Board, P.O.Box 625, Töölönkatu 11, FI-00100 Helsinki)

... in Österreich

Finnische Botschaft, T. 0043 (0)2 2253 159-0, sanomat.wie@formin.fi
www.finnland.at

... und in der Schweiz

Finnische Botschaft,T. 0041 (0)31 350 41 00, F. -07, sanomat.brn@formin.fi, www.finlandia.ch

Vermittlung in Finnland

Finnisches Wirtschafts- und Arbeitsministerium, Työ- ja elinkeinoministeriö, P.O. Box 32, 00023 Government, Helsinki, Tel.:00358 10 60 60 00, www.tem.fi
Die Vermittlung geschieht in Zusammenarbeit mit staatlichen Stellen im Ausland. Die deutsche ZAV leitet Bewerbungen, nachdem sie sich aus der Aupair-Vermittlung zurückgezogen hat, an von ihr beauftragte Verbände weiter.

Sprachschulen

Eine der größten Herausforderungen ist sicherlich die finnische Sprache. *Sarah* berichtet:»Das Schlimmste an Finnland ist wohl die Sprache. Sie hat nicht denselben Ursprung wie die meisten anderen europäischen Sprachen, daher kann man kein einziges Wort ableiten. Und damit es noch schwieriger wird, gibt es im Finnischen ganze 15 Fälle, die sich alle als Endungen an ein Wort setzen. Aber meine Sprachlehrerin tröstete uns immer: „It is different, not difficult!"«

Auch *Melanie* fand die Sprache ziemlich kompliziert:»Ich habe einen Sprachkurs besucht, leider aber nicht sehr viel dabei gelernt, da ich erstens viel im Haus meiner Gastfamilie geholfen habe und es zweitens in diesem Kurs nur kurze Andeutungen der vielen Lektionen gab. Das fand ich sehr schade – aber durch die Familie, Freunde und beim Einkaufen habe ich trotzdem einiges gelernt. Ein weiterer Vorteil ist, dass im Fernsehen und Kino alles grundsätzlich in der Originalsprache ausgestrahlt wird. Die finnischen und bzw. oder schwedischen Untertitel sind beim Erlernen der Sprache sehr hilfreich. So war es für mich also auch möglich, „nebenher" zu lernen.«

Eine Reihe von Anbietern führen Sommerkurse für Ausländer durch. Das Finnische Erziehungsministerium veranstaltet z.B. Sprachkurse für ausländische Universitätsstudenten. Einzelheiten, auch hinsichtlich der Eignung von Sprachkursen für die Bedürfnisse eines Aupair-Aufenthalts, sind zu erfahren bei

Council for Instruction of Finnish to Foreigners, Pohjoisranta 4A, PL 293, FIN-00171 Helsinki, T. 00358 (0)9 134 171, F. 00358 (0)9 135 9335

Hilfreich ist auch die Broschüre »Courses in Finnish Language«, zu beziehen über finnische Botschaften und Konsulate im Ausland.

Frankreich

Frankreich gilt neben England als klassisches Aupair-Land. Das Aupair-System ist hier außerordentlich gut entwickelt: ein eng geknüpftes Netz von Agenturen ermöglicht Aufenthalte in jeder Form. Wer in Frankreich eine vollwertige Aupair-Stelle bekommt, wird – im europäischen Vergleich – gut entlohnt (ca. 70-100 € pro Woche) und erhält oft weitere Leistungen der Familie, etwa eine Monatskarte für Bus und Metro in Paris. Alle Gastfamilien sind gesetzlich verpflichtet, ihr Aupair bei der französischen Sozialversicherung gegen Krankheit und Unfall zu versichern.

Frankreich hat 1971 das Europäische Aupair-Abkommen ratifiziert, wodurch es klare gesetzliche Richtlinien für einen Aupair-Aufenthalt im Land gibt. Die Aupair-Beschäftigten gehören weder zur Gruppe der Studenten noch zur Gruppe der Arbeitnehmer. Die Aupair-Tätigkeit wird vielmehr als »Beschäftigungsverhältnis besonderer Art« qualifiziert. Entsprechende Rechte und Pflichten regelt der sogenannte »Aupair-Vertrag«, der vom zuständigen französischen Arbeitsamt geprüft und dort hinterlegt wird. Allerdings hat diese Situation – so vorteilhaft sie sich auf die »offiziellen« Aupair-Verhältnisse auswirkt – auch eine Kehrseite: den Familien wird ein Aupair häufig zu teuer, die Angebote für das Dreißig-Stunden-Aupair gehen zurück. Umso wichtiger wird es, sich möglichst frühzeitig zu bewerben.

Zum Überleben in Frankreich:

📖 »Lust auf Frankreich – Der große Frankreichratgeber für alle Lebenslagen«

Ratgeber zur Landeskunde, der alle erdenklichen Aspekte abdeckt. Ein Muss für alle Frankophilen

📖 »Ferienjobs, Praktika, Austausch – Frankreich«
Für alle auf Suche nach einer Beschäftigung, Studium, Austausch, Begegnungen.

📖 »Paris Preiswert – Ein Reise- und Erlebnisbuch – Übernachten, Shopping«, Unterhaltung

Alle erhältlich über
http://shop.interconnections.de

Reiseportal
www.booktops.com
www.reisetops.com

Aufenthaltsbestimmungen

Auch wer als Angehöriger eines EU-Mitgliedsstaates in Frankreich als Aupair arbeiten will, benötigt – da der Aufenthalt ja in der Regel länger als drei Monate dauern wird – eine Aufenthaltsgenehmigung. Sie ist auch die Voraussetzung dafür, die Leistungen der französischen Sozialversicherung *(Sécurité sociale)* in Anspruch nehmen zu können.

Zur Erteilung der Aufenthaltsgenehmigung sind nachstehende Unterlagen vorzulegen:

• ein Personalausweis bzw. Reisepass, der über die geplante Dauer des Aufenthalts hinweg gültig sein muss.

• ein ärztliches Attest im Original, das zum voraussichtlichen Antrittstermin nicht älter als drei Monate sein darf (Vordrucke können bei den Vermittlungsorganisationen angefordert werden).

• eine Kopie des letzten Schul- oder Ausbildungszeugnisses, ins Französische übersetzt und beglaubigt – z.b. von der Schulleitung, von einem »Institut Français« oder einem amtlich bestellten und vereidigten Urkundenübersetzer. Die Übersetzung des Vordrucks eines Abiturzeugnisses kann bei den Vermittlungsorganisationen angefordert werden. Abiturienten brauchen dann nur ihre Noten einzusetzen und dieses Exemplar nebst Fotokopie ihres Originalzeugnisses an einer geeigneten Stelle einzureichen, wo die französischen Angaben dann beglaubigt werden.

• einen »Lettre d'hébergement«, also die Bescheinigung der Familie, dass sie den Bewerber als Aupair aufnimmt. Die Vermittler empfehlen folgenden Wortlaut:

»Je soussigné .... demeurant .... déclare loger et employer chez moi, comme stagiaire aide-familiale, ... venue en France pour y faire ses études. Nous lui donnons un argent de poche mensuel de € ....«

• eine Bescheinigung über Einschreibung bzw. Anmeldung an einer Sprachschule

• vier Passfotos

• eine Geburtsurkunde *(Acte de naissance)*; eine Übersetzung derselben erhält man als sogenannten »Internationalen Schein« bei der zuständigen Gemeindeverwaltung.

Da das Verfahren in den einzelnen französischen Départements unterschiedlich abläuft, sollte man sich vor seiner Abreise bei der Gastfamilie erkundigen, welche Unterlagen tatsächlich gebraucht werden und mitgebracht werden müssen. Hat man seine Unterlagen beisammen, so sind folgende Schritte zur Erlangung der Aufenthaltsgenehmigung notwendig (nach seiner Ankunft sollte man die Familie bitten, einem die Anschriften der jeweiligen Einrichtungen zu nennen; die stehen natürlich auch im Telefonbuch):

- Sich zunächst bei einer Sprachschule einschreiben und sich darüber eine Bestätigung ausstellen lassen.
- Anschließend bei der »Préfecture de la Police« eine »Carte de Séjour Provisoire« beantragen. Hierfür müssen vorgelegt werden: Personalausweis / Reisepass, »Lettre d'hébergement«, Bescheinigung der Sprachschule und die Passfotos.
- Ist man im Besitz dieser Karte, umgehend das zuständige Büro der französischen Arbeitsverwaltung (Service de la Main d'Oeuvre Etrangère) aufsuchen. Dort erhält man die Vordrucke für den mit der Gastfamilie zu schließenden Aupair-Vertrag (Accord de placement au pair de stagiare aide-familiale).
- Den unterschriebenen Vertrag zusammen mit dem ärztlichen Attest, den Zeugniskopien, der Bescheinigung der Sprachschule und der »Carte de Séjour provisoire« wieder bei der Arbeitsverwaltung vorlegen. Falls das eingereichte übersetzte Attest nicht ausreichend sein sollte, wird die Arbeitsverwaltung eine erneute ärztliche Untersuchung veranlassen.
- Schließlich erhält das Aupair eine persönliche Vorladung zur »Préfecture de Police«, wo man ihm die »Carte de Séjour Définitive« aushändigt. Mitzubringen sind Personalausweis / Reisepass, »Lettre d'hébergement«, Sprachschulbescheinigung und Passfotos.

Auch in der Provinz wende man sich an den jeweiligen Service de la Main d'Oeuvre Etrangère, den es bei jeder »Direction départementale du travail et de l'emploi« am Sitz der Départementsverwaltung gibt. Falls das Aupair nicht in Paris selbst wohnt, muss es sich zunächst an das »Hôtel de Police« (Hauptpolizeistation) seines Wohnortes wenden. Dort erfährt man, welche »Préfecture« oder »Sous-Préfecture« zuständig ist.

Hinweise für Schweizer

Schweizer müssen sich für länger als drei Monate währende Aufenthalte bei der Visaabteilung einer französischen diplomatischen Vertretung von zu Hause aus um ein Langzeitvisum bemühen. Bewerber aus Nicht-EU-Ländern benötigen darüberhinaus, von wenigen Ausnahmen abgesehen, eine Arbeitsgenehmigung (»Autorisation provisoire de travail«). Ansonsten sind nach der Einreise dieselben bürokratischen Hürden zu nehmen wie weiter oben beschrieben.

Wissenswertes

- ✆ Notruf: landesweit unter »112« bzw. »17« für Polizei, »18« für Feuerwehr und »15« für den Rettungsdienst
- ✆ Telefonieren nach Frankreich: 0033 + Rufnummer ohne 0

Wichtige Rufnummern in Paris:
- ✆ SAMU (Zentraler Ärztenotdienst, landesweit): 15
- ✆ SOS Médecins (Funk-Ärztenotdienst): 47 07 77 77

ⓒ SOS Dentiste (zahnärztlicher
ⓒ Notdienst): 43 37 51 00
ⓒ Pharmacie Dhery (Apotheke, rund um die Uhr dienstbereit): 45 62 02 41

Versicherungen

Französische Gastfamilien sind bei einem regulären Aupair-Verhältnis gesetzlich dazu verpflichtet, ihr Aupair bei der staatlichen französischen Sozialversicherung gegen Krankheit und Unfall zu versichern. Die Beiträge gehen ausschließlich zu Lasten der Familie. Man sollte darauf achten, dass die Familie die vorgeschriebene Anmeldung möglichst rasch vornimmt – erforderlich sind alle Unterlagen, die bereits für die Aufenthaltserlaubnis notwendig waren – und sich einen Nachweis über die erfolgte Anmeldung aushändigen lassen. Leider kommt es nämlich immer wieder vor, dass die Anmeldung hinausgezögert oder ganz vergessen wird und die Aupair-Beschäftigte daher im Einzelfall keinen Versicherungsschutz genießt.

Grundsätzlich gilt:

• Wer bisher im Heimatland *nicht* versicherungspflichtig beschäftigt war, hat in Frankreich im Krankheitsfalle erst Anspruch auf Versicherungsleistungen, wenn eine ordnungsgemäße Anmeldung erfolgt ist und mindestens 60 Stunden Beschäftigungsdauer nachgewiesen werden können (120 Stunden bei Aupairs, die über 25 Jahre alt sind). Für die Übergangszeit empfiehlt sich der Abschluss eines privaten Krankenversicherungsvertrages im Heimatland, die aber z.B. im Rahmen der Familienkrankenpflege in der BRD automatisch gewährleistet ist (§ 205 RVO). Durch den Erwerb des gesetzlichen Versicherungsanspruches in Frankreich scheidet der Anspruch im Heimatland auf Familienversicherung vorübergehend aus und lebt erst nach der Rückkehr wieder auf, falls die versicherungsrechtlichen Voraussetzungen für eine Mitversicherung dann noch gegeben sind.

• Wer dagegen die Bescheinigung »E 111« vorlegen kann, weil er im Rahmen der Familienversicherung anschlussversichert war, für den tritt der volle Versicherungsschutz bereits mit Anmeldung der Beschäftigung in Kraft. Falls bei der Rückkehr die versicherungsrechtlichen Voraussetzungen für eine Mitversicherung noch gegeben sind (§ 205 RVO), kehrt das APM sofort wieder in den Versicherungsschutz der Eltern zurück.

• Wer zurzeit versicherungspflichtig beschäftigt und Mitglied einer gesetzlichen Krankenkasse oder Ersatzkasse ist, kann die bisherigen Zahlungen an die deutsche Krankenkasse bei der französischen Versicherung anrechnen lassen. Als Nachweis dient die Bescheinigung »E 104«, die von der deutschen Krankenkasse ausgehändigt wird.

Dauert die Unterbrechung zwischen bisherigem Arbeitsverhältnis und der Arbeitsaufnahme in Frankreich nicht länger als einen Monat, ist in Frankreich sofort nach Anmeldung bei der französischen Sozialversicherung und nach Arbeitsaufnahme der Versicherungsschutz gewährleistet. Die oben erwähnten 120 Stunden Beschäftigungsdauer müssen dann nicht nachgewiesen werden.

Im Krankheitsfall müssen die entstehenden Kosten (für Medikamente, Arztbesuche, Krankenhausaufenthalte) zunächst durch den Versicherten vorgelegt werden. Die Krankenkasse zu Hause erstattet nur maximal 70% des anerkannten Behandlungssatzes, der oft erheblich unter den tatsächlichen Rechnungsbetrag liegt. Für Medikamente werden je nach Art 40-90% der entstandenen Kosten ersetzt. Aus diesem Grunde sollte der Abschluss einer privaten Zusatzversicherung erwogen werden.

Laut deutscher Behörden ist es ratsam, sich von der Gastfamilie monatlich einen Beschäftigungsnachweis ausstellen zu lassen, aus dem die Dauer des Aufenthalts ebenso hervorgeht wie die Sozialversicherungsnummer und die Bezeichnung der Stelle, an die die Sozialabgaben abgeführt worden sind.

Natürlich kann es auch im Ausland jederzeit vorkommen, dass man unbeabsichtigt anderen Personen materielle Schäden zufügt, für die man finanziell voll haftbar gemacht werden kann. Wer bisher noch keine Haftpflichtversicherung abgeschlossen hat, wende sich an eine Versicherungsagentur oder einen Versicherungsmakler.

Unter bestimmten Voraussetzungen kann ein Aupair-Aufenthalt im Ausland bei der Berechnung der späteren Rente als *Ausfallzeit* anerkannt werden. Landes- und Bundesversicherungsanstalten erteilen hierüber Auskunft.

Aupair-Bedingungen

- *Mindestalter:* siebzehn Jahre, wenn ein Elternteil oder eine von den Eltern ermächtigte Person in Frankreich lebt; in der Regel wird aber ein Mindestalter von 18 Jahren vorausgesetzt (maximal 30 Jahre).
- *Lohn:* um die 75 € pro Woche für normales Aupair (30 Std. / Woche). Als *Aupair Plus* mit 35 Wochenstunden erhält man ca. 95 € pro Woche. In Paris zahlen die Familien häufig die Monatskarte (*Carte Orange*) für den öffentlichen Nahverkehr.
- *Kündigung:* bei schwerwiegenden Gründen von beiden Vertragsparteien aus jederzeit möglich; Frist in der Praxis aber ein bis zwei Wochen.

Erfahrungsberichte

I.

Kathrin wurde am Flughafen in Paris von ihrer zukünftigen Gastmutter mit "ihren" beiden Jungs (12 und 9), erwartet, mit denen sie zuvor nur einmal telefoniert und einige E-Mails ausgetauscht hatte.

»Mein Gastvater war gerade auf einer Geschäftsreise; ihn lernte ich einige Tage später kennen. Die Begrüßung durch meine neue Gastfamilie war herzlich, ich fühlte mich sofort wohl und freute mich nun noch mehr auf das kommende halbe Jahr. Dann fuhren wir zu meinem neuen Zuhause – und wir fuhren sehr lange! Wir entfernten uns immer weiter von Paris, die Gegend wurde immer ländlicher, und meine Laune immer gedämpfter. Ich hatte nicht damit gerechnet, dass der Ort so weit außerhalb liegen würde! Nichtsdestotrotz war ich erleichtert, endlich anzukommen. Meine Gastmutter zeigte mir mein Zimmer und danach aßen wir das erste Mal zusammen zu Abend – um halb 9!«

Dieser veränderte Tagesrhythmus machte Kathrin anfangs zu schaffen – war sie es doch gewohnt, um 6 aufzustehen, um 12 zu Mittag und um 18 Uhr zu Abend zu essen. In Frankreich verschob sich alles um etwa 2 Stunden nach hinten.

»Am ersten Tag war ich schon den ganzen Tag mit den Jungs alleine, da sie Sommerferien hatten. Wir hatten also Zeit, um uns ein wenig besser kennen zu lernen. Wir machten Gesellschaftsspiele, kochten zusammen, fuhren Rad ... – und ich musste feststellen, dass mein Fitnesslevel nicht dem eines Zwölfjährigen entspricht! Obwohl dieser Tag einwandfrei verlief, war ich doch froh, als meine Gastmutter gegen 20 Uhr heim kam und ich nach dem Essen sofort ins Bett fallen konnte. Das Leben eines Aupairs ist anstrengend, auch wenn es viel Spaß mit sich bringt.«

Einige Tage später fing jedoch die Schule an und der normale Alltag pendelte sich ein. Kathrin hatte fast den ganzen Tag zur freien Verfügung und nutzte ihn meist zu Ausflügen nach Paris.

»Ich besuchte viele Museen und einige Theater, und ließ mein hart verdientes Taschengeld in den zahlreichen Bekleidungs- und Schuhgeschäften. Um halb 5 musste ich den Kleinen dann vom Bus abholen, danach warteten wir gemeinsam auf seinen Bruder. Zuhause machten wir dann Hausaufgaben, dann duschten die Jungs, und danach hatten wir noch ein wenig Zeit für Spiele. Die Schultage liefen immer gleich ab. Da in Frankreich mittwochs kein Unterricht stattfindet, habe ich die Jungs an dem Tag zu diversen sportlichen Aktivitäten gefahren, mittags gekocht und danach mit ihnen die Hausaugaben erledigt, die unter der Woche aufgrund des Zeitmangels im französischen Schulalltag nicht geschafft wurden.«

Im Haushalt musste Kathrin nicht viel machen – manchmal kochen, manchmal Wäsche aufhängen, den Geschirrspüler einschalten und ausräumen; für den Rest war die Putzfrau zuständig.

Mit Hilfe der Adressliste ihrer Agentur nahm Kathrin Kontakt zu vielen anderen Aupairs auf, mit denen sie dann ihre freien Wochenenden verbrachte.

»Mit ihnen hatte ich viel Spaß, wir tauschten uns über unsere Erlebnisse und manchmal auch über Problemchen aus und unternahmen viel gemeinsam. Mir persönlich war es sehr wichtig, Kontakt zu Gleichaltrigen zu haben, und das nicht nur zu Deutschen!«

Die sechs Monate gingen für Kathrin viel zu schnell um, und es nahte der Tag, an dem sie sich von ihrer Gastfamilie verabschieden musste, die inzwischen ein wenig zu ihrer richtigen Familie geworden war.

»Mein Gastvater und die Jungs brachten mich zum Flughafen, dort tranken wir einen letzten gemeinsamen Kaffee. Schweren Herzens ließ ich sie zurück und stieg in das Flugzeug, das mich zurück in die Heimat brachte. Es war eine wunderschöne Erfahrung, die ich nicht missen möchte! Ich liebe Frankreich mehr denn je und plane dort auch mein zukünftiges Leben. Einen Aupairaufenthalt kann ich wirklich jedem empfehlen!«

II.

Wie für viele andere war auch für Ann-Kristin ausschlaggebend, dass das Aupairdasein eine der billigsten und unkompliziertesten Möglichkeiten war, ins Ausland zu gehen. Übers Internet hatte sie schnell eine Gastfamilie in Paris gefunden und sich nach einigen E-Mails, Telefonaten und einem Wochenendbesuch für sie entschieden.

»Natürlich hatte ich ein mulmiges Gefühl bei dem Gedanken, in Deutschland alles hinter mir zu lassen, aber die ersten Wochen in der neuen Heimat waren aufregend und spannend. Alles war fremd – es galt, sich einzuleben, die Stadt zu entdecken und auch außerhalb der Familie Kontakte zu knüpfen und sich ein Leben aufzubauen.

Meine Gastfamilie bestand aus den Eltern und zwei schon relativ alten Kindern; ich kümmerte mich hauptsächlich um das Mädchen, holte es in der Schule ab, half bei den Hausaufgaben und bereitete Essen zu. Außerdem hatte ich verhältnismäßig viele Aufgaben im Haushalt. Im Gegenzug musste ich am Wochenende nie arbeiten und auch das eigentlich typische Babysitting am Abend blieb mir erspart.«

Als dann jedoch nach einigen Wochen der Alltag einkehrte, musste Ann-Kristin feststellen, dass sie sich mit falschen Erwartungen, beziehungsweise ein wenig übereilt, in die Sache gestürzt hatte.

»Für mich galt nur "bloß raus von zu-hause"; ich war froh, eine Familie gefunden zu haben und hatte mir auch nicht mehr die Mühe gemacht, mich noch mit anderen Familien auszutauschen. Außerdem war es Paris, da konnte ja gar nichts mehr schief gehen ...«

Aber obwohl die Familie immer wieder versuchte, Ann-Kristin als weiteres Mitglied in ihre Familie zu integrieren, fühlte sie sich nicht wirklich wohl.

»Man gehört eben dazu und muss seinen Teil leisten, quasi irgendwo auch als Arbeitskraft. Das fand ich persönlich immer etwas schwierig – einerseits war man ein Familienmitglied und wurde auch so behandelt. Man sprach über persönliche Dinge, war aber andererseits auch eine "Angestellte", und dann waren Mutter und Vater plötzlich der "Chef", die dann auch manchmal Kritik an der "Arbeit" übten. Für mich persönlich war es nicht einfach, plötzlich wieder Mitglied einer Familie zu sein, die feste Regeln hatte, was Essenszeiten und ähnliches angeht. Zuhause war ich relativ unabhängig gewesen, und mich jetzt wieder unterzuordnen, fiel mir schwer.«

Trotz allem, sagt Ann-Kristin, hat sie gerade durch diese erschwerten Umstände gelernt, sich "durchzubeißen" und mit unangenehmen und schwierigen Situationen umzugehen.

Ich habe so einiges fürs Leben gelernt ... Ich kann nur raten, sich für die Suche nach der richtigen Familie genügend Zeit zu nehmen und sich intensiv mit den Pflichten und Aufgaben zu beschäftigen, die man dort haben wird.«

Die Fremdsprachenkorrespondentin*Kathinka* kam für ein Jahr zur »Multikulti-Familie Cathala aus dem verschlafenen Maisons-Laffite, einem Pariser Vorort. Die Familie bestand aus sieben Mitgliedern: Dem Aupairvater, der halb Franzose, halb Brite war, der Aupairmutter, einer temperamentgeladenen Südamerikanerin, und fünf Kindern im Alter von 1-14 Jahren. Gerade fünf Kinder waren in meinen Augen ein Grund mehr, weil dann weniger Zeit für Heimweh und Sehnsucht nach Freund und Familie blieb. Auch, dass die Kids in drei Sprachen (Englisch, Französisch, Spanisch) erzogen wurden, war für mich ein großer Anreiz.

Die Ankunft war sehr herzlich, und eigentlich war ich sofort integriertes Familienmitglied und musste den Kleinen vorlesen.«

Der erste Anflug von Heimweh ließ dennoch nicht lange auf sich warten.

»Abends beim Abendbrot, als meine Eltern bereits wieder auf dem Heimweg waren, kullerten die ersten Tränen, und mir wurde bewusst: *Hier bleibst du jetzt erst mal.* Die Fünfjährige fragte mich besorgt, was mir denn weh täte ...«

Schon bald hatte Kathinka sich aber wieder beruhigt, und der Aupair-Alltag konnte beginnen.

»Gewöhnlich stand ich um 6 Uhr auf, machte mich fertig und ging dann zu den zwei ältesten Mädchen, Chloé und Eponine, hoch, um sie zu wecken, zu waschen und anzuziehen. Chloé war ein Engel, Eponine der kleine Teufel, so dass es tagtäglich Diskussionen und Geheul und Gebrüll gab. Danach wurde Frühstück gemacht und zusammen gegessen, wobei Chloé sich dann aufführte ... – Während sich Eponine die Cornflakes fleißig in die Haare klebte, diskutierte ich täglich mit Chloé, dass sie nicht mit leerem Bauch in die Schule gehen konnte. Dann schnell noch Jacke, Schal, Mütze und Schuhe finden, im Eiltempo zum Auto und dann in "Schumi-Geschwindigkeit", wie meine Gastmutter immer sagte, zur Schule. Da die Mädchen auf drei verschiedene Schulen gingen (eine für jede Sprache), hing ein großer Plan in der Küche, wann wer wohin musste. Es waren auch nicht alle Schulen direkt in Maisons-Laffitte, sondern auch im nahe gelegenen Saint-Germain-en-Laye. Also hieß es tagtäglich morgens die Mädels in die Schule fahren, mittags abholen, Mittagessen, dann zur Nachmittagsschule und danach wieder abholen. Während ich die Mädels abholte, kochte meine Gastmutter das Essen und kümmerte sich um die beiden Kleinsten. Um Denis brauchte ich mich gar nicht zu kümmern, da er in typischer Pubertätsmanier Mädchen eh scheiße fand.«

Vor dem Abendessen wurden dann noch Hausaufgaben gemacht, ein wenig gespielt und die Mädels in die Badewanne gesteckt. Nach dem Abendessen fiel Kathinka dann meist totmüde ins Bett, und der Tag war wieder vorbei.

»Allgemein war die Tür zu meinem Zimmer eigentlich immer geöffnet, so dass die Mädels zu mir kommen konnten, wann sie wollten. Aber war die Tür einmal geschlossen, so verstand man das auch und ließ mich auch mal in Ruhe. Denn neben all dem Trubel waren die Lautstärke und der Stress auch manchmal zu viel.«

Es dauerte seine Zeit, und es mussten einige kleine Machtkämpfe zwischen zwischen der kölschen Frohnatur Kathinka und ihren kleinen Temperamentbündeln ausgetragen werden, bis sie sich durchsetzen konnte und die Kinder auf sie hörten. Höhepunkt das Ganzen war eine Episode in der zweiten Woche, als Kathinka mit Julie, Eponine und Chloé auf dem Spielplatz war und die Mädels von Kathinka ängstlichem Aufpassen genervt waren und knatschig wurden. Als es dann nach Hause gehen sollte, büxte die dreijährige Julie aus und lief geradewegs in einen riesigen Hundehaufen.

»Langer Rede kurzer Sinn: Als meine Gastmutter endlich die Tür öffnete, standen drei heulende Kinder und ein heulendes Aupair vor der Tür ...«

Aber mit der Zeit lief dann alles gut, und nach sechs Monaten als vielbeschäftigtes Aupair bereute Kathinka diese Zeit keine Minute lang.

»Was ich zum Schluss jedem auf den Weg geben möchte, der überlegt, als Aupair ins Ausland zu gehen, aber nicht sicher ist wegen Heimwehfragen, oder der wegen einer bestehenden Beziehung zögert: Eine gute und stabile Beziehung hält auch ein Jahr Aupair-Dasein aus, und Familie und Umgebung sind meist immer die selben, die man zurückgelassen hat. Man selbst kommt als erwachsener und gereifter Mensch voller Eindrücke und Erfahrungen wieder – das Umfeld zu Hause bleibt aber, so wie bei der Abreise, als stabile Grundlage zurück. Und man sollte sich die Aupair-Erfahrung nicht "wegen einem Mann" entgehen lassen, weil man sich eventuell Jahre später schwarz ärgert, wenn der tolle Kerl sich doch als Idiot entpuppt ... Heimweh und das Nest verlassen sind alles Dinge, die man eh irgendwann mal durchbrechen muss. Irgendwann müssen wir eh alle mal erwachsen werden, und Aupair sein hilft da um einiges nach. Also: auf in die große weite Welt und werdet erwachsen!«

Nützliche Adressen

... in Frankreich

Deutsche Botschaft, 13-15 Ave. Franklin D. Roosevelt, F-75008 Paris, T. 01 42 99 78 00, Rechts- und Konsularabteilung: 34, Av. d'Iéna, F-75008 Paris, T. 0033 (0)1 53 83 45 00, F. 0033 (0)1 43597418, www.paris.diplo.de

Österreichische Botschaft, T. 0033 (0)1 40 63 30 63, F. 45 55 63 65, paris-ob@bmeia.gv.at, www.amb-autriche.fr

Botschaft der Schweiz, T. 0033 (0)1 55 67 00, F. 0033 (0)1 49 55 67 67, par.vertretung@eda.admin.ch, www.eda.admin.ch/paris

Maison de la France, 8, av. de l'Opéra, F-75001 Paris Cedex, T. 0033 (0)142 96 70 -00, F. -11, www.maison-de-la-france.com, http://de.franceguide.com

Zentrale Französische Fremdenverkehrsbehörde.

Zentrale Arbeitsverwaltung (Agence Nationale pour L'Emploi, ANPE), Résidence des Tilleuls, 26, av. Youri-Gagarine, F-94400 Vitry s/Seine, T. 0033 (0)146 81 90 05, HHH ng www.anpe.fr

Heinrich-Heine-Haus, T. 0033 (0)1 44 16 13 00, F. 0033(0)144161301, info@maison-heinrich-heine.org, www.maison-heinrich-heine.org Deutsches Studentenhaus in Paris (14. Arrondissement).

Office Franco-Allemand pour la Jeunesse / Deutsch-Französisches Jugendwerk, 51, rue de l'Amiral-Mouchez, F-75013 Paris, T. 01 40 78 18 -18, F. -88, HHH NÜ bzw. ng, www.ofaj.org Alles über Begegnungen, Sprache, Schule, Studium, Arbeit, Ausbildung, Reise und Kultur für französische und deutsche Jugendliche.

Deutsch-Französische Industrie- und Handelskammer / Chambre de Commerce Franco-Allemande, T. 0033(0)1 40 58 35 35, F. 0033 (0)1 45 75 47 39, info@francoallemand.com, www.francoallemand.com

... in Deutschland

Französische Botschaft, T. 0049 (0)30 590 03 90 00, www.botschaft-frankreich.de

Französisches Fremdenverkehrsbüro, T 0900 1 57 00 25, F. 0900 1 59 90 61, info.de@franceguide.com, http://de.franceguide.com Unbedingt lohnend ist ein Blick in die Broschüre »Jugendtourismus in Frankreich« mit ihrer Fülle an Informationen zu Arbeits- und Freizeitmöglichkeiten sowie Unterkünften.

Institut Français, Jordanstr. 7, D-60486 Frankfurt/M., T. 069 77 80 01, F. 77 90 74, HHH ng www.kultur-frankreich.de

Deutsch-Französisches Jugendwerk (DFJW), Rhöndorfer Str. 23, D-53604 Bad Honnef, T. 0 22 24 18 08-0, F. -52, HHH ng, www.dfjw.org
Alles über Begegnungen, Sprache, Schule, Studium, Arbeit, Ausbildung, Reise und Kultur für französische und deutsche Jugendliche.

... in Österreich

Französische Botschaft, T. 0043 (0)1502 75 0, F. 0043 (0)1502 75 168, www.ambafrance-at.org

... und in der Schweiz

Französische Botschaft, T. 0041 (0)31 359 21 11, F. -91, presse@ambafrance-ch.org, www.ambafrance-ch.org
Informationen über Freizeitmöglichkeiten in Frankreich erteilen Touristik- und Verkehrsbüros, vor allem aber der *Centre d'Information et de Documentation Jeunesse (CIDJ)*, der über eine Reihe von Büros in französischen Städten verfügt. Ferner gibt es in den meisten größeren Städten Zeitschriften (in Paris: »Pariscope«, »L'Officiel des spectacles«) mit Angaben zu Konzerten, Filmen, Ausstellungen usw.

Centre d'Information et de Documentation Jeunesse (CIDJ), T. 0033 (0)1 44 49 12 00, www.cidj.com
Das *CIDJ* ist ein Informationszentrum für verschiedenste Gebiete wie Freizeit, Sport, Ferien, Reisen, Studiengänge, Berufe, Weiterbildung etc., die für junge Leute interessant sind. Neben Informationsblättern zu den unterschiedlichsten Themen gibt es in Paris einen Kleinanzeigen-Service, worunter auch die Aupair-Vermittlung fällt. *CIDJ* versteht sich jedoch *nicht* als Vermittlungsagentur. Familien, die ein Aupair-Mädchen suchen, rufen dort an, worauf ein Zettel an den Anschlagsäulen in der Halle angebracht wird, der die speziellen Bedingungen der Familien enthält (unter »emploi temporaire«). Wer auf der Suche nach einer Aupair-Stelle ist, muss sich persönlich dorthin bemühen und mit der jeweiligen Gastfamilie unmittelbar Kontakt aufnehmen. Das Büro in Paris erteilt grundsätzlich keine telefonischen Auskünfte.

Office du Tourisme de Paris, www.parisinfo.com
Öffnungszeiten Juni bis Oktober 9 bis 19 Uhr, November bis Mai 10 bis 19 Uhr. Paris bietet eine derartige Fülle an Veranstaltungen, dass guter Rat oft teuer ist. T. 0033 (0) 892 68 3000. In jedem Falle lohnt sich auch ein Blick in den kostenlosen Führer »Junge Leute in Paris« (frz. / dt. / engl. / span. / ital.).

Deutsche Buchhandlungen in Paris:

Marissal Bucher, 42 rue Rambuteau, 3. Arrondissement, T. 0033 (0)1 42 74 37 47, F. -42 74 04 76

Fischbacher, www.librairiefischbacher.fr

Deutschsprachige christliche Kirchengemeinden in Paris:
Katholische Gemeinde,
www.katholischegemeindeparis.eu

Evangelische Christuskirche,
www.evangelischekircheparis.org

Allostop-Provoya (Mitfahrzentrale),
T. 0033 (0)1 53 20 42 42,
allostop@ecritel.fr

Sprachschulen

Die Mehrzahl der Kurse beginnen zeitgleich mit dem Universitätssemester Anfang September / Oktober bzw. zu Jahresanfang im Januar / Februar. Es gibt aber auch Schulen, bei denen man sich monatlich oder sogar wöchentlich einschreiben kann.

Nähere Angaben sind auch beim *CIDJ* erhältlich (Merkblätter »*Séjours linguistiques en France pour enfants et adolescents*« und »*Cours d'été pour étudiants étrangers en France*«). Hinweisen möchten wir hier ferner auf die Broschüre »*Cours de Français pour étudiants étrangers*«, die eine umfassende Übersicht über die bestehenden Kurse bietet und die unter folgender Adresse angefordert werden kann:

Association pour la Diffusion de la Pensée Française (ADPF),
9 rue Anatole-de-la-Forge,
F-75017 Paris
Nützliche Broschüren, z.B. »Nach Frankreich der Sprache wegen«, sind auch erhältlich bei nachstehenden Stellen:

Aktion Bildungsinformation e.V.,
www.abi-ev.de
Ferner haben die meisten Vermittler Sprachkurse in ihr Programmangebot miteinbezogen oder geben Adressenlisten der Anbieter vor Ort weiter.

Hilfreich für den Spracherwerb in der Vorbereitungsphase einerseits und für einen Einblick in den französischen Alltag andererseits können folgende, auf die Bedürfnisse Französischlernender zugeschnittene Zeitschriften sein:

écoute (Spotlight-Verlag),
www.ecoute.de
Monatliche Informationen in sprachlich leicht zugänglicher Form mit »vocabulaire« und »page linguistique« über das Frankreich der Gegenwart: Kultur, Reisen, Politik, Sport.

Le Vasistas, levasistas@yahoo.de
Themenzentrierter Pressespiegel in französischer Sprache mit ausführlichen Vokabellisten (sechsmal jährlich), Jahresabo etwa 23 €.

Unterkunft

Jugendhäuser (Foyers) im Großraum Paris

Preiswerte Unterkunftsmöglichkeite, die in der Regel ganzjährig Einzel- und Mehrbettzimmer für Gruppen und Alleinreisende zur Verfügung stellen:

Bureau Voyage Jeunesse (BVJ),
www.bvjhotel.com
Gemischtes Wohnheim für maximal drei Übernachtungen, daneben Angebote mit Jugendreisen und Kurzausflügen ins Ausland.

Centre international de Séjour, www.cisp.fr
Wohnheim für Gruppen und Einzelreisende; Ein- bis Vierbettzimmer mit Dusche und Toilette; Seminarräume, Bar, SB-Restaurant.

Palais de la Femme, 9, rue de Charonne, F-75011 Paris (Métro: Charonne)
Mädchen- bzw. Frauenwohnheim im 11. Arrondissement

Le Foyer international des Etudiantes, www.fie.fr
Gemischtes Wohnheim, dessen Einzel- und Doppelzimmer ausschließlich in der Zeit vom 1.Juli bis 1.Oktober für Leute unter 25 zur Verfügung stehen; ansonsten nur monatsweise Vermietung.

Foyer international d'Accueil de Paris (FIAP), www.fiap.asso.fr
Gemischtes Wohnheim

Maison des Jeunes et de la Culture, www.ffmjc.org, Maison Internationale de la Jeunesse et des Etudiants, www.mije.com

Jugendherbergen

Auskünfte über die landesweit rund 220 Jugendherbergen, für die ein Internationaler Jugendherbergsausweis erforderlich ist, erteilen die beiden Jugendherbergsverbände:

Fédération Unie des Auberges de, Jeunesse (FUAJ), fuaj@fuaj.org, www.fuaj.org

Ligue Française des Auberges de, Jeunesse,

www.auberges-de-jeunesse.com
Ausweise zu Hause erhältlich beim

Deutsches Jugendherbergswerk, service@djh.de, www.jugendherberge.de

Griechenland

In Griechenland gelten die juristischen Bestimmungen des Europäischen Aupair-Abkommens nicht verbindlich, da der Unterzeichnung (1979) bisher keine Ratifizierung gefolgt ist. Die Arbeitgeber (Gastfamilien) brauchen sich aus diesem Grund auch nicht an die darin getroffenen Regelungen zu halten. Diese Situation kann eventuell Konsequenzen für den Aupair-Aufenthalt nach sich ziehen wie: wenig Taschengeld, längere Arbeitszeiten, weniger freie Tage usw.

Anastasia wollte auf keinen Fall ohne Agentur nach Griechenland und suchte im Internet nach einer geeigneten. »Wobei sich das gar nicht als so einfach erwies, da kaum eine Agentur nach Griechenland vermittelt. Es heißt, dass keine große Nachfrage in diesem Land vorhanden sei, aber es gibt in Griechenland durchaus viele Familien, die sich für Aupairs interessieren. Das Problem ist nur, dass diese Familien sich nur vereinzelt an Agenturen wenden. Vielmehr nutzen sie im Internet Online-Vermittlungen.«

Literatur

 »Jobben Weltweit«, erhältlich über http://shop.interconnections.de
Über das Thema Aupair hinausgehender

Ratgeber zu allen erdenklichen Jobmöglichkeiten, Working Holiday, Freiwilligendienste, Work and Travel, Work Camps, Austausch, Sprachenlernen, Highschool u.ä.

📖 »Nachrichten aus Griechenland – Bakschisch, böser Blick, berockte Mönche, Hotel Mama und ein feudelschwingender Taucher«, erhältlich über http://shop.interconnections.de

Reiseportal
www.reisetops.com

Aufenthaltsbestimmungen

Einreise nach Griechenland mit einem Reisepass, der mindestens noch ein Jahr Gültigkeit hat. Eine Arbeitserlaubnis ist nicht nötig, da ein Aupair, das einen Sprachkurs besucht, keine Arbeitnehmer-Tätigkeit ausübt. Die Aufenthaltsgenehmigung muss allerdings nach drei Monaten bei den Ausländerämtern oder den lokalen Polizeidienststellen verlängert werden.

Wissenswertes

- *Notruf (Polizei / Feuerwehr):* Polizei »100«, Touristenpolizei in Athen »171«, Erste Hilfe in Athen »166«, Rotes Kreuz (Ambulanz) in Athen »150«, Feuerwehr landesweit »199«, Feuermeldung bei Waldbränden »191«.
- Telefonieren nach Griechenland: 0030 + Rufnummer ohne 0
- *Zeitdifferenz:* Sommerzeit (Ende März bis Ende September) und Winterzeit: MEZ (Mitteleuropäische Zeit) + 1 Stunde

Versicherungen

In Griechenland sind Gastfamilien nicht verpflichtet, ihr Aupair gegen *Krankheit* und *Unfall* zu versichern; viele Familien sind aber dazu bereit. Absprachen darüber sollten auf jeden Fall vor der Einreise getroffen werden. Falls die Familie das Aupair nicht gegen Krankheit und Unfall versichert, sollte dieses, so eine Weiterversicherung bei den Eltern nicht möglich ist, eine private Krankenversicherung abschließen oder seine Krankenkasse fragen, unter welchen Umständen die Fortsetzung des Versicherungsverhältnisses vereinbar ist.

Wer in Griechenland versichert ist und dort eine chronische Krankheit erleidet, wird u.U. nicht sofort wieder von einer Krankenkasse im Heimatland aufgenommen. Bei Unklarheiten in der Versicherungsfrage sollte man *vor* der Abreise Kontakt mit der eigenen Krankenkasse aufnehmen bzw. sich im Heimatland versichern.

Eine *Privathaftpflicht* kommt meist auch im Ausland für materielle Schäden auf, die man unbeabsichtigt anderen Personen zufügt. Eine Beschäftigung als Aupair ist in Griechenland nicht beitragspflichtig im Sinne der *Rentenversicherung.* Unter bestimmten Umständen kann der Aufenthalt aber bei der heimischen Rentenversicherung als Ausfallzeit anerkannt werden. Hier sollte man sich vor Abreise genau erkundigen.

Aupair-Bedingungen

- *Lohn*: um die 200–600 € pro Monat bei 30 Wochenstunden bei privater Suche; ca. 200–300 € bei Vermittlung über eine Agentur.

Erfahrungsbericht

Anastasia war schon relativ früh klar, dass sie gern für ein Jahr nach Griechenland gehen wollte. Da Austauschprogramme, Work and Travel und was es sonst noch so gibt finanziell für sie nicht machbar waren, entschied sie sich für Aupair. »Warum ausgerechnet Griechenland? – Ich bin Halbgriechin und wurde auch zweisprachig erzogen, aber wie das als Kind nun manchmal ist ... ich hatte kein Lust, griechisch zu lernen. Mein Interesse für meine zweite Muttersprache entwickelte sich erst in den letzten drei Jahren und da ich gerade meine Schule beendet hatte, entschied ich mich JETZT für dieses Auslandsjahr.«

Anastasia fertigte eine umfangreiche Bewerbung an, mit Fotos, Referenzen über ehemalige Kinderbeschäftigungen und ihren Charakter und bewarb sich mit einem Jahr Vorlaufzeit bei einer Vermittlungsagentur.

»Mir wurde gleich gesagt, dass es kaum bis gar keine Familien in Griechenland gäbe, die jemanden suchten und ich also nicht allzuviel erwarten sollte. Nach etwa einer Woche meldete sich eine Familie. Ich war überrascht, dass es so schnell ging. Wir telefonierten einmal und schrieben regel-mäßig E-Mails. Sie sprach Deutsch, was ich ehrlich gesagt nicht so gut fand. Aber sie versicherte mir, dass sie mit mir nur griechisch sprechen würde. Allzu hohe Ansprüche konnte ich ja auch nicht stellen, wenn es nicht so viele Familien gab. Leider meldete sich wirklich keine einzige Familie mehr, und so sagten wir einander zu. Das war ein halbes bis dreiviertel Jahr, bevor es los gehen sollte.«

Im August war es dann soweit und Anastasia reiste nach Griechenland. »Obwohl mich meine Aupairmutter mit ihrem dreijährigen Sohn herzlich empfing, waren die ersten Tage komisch. Ich bemerkte oder empfand viele Dinge ganz anders, als sie mir in den E-Mails beschrieben wurden. Das Haus war eine Wohnung und von den Quadratmetern her kleiner als an-gegeben; die Mutter alleinerziehend, das Kind jünger, weil ich mich in den Mails verlesen hatte (gut, meine Schuld), eine Putzfrau, die alle zwei Wochen kommen sollte, gab es nicht, meine Arbeitszeiten und Aufgaben waren unklar, ich sollte mit dem Kind deutsch sprechen, weil es zweisprachig aufwachsen sollte, und auch sie wollte ihre Deutschkenntnisse verbessern. Ich wurde zwar lieb und nett behandelt, aber die ersten Wochen fühlte ich mich wirklich ausgenutzt! Gerade da sie alleinerziehend war, musste ich sehr viel im Haushalt und auch bei der Erziehung helfen. Außerdem konnte sie mir keine Angaben zu irgendwelchen Verkehrsmitteln machen und mir auch nicht sagen, wie und wo ich das Zentrum Athen oder auch einfach kleine Läden in der Nähe finden konnte. Ich war völlig auf mich allein gestellt. Ich arbeitete von 8-21 Uhr, 13 Stunden täglich. Abends war ich so kaputt, dass ich an zu Hause gar nicht denken konnte.«

Eigentlich waren sechs Stunden am Tag und ein freier Tag in der Woche abgemacht worden, aber es dauerte drei Wochen, bis Anastasia das erste Mal das Haus verließ, um sich mit einem anderen Aupair zu treffen, das sie auf einem Kindergeburtstag kennen gelernt hatte.

»Durch Gespräche mit ihr konnte ich dann auch einen anderen Einblick in das

Aupairleben gewinnen, und vor allem musste ich feststellen, was ich doch eigentlich die ganze Zeit mit mir machen ließ. Nach kurzer Zeit kam es endlich zu einem Gespräch mit meiner Aupairmutter, in dem wir über die Arbeitszeiten sprachen. Es wurde abgemacht, dass ich morgens und vormittags frei hatte.«

Nach zwei Monaten Griechenland kam der nächste Schock, als es mit der Familie plötzlich für drei Wochen nach Deutschland ging.

»Damit hatte ich natürlich auch nicht ge-rechnet! Dort hatte der Kleine ja keinen Kindergarten, und seine Mutter war viel unterwegs. Also hockte ich drei Wochen mit dem Kind in einer kleinen Zweizimmerwohnung irgendwo in Deutschland! Ich hatte natürlich kein Zimmer und erst recht keine Zeit, mich mal zurückzuziehen; ich stand der Familie ungewollt 24 Stunden am Tag zur Verfügung. Zu Hause, aber dann doch so weit entfernt ... Es war eine schlimme Zeit, mir ging es überhaupt nicht gut!«

Wieder in Athen angekommen lernte Anastasia ihre zukünftig beste Freundin kennen. Sie fanden sich durch die griechische Agentur.

»Ich unternahm immer häufiger etwas mit ihr, und meine Aupairmutter gab mir das Gefühl, als sei ich ständig nur unter-wegs. Auch durch meine neue Freundin hörte ich, wie es als Aupair eigentlich sein sollte, und es kam zu einem weiteren Gespräch mit meiner Gastmutter. Ich sagte ihr dieses Mal ganz klar meine Meinung und kontaktierte parallel meine Agentur. Weihnachten stand vor der Tür und ich flog zu meiner Familie nach Deutschland. Nach meinem Urlaub verbesserte sich die Situation aber zum Glück! Ich stand wirklich kurz davor, die Familie zu wechseln.«

Zwischenzeitlich entdeckte Anastasia die Internet-Communities StudiVZ und Facebook. »Dadurch knüpfte ich endlich ein paar mehr Kontakte. Es war echt schwierig, Leute kennen zu lernen. Aber im StudiVZ entdeckte ich dann "Au-Pair in Griechenland"-Gruppen. Durch Diskussionen erfuhr man, wie es anderen Aupairs in Athen erging, welche Erfahrungen sie gemacht hatten – und vor allem traf man sich auch mal. Ich muss sagen, ich habe mich etwas geärgert, dass ich "StudiVZ" nicht etwas früher entdeckt habe. Ich hätte mich vor dem Jahr mit Hilfe und Informationen der anderen Com-munity-Mitglieder deutlich besser auf das Auslandjahr vorbereiten können.«

Nach ungefähr einem halben Jahr in Athen kannte sich Anastasia recht gut aus. »Ich hatte einige Freunde, und mich super dort eingelebt. Mit der Familie lief auch alles richtig gut! Ich war zufrieden mit allem und freute mich überhaupt nicht auf das Ende, was irgendwie immer schneller auf mich zuzukommen schien. Das Verhältnis zu dem Kind war sehr innig. Wir spielten, stritten, kuschelten und zickten. Ich weiß noch, wie seine Oma sagte, ich sei für ihn schon wie eine zweite Mama geworden. Die Worte fühlten sich komisch an ... Ich konnte mit meiner Aupairmutter über wirklich ALLES sprechen, aber über das Ende, das uns schon in wenigen Wochen bevorstand, wollten wir beide nicht reden. Genau so fiel auch unser Abschied aus ... Rückblickend kann ich sagen, dass es – trotz Schwierigkeiten am Anfang – das schönste Jahr in meinem Leben war. Ich habe so unheimlich viel gelernt, neue Einblicke, Eindrücke und Erfahrungen sammeln können, interessante Menschen getroffen, wahre Freunde gehabt, mich entwickelt und vor allem neue Pläne für meine Zukunft geschmiedet.«

Nützliche Adressen

Griechische Zentrale für Fremdenverkehr, www.gzf-eot.de

... in Deutschland

Griechische Botschaft,
pressinfo@griechische-botschaft.de,
www.griechische-botschaft.de

... in Österreich

www.griechische-botschaft.at

... in der Schweiz

Griechische Botschaft,
grcon.brn@mfa.gr,
www.greekembassy.ch

... und in Griechenland

Griechische Fremdenverkehrszentrale (EOT), info@gnto.gr, www.gnto.gr

Deutsches Kontakt- und Informationszentrum Athen T./F. 0030 210 3612288, dkiz@otenet.gr, www.dkiz.gr
Ein absolutes Muss für alle Deutschsprachigen in Griechenland! 1974 als Selbsthilfe-Organisation deutschsprachiger Frauen gegründet, bietet der gemeinnützige Verein in seiner Geschäftsstelle eine Vielzahl an Hilfestellungen und Informationen zu Visaangelegenheiten, Sprachkursen, Stellenangeboten und allen »deutschen Treffpunkten« (Buchläden, Kirchen, deutschsprachige Ärzte ...).

Deutsch-griechischer Verein »Philadelphia«, T. 0030 210 3634471, F. 0030 210 3607539

Vereinigung der Österreicher in Griechenland, P.O.B. 26106, Gr-10022 Athen, www.oegr.gr
Betreuung, Auskünfte und Informationen bieten auch die deutschsprachigen Gemeinden:

Deutschsprachige Katholische Gemeinde St. Michael,
Odos Ekalis 10, GR – 14561 Kifissia, T: 210 6252 647, F. 210-6252 649, dkgathen@ath.forthnet.gr, www.dkgathen.net

Evangelische Kirchengemeinde zu Athen, evgemath@otenet.gr, www.ekathen.org

Weitere nützliche Anlaufstellen:

Youth Information Centre, Akadimias 6, GR-Athens, T. 01 364 4168, F. 01 364 04 44, www.neagenia.gr

Young Women's Christian Association (YWCA) of Greece,
xene1@xen.gr, www.xen.gr

Ferienjobs & Praktika
Großbritannien
http://shop.interconnections.de

Großbritannien

Nach inoffiziellen Schätzungen arbeiten allein im Großraum London Jahr für Jahr 20.000 Aupairs. Seit einigen Jahren sind auch männliche Aupairs aus allen EU-Ländern zugelassen. Nach wie vor lediglich weibliche Kandidaten werden aus den EFTA-Staaten (Schweiz, Norwegen, Liechtenstein, Island) und einigen anderen Ländern akzeptiert. Alle Bewerberinnen und Bewerber dürfen sich höchstens zwei Jahre als Aupair im Land aufhalten. England zählt ebenso wie Frankreich zu den »klassischen« Aupair-Ländern. Trotzdem hat es das europäische Aupair-Abkommen nicht unterzeichnet. Stattdessen werden vom *Home Office* (Innenministerium) Aupair-Richtlinien vorgegeben, nachzulesen unter www.bapaa.org.uk.

Darin ist das Aupair-Verhältnis ausdrücklich als ein »personal one« bezeichnet – also nicht als reguläres Arbeitsverhältnis. Das Aupair lebt vielmehr für eine begrenzte Zeit als Mitglied einer ansässigen englischsprachigen Gastfamilie, wobei die Gestaltung des Verhältnisses Aupair / Gastfamilie auf freien Vereinbarungen innerhalb der vom »Home Office« gegebenen Rahmenbedingungen beruht.

Die Aussichten für Sommer-Aupair-Aufenthalte sind eher mäßig. Mittlerweile nehmen auch viele englische Studenten solche Jobs an, wodurch sich für die ausländischen Bewerber noch schlechtere Aussichten ergeben.

Einreisebestimmungen

Angehörige der EU-Staaten benötigen für die Einreise nach Großbritannien lediglich ihren Personalausweis oder Reisepass. Dies gilt unabhängig von der Dauer ihres Aufenthalts. Die Papiere sollten drei Monate länger gültig sein als der Aufenthalt voraussichtlich dauert. *Angehörige anderer Nationalitäten* erkundigen sich bei ihrem zuständigen englischen Konsulat bzw. beim *Immigration & Nationality Directorate* (www.ind.homeoffice.gov.uk), was bei der Einreise zu beachten ist.

Falls der vorgesehene Arbeitsaufenthalt die Dauer von sechs Monaten übersteigt, ist spätestens 8 Wochen vor Fristende eine *Aufenthaltserlaubnis* (»residence permit«) notwendig. Sie muss entweder schriftlich (per Einschreiben) oder persönlich beim lokalen »Aliens Immigration Office« oder dem »Home Office, Immigration and Nationality Department« (Lunar House, 40 Wellesley Road, GB-Croydon, Surrey, CR9 2BY, T. 020 76 86 06 88) beantragt werden. Vorzulegen sind: Personalausweis oder Pass, 2 Passfotos, Formblatt IS120 (erhält man bei der Einreise / Passkontrolle), der eigentliche Antrag (»form EEC1«, auch beim örtlichen »Local Job Centre« erhältlich) sowie ein Brief des Arbeitgebers, der die Gründe für die Antragstellung erläutert.

Eine Meldepflicht besteht insbesondere für *Aupairs aus Nicht-EU-Staaten.* Sie wenden sich bei einem beabsichtigten Aufenthalt von über sechs Monaten an das *»Aliens Registration Office, 10 Lamb's Conduit Street, London WC1* (Untergrundstation »Holborn«) bzw. an die örtliche Polizeidienststelle außerhalb Londons. Vorgelegt bzw. entrichtet werden müssen Pass, zwei Fotografien und eine Bearbeitungsgebühr.

Die Vermittler, und in der Regel auch die

Familien, sind bei der Beschaffung der notwendigen Papiere behilflich.

Nützliche Literatur

- „London Preiswert"
- „Übernachten Großbritannien u. Irland"
- „Ferienjobs u. Praktika – Großbritannien". Eine Riesenpalette an Angeboten, vom Betreuer und Animateur in Ferienlagern bis hin zu Praktika in Banken.

Erhältlich über http://shop.interconnections.de

Reiseportal

www.booktops.com
www.reisetops.com

Hinweise für Schweizer

Für Schweizer, die zwecks Sprachstudien eine Aupair-Stelle annehmen, ist für die Einreise neben dem gültigen Reisepass der Einladungsbrief der Gastfamilie – mit genauen Angaben zu Aufenthaltsdauer und Einzelheiten zu den vereinbarten Arbeitsregelungen – unerlässlich. Bei Aufenthalten über sechs Monaten ist es notwendig, sich beim nächsten »Alien Police Office« zu melden, wo ein entsprechender Eintrag im Pass erfolgt. Außer dem Pass und zwei geeigneten Passfotos sind ca. 35 £ als Anmeldegebühr mitzubringen.

Falls der Einladungsbrief einer Prüfung durch die britischen Ausländerbehörden nicht standhält, wird die Gastfamilie häufig telefonisch eingeschaltet. Die Aufenthaltserlaubnis erstreckt sich in der Regel nur auf den Zeitraum bis Vertragsende. Weitere Einzelheiten, z.b. was zu tun ist, um den Aufenthalt über den im Pass vermerkten Zeitraum hinaus auszudehnen, sind bei den Visaabteilungen der Botschaften in Zürich zu erfahren. Hier ist auch das Merkblatt des *Home Office* »Information about Aupairs« erhältlich.

Wissenswertes

- *Notruf:* landeseinheitliche Notrufnummern für Polizei, Feuerwehr und Notarzt »999«
- Telefonieren nach Großbritannien: 0044 + Rufnummer ohne 0
- *Währung:* 1 Pfund Sterling (£) = 100 Pence (p). Im Umlauf sind Geldscheine im Wert von 50, 20, 10 und 5 £. Die 1 £ Münze ist leicht an ihrem gelben Metall zu erkennen, während die große siebenseitige Silbermünze ein 50 p-Stück und die kleine siebenseitige Silbermünze ein 20 p-Stück ist. Alle geringerwertigere Münzen sind rund (10, 5, 2 und 1 p). 1 Pfund Sterling beträgt derzeit ungefähr 1,17 €.
- *Zeitdifferenz:* Westeuropäische Zeit (WEZ) oder »Greenwich Mean Time«, d.h. die Uhrzeit ist eine Stunde hinter der MEZ zurück. Wie auf dem europäischen Festland gibt es auch in Großbritannien die Umstellung zur Sommer- bzw. Winterzeit.

Kranken-, Unfallversicherung

Aupairs, sofern sie sich legal im Lande aufhalten, unterstehen als »Temporary Residents« nach ihrer Ankunft in Großbritannien dem Versicherungsschutz des Staatlichen Gesundheitsdienstes *(National Health Sevice)* und haben damit für jede während des Aufenthalts auftretende akute Erkrankung Anspruch auf eine kostenlose ambulante und stationäre Behandlung. Dazu sollte sich das Aupair-Mädchen gleich nach seiner Ankunft bei einem Arzt *(General Medical Practitioner)* registrieren lassen, den es dann im Bedarfsfall mit dem Persoinalausweis bzw. Reiserpass aufsuchen kann. Für den Fall, dass eine chronische Erkrankung vorliegen sollte, ist eine Weiterversicherung im Heimatland (sofern ein zwischenstaatliches Sozialabkommen, wie etwa mit Deutschland, besteht) nötig, da die Kosten hierfür nicht übernommen werden. Für Arzneimittel muss pro Medikament eine Gebühr von 4.25 £ entrichtet werden, für einige Arzneien müssen allerdings sämtliche Kosten selbst gezahlt werden.

Für zahnärztliche Behandlungen gehen die Kosten zu 75-80%, maximal jedoch 250 £, zu Lasten des Aupair-Beschäftigten: seinen Zahnarzt um ein »form F1D« bitten und sich damit an die örtliche Stelle des »Department of Health and Social Security« wenden. Dennoch empfiehlt es sich, seine Zähne vor der Einreise sanieren zu lassen.

Rentenversicherung

Hinsichtlich der Rentenversicherung besteht in Großbritannien von seiten der Familie keine Verpflichtung zur Zahlung von Beiträgen, wenn der Verdienst nicht über 233 £ im Monat liegt. Aupair-Mädchen, die zum ersten Mal in Großbritannien tätig werden, sind während der ersten 26 Wochen nicht versicherungspflichtig.

Im Einzelfall kann es sich jedoch laut *ZAV* als vorteilhaft erweisen, freiwillige Beiträge zur britischen oder auch heimischen Sozialversicherung zu entrichten, insbesondere, wenn zu Hause bereits eine Sozialversicherung bestand. Die in einem Mitgliedsland der EU abgeführten Beiträge werden bei der späteren Berechnung der Anspruchsdauer verrechnet. Bei seiner örtlichen Beratungsstelle oder der Bundesversicherungsanstalt für Angestellte in Berlin sollte man sich daher erkundigen, unter welchen Bedingungen die Zeit als Aupair als Ausfallzeit anerkannt werden kann oder ob eine freiwillige Zahlung von Beiträgen nach dem Sozialversicherungsabkommen zwischen der BRD bzw. Österreich und Großbritannien sinnvoll ist.

Aupairs, die bereits früher einmal in Großbritannien tätig waren, sind sofort nach Ihrer Ankunft versicherungspflichtig. Sie zahlen die relativ niedrigen »Voluntary Contributions« (Auskunft bei der zuständigen Stelle des »Department of Health Social Security«).

Haftpflichtversicherung

Der Abschluss einer privaten Haftpflichtversicherung ist auch bei einem Aufenthalt in Großbritannien sinnvoll, für den Fall, dass man unbeabsichtigt anderen Personen materielle Schäden zufügt, für die man finanziell haftbar gemacht werden kann. Angebote können von Versicherungsagenturen und -gesellschaften eingeholt werden.

Aupair-Bedingungen

- *Alter:* Unterscheidung zwischen visumspflichtiger (18 bis 30 Jahre) Staatsangehörigkeit und EU-Bürgern (17 bis 27 Jahre)
- *Beschäftigungsdauer:* Die gesetzlich festgelegte Höchstdauer beträgt zwei Jahre.
- *Arbeitszeit:* Unterscheidung zwischen visumspflichtiger Staatsangehörigkeit (bis zu 25 Stunden pro Woche) und EU-Bürgern (25 bis 35 Stunden pro Woche)
- *Urlaub:* pro sechs Monate Aufenthalt steht dem Aupair eine Woche Urlaub zu
- *Lohn:* wöchentlich mindestens £ 55; meist aber um die £ 70 – 90 pro Woche bei 25 – 35h

Erfahrungsberichte

I.

Wie vielen anderen erging es auch *Manuela* nach der Schule – sie wusste nicht so recht, wie es weitergehen sollte. Da sie schon ein halbes Jahr lang ein Praktikum in einem Kindergarten absolviert hatte und daher wusste, dass ihr die Arbeit mit Kindern riesigen Spaß machte, entschied sie sich für Aupair.

»So etwas wie ein Praktikum im Kindergarten oder etwas in die Richtung würde ich auch allen zukünftigen Aupairs vor dem Aufenthalt empfehlen. Es muss ja nicht gleich ein halbes Jahr sein, aber etwas Erfahrung mit Kindern sollte man schon mitbringen – ein paar Mal Babysitting, wenn die Kleinen bereits schlafen, ist nun wirklich nicht mit dem Alltag eines Aupairs zu vergleichen!«

Manuela suchte sich ihre Gastfamilie im Internet auf einer Seite, wo sich sowohl Gastfamilien als auch Aupairs eigene Profile anlegen und die Profile anderer begutachten können.

»Es gab Familien aus aller Herren Länder, und ich entschied mich schließlich, nach Großbritannien zu gehen, da ich dieses Land unheimlich faszinierend finde und ohnehin in ein englischsprachiges Land wollte. Letztendlich entschied ich mich für eine sehr nette Familie in Milton Keynes mit drei Kindern – das vierte war unterwegs!«

Manuelas Gastmutter war eine *Stay-at-home-Mum*, und so war sie selten mit allen vier Kindern gleichzeitig alleine.

»Vier Kinder sind wirklich eine Menge Arbeit! Die Kleinen waren 9, 5, und 2 Jahre alt, und dann gab es natürlich noch das Baby. Ich mochte die vier auf Anhieb furchtbar gerne und wir hatten auch kaum Probleme miteinander. Vier Kinder sind wirklich eine Menge Arbeit! Zu meinen täglichen Aufgaben gehörte natürlich das Beaufsichtigen der Kinder und auch das Windeln wechseln bei den Kleinen. Ich holte die beiden Großen von der Schule ab und übernahm kleinere Aufgaben im Haushalt wie Tisch decken, Spülmaschine ausräumen, Staubsaugen usw. Die Wochenenden hatte ich fast immer frei. Jeden Dienstag besuchte ich einen Sprachkurs, den meine Gasteltern bezahlten – aber das meiste Englisch lernt man sowieso im Alltag!«

Da es in Milton Keynes viele Familien mit Aupairs gab, knüpfte Manuela schnell Kontakte. Aber obwohl sie sich in England wirklich immer sehr wohl fühlte, hatte Manuela oft Heimweh, und der Abschied von ihrer Familie war ihr sehr schwer gefallen!

»Zum Glück konnte ich so oft zu Hause anrufen, wie ich wollte und mit Familie und Freunden Kontakt halten. Aber als ich mich dann letztendlich von England, meinen neuen Freunden und meiner lieben Gastfamilie verabschieden musste, war ich unendlich traurig. Auch wenn ich mich auf Zuhause freute – ich hatte das alles sehr ins Herz geschlossen und wusste, dass ich England sehr vermissen würde!«

Heute denkt Manuela gerne an die Zeit in England zurück – »Ich bin in dieser Zeit wesentlich selbstständiger und offener geworden und an meinen Aufgaben gewachsen. Auch wenn ich weiß, dass solche Abenteuer nicht immer gut gehen und es auch viele Probleme geben kann – ich persönlich habe in meiner Aupair-Zeit fast ausschließlich gute Erfahrungen sammeln können und werde darum dieses Jahr noch mal als Aupair nach Neuseeland gehen – diesmal ein ganzes Jahr!«

II.
Auch Kati zog es nach dem Abitur nach England; allerdings wollte sie kein ganzes Jahr dort verbringen, sondern nur drei Monate – als Sommer-Aupair. Die Idee, als Aupair ins Ausland zu gehen, kam ihr schon mit 16 Jahren – hatte sie doch schon immer gerne auf Kinder aufgepasst. Die verbleibende Zeit bis zum Abitur nutzte sie dazu, sich im Internet über das Aupairdasein zu informieren, und ein halbes Jahr vor dem Schulabschluss meldete sie sich bei ver-schiedenen Onlineportalen an und begann, konkret nach einer Gastfamilie in England zu suchen. . Da sie recht früh mit der Suche begonnen hatte, konnte sie sich in aller Ruhe ihre Traumfamilie aussuchen – und fand sie schließlich auch. Schon das Bild der Kinder, überzeugte sie sofort, und nach einigen E-Mails und Telefonaten stand es dann fest: Kati würde für drei Monate nach England in die Nähe von London gehen.

»Meine beiden Kleinen Tilly (3 Jahre) und Seth (1 Jahr) habe ich sofort ins Herz geschlossen, und mit den Gasteltern Rachel und Geoff lag ich genau auf einer Wellenlinie. In meinem neuen Zuhause habe ich mich von Anfang an wohl gefühlt, was besonders daran lag, dass mich meine Gastfamilie – inklusive Oma und Tanten – wirklich sofort in die Familie aufnahm. Während der ganzen Zeit kam ich mir nie wie eine Angestellte vor, sondern immer wie eine große Schwester. Dieses Gefühl war für mich sehr wichtig, da ich deswegen nie Heimweh hatte.«

Ihren Arbeitsalltag und das gesamte Fa-milienleben beschreibt Kati als „etwas chaotisch". Es gab keinen fixen Wochen-plan, sondern es wurde spontan besprochen, was zu tun war:

»Meistens besprachen meine Gastmutter und ich montagmorgens, nachdem ich die Kleine in den Kindergarten gebracht hatte, bei einer Tasse Tee, was diese Woche anstünde, und wo sie meine Hilfe benötigte.

An einem durchschnittlichen Tag stand ich morgens gegen sieben mit den Kindern auf; wir frühstückten gemeinsam, und ich zog sie an. Tilly ging dann in den Kindergarten und ich verbrachte den Vormittag mit dem Kleinen. Wenn dieser ein Nickerchen hielt, habe ich im Haushalt geholfen, die Wäsche gebügelt, aufgeräumt oder die Wohnung gesaugt. Mir hat es nie etwas ausgemacht, dass ich im Haushalt helfen musste, weil ich wusste, wie sehr meine Gastmutter dadurch entlastet wurde, und da ich ja im Gegenzug so stark in die Familie integriert wurde.

Den Nachmittag verbrachte ich dann mit beiden Kindern, und wir bastelten oder spielten im Garten. Nach dem Abendessen badete ich die zwei dann gemeinsam mit meinen Gasteltern und brachte sie ins Bett.«

Schließlich nahte der Abschied, der sich ähnlich tränenreich gestaltete wie schon der Abschied in Deutschland.

»Als es nach drei Monaten schließlich wieder nach Hause ging, war das furchtbar schwer. Auf der einen Seite freute ich mich zwar sehr auf meine Familie und meinen Freund zu Hause, aber auf der anderen Seite verließ ich auch meine "English family", und besonders der Abschied von meinen Kleinen war wieder mit vielen Tränen verbunden.«

Abschließend bestätigt Kati, dass es für sie die richtige Entscheidung war, da ihr die Zeit im Ausland half, erwachsen zu werden:

»Insgesamt hat mich meine Aupairzeit zu einem selbstbewussten und offenen Men-schen gemacht. Für mich war es genau die richtige Entscheidung, und ich habe sie nie bereut!«

Nützliche Adressen

... in Deutschland

Britische Botschaft, Wilhelmstr. 70, D-10117 Berlin, T. 030 20457-0, F. 030 20457 594,
http://ukingermany.fco.gov.uk/de
British Council, www.britishcouncil.de

Großbritanniens internationale Organisation für Bildung und Kultur.

Offizielles Britisches Fremdenverkehrsamt, www.visitbritain.de

Britische Fremdenverkehrsbehörden:
– British Tourist Authority, Thames Tower, Black`s Road; London W6 9EL (nur schriftliche Anfragen), www.visitbritain.com, (England, Schottland, Wales)

– Tourist Offices in London: www.londonby.com/tourist/tour2.htm

– Northern Ireland Tourist Board: www.discovernorthernireland.com

– Scottish Tourist Board, www.visitscotland.com

– Wales Tourist Board, www.visitwales.com

Britische Ausländerbehörde: www.bia.homeoffice.gov.uk

Austrian Institute, T. 0044 (0)20 7225 7300, F. 0044 (0)20 7225 0470, culture@austria.org.uk, www.austria.org.uk/culture/index.html

British Council, Educational Information Center, general.enquiries@britishcouncil.org, www.britishcouncil.org/new

Das britische Gegenstück zum deutschen Goethe-Institut betreibt in Großbritannien ein Programm zur Anerkennung privater Sprachinstitute. Es erteilt keine telefonischen Auskünfte, hilft aber gerne mit Katalogen und Nachschlagewerken zu Englischkursen weiter.

Swiss Benevolent Society, 79 Endell Street, London WC2H 9DY,

T. 020 7836 9119, F. 020 7379 1096,
info@swissbenevolent.org.uk.
www.swissbenevolent.org.uk

Swiss Club, Arbuthnot House, 20
Ropemaker Street, London EC2Y
9AR, T. 020 7012 2400, F. 020 7012
2401, info@cityswissclub.org
www.cityswissclub.org

Deutscher Sozialausschuss,
www.gac-online.org.uk

International Catholic Society for
Girls, 58 Aylward Road – Merton
Park, London, SW20 9 AF

ACISJF – IN VIA, Au Pair Placement
Service, 55 Nightingale Road,
Rickmansworth, Herts WD3 2BU,
T. 0044 (0)1923 77 84 49

Deutscher CVJM (YMCA / YWCA),
T.. 0044 (0)20 3238 2197,
F. 0044 (0)20 7706 2870,
au-pairs@german-ymca.org.uk,
www.german-ymca.org.uk
Hilfe und Beratung für bereits plazierte
Aupairs, Vermittlung von Aupair-Stellen.

... in Österreich

Britische Botschaft, Konsularabteilung, Jaurèsgasse 10, A-1030 Wien,
T. 01 71613 -0, F. -29 99,
www.britishembassy.at

Österreicher wenden sich zwecks touristischer Auskünfte an die BTA-Zentrale in Frankfurt

British Council,
office@britishcouncil.at,
www.britishcouncil.org/austria

... und der Schweiz

Britische Botschaft, info@britain-in-switzerland.ch, www.britain-in-switzerland.ch

Irland

Irland zählt ebenso wie Großbritannien zu den Ländern, die das Europäische Aupair-Abkommen nicht unterzeichnet, geschweige denn ratifiziert haben. Inzwischen ist das Aupair-System hier fast so weit verbreitet wie im Nachbarland Großbritannien.
Laut In Via bestehen Vermittlungsmöglichkeiten hauptsächlich im Großraum Dublin. Die dort ansässigen Agenturen, meist zugleich Sprachschulen, vermitteln gelegentlich aber auch in andere Landesteile, wie z.b. Cork, Limerick, Galway oder auf das Land.

Literatur

📖 »Jobben Weltweit«, erhältlich über http://shop.interconnections.de
Umfassender Ratgeber zu allen erdenklichen Jobmöglichkeiten, Working Holiday, Freiwilligendienste, Work and Travel, Work Camps, Austausch, Sprachenlernen, Highschool u.ä.

📖 »Freiwilligendienste in Deutschland«
📖 »Internationale Freiwilligendienste«
📖 »Freiwilligeneinsätze Weltweit,« (Intern. Freiwilligendienst auf eigene Faust organisiert)

📖 »Zivi Weltweit«
Erhältlich über
http://shop.interconnections.de

Reiseportal
www.booktops.com
www.reisetops.com

Einreise und Aufenthaltsbestimmungen
Zur Einreise bedarf es für EU-Bürger und für Schweizer keines Visums. Wer länger als drei Monate in Irland bleibt, muss innerhalb von sechs Tagen bei der Ausländerpolizei *(Aliens Office)* eine Aufenthaltsgenehmigung (residence permit) beantragen. Außerhalb der irischen Hauptstadt sind dafür die Polizeidienststellen zuständig. Eine Arbeitserlaubnis ist, zumindest für Aupairs aus EU-Ländern, nicht nötig.

Wissenswertes
- *Landessprachen:* Irisch (gälischer Zweig der keltischen Sprachen) und Englisch. Nur 10.000 Iren dürften Schätzungen zufolge *ausschließlich* Irisch sprechen und verstehen, so dass für Englischkundige kaum Verständigungsschwierigkeiten auftreten. Dennoch ist Irisch laut Verfassung erste, Englisch nur zweite Landessprache.
- *Notruf:* landesweit einheitliche Notrufnummer »999« für Polizei, Feuerwehr und Notarzt. Notfalltransporte ins nächste Krankenhaus erfolgen kostenlos. Bei Münzfernsprechern ist die Notrufnummer gebührenfrei.
- *Telefonieren nach Irland:* 00353 + Rufnummer ohne 0
- *Zeitdifferenz:* WEZ (Westeuropäische Zeit, GMT) mit Sommerzeitregelung (also MEZ - 1 Stunde).

Versicherungen
Es ist zu empfehlen, eine Kranken-, Unfall- und möglichst auch Haftpflichtversicherung abzuschließen. Zahnbehandlungen und kosmetische Operationen sind auf jeden Fall von der staatlichen Krankenfürsorge ausgeschlossen. Ein Zahnarztbesuch noch vor der Abreise ist daher zu empfehlen.

Aupair-Bedingungen
- *Alter:* 18 bis 26 Jahre
- *Arbeitszeit:* 30 – 35 Stunden pro Woche, zwei Tage wöchentlich frei. An bis zu drei Abenden pro Woche Babysitting.
- *Urlaub:* Kein Anspruch auf bezahlten Urlaub; bei einem Aufenthalt von mindestens sechs Monaten lassen sich zumeist jedoch unbezahlte Urlaubstage vereinbaren.
- *Lohn:* zwischen 70 und 80 € pro Monat, je nachdem, ob die Hausfrau berufstätig oder ganz zu Hause ist; teilweise zuzüglich Fahrtkosten zur Sprachschule. Wer als *Aupair Plus* arbeitet (bis zu 50 Stunden pro Woche), erhält mehr Lohn, mindestens 80 bis 90 €.

Jobben für Natur und Umwelt – Europa und Übersee
Wwoofen in Australien
http://shop.interconnections.de

Erfahrungsberichte

I.

Wirklich gerne erinnert sich *Silke* an ihre Aupair-Zeit in Irland zurück. Dass sie nach der Schule erst mal eine Auszeit brauchte, da sie sich noch nicht für Studium oder Ausbildung festlegen wollte, war ihr gleich klar. Daheim rumsitzen und auf den Geistesblitz warten wollte sie auch nicht – es zog sie ins Ausland, und der Aupair-Aufenthalt war eine Möglichkeit, die ihr sofort gefiel.

»So kam ich dann zu einer irischen Familie mit einem elfjährigen Mädchen, das ich in der Zeit der Sommerferien und nach der Schule betreuen sollte, inklusive Babysitting an zwei Abenden pro Woche. Ich hatte sehr viel Glück mit meiner Familie, da sie vor mir schon einige Aupairs hatten und dadurch natürlich gut mit den Problemen vertraut waren.«

Gut fand Silke, dass ihr die Gastfamilie gleich den Kontakt zu ihrer Vorgängerin vermittelten, damit sie ihr bei ihren Fragen weiter helfen konnte.

»Meine Gastfamilie wohnte im Süden von Dublin in einem netten Einfamilienhäuschen mit Garten. Zur Familie gehörten außerdem noch zwei Katzen und ein Hund, mit dem ich ab und an Gassi ging und um die ich mich selbstverständlich kümmerte, als die Familie in Urlaub fuhr. Während der vielen Freizeit, die mir blieb, habe ich Kurse am einem *Adult Education Centre* besucht, das verschiedene Kurse über zehn Wochen anbot, die wesentlich kostengünstiger als die in der Stadt angebotenen Englischkurse waren. So hatte ich die Möglichkeit, verschiedene Kurse auszuprobieren, die vorrangig von Iren besucht wurden. Aupairs lernte ich so allerdings keine kennen. Ich hatte vor meiner Abreise aber ein Paket mit den Namen und Telefonnummern anderer Aupairs bekommen, die nicht aus Deutschland kamen, so dass ich Englisch mit ihnen sprechen musste. Über andere Aupairs konnte ich dann auch schnell viele Kontakte knüpfen, mit denen ich Herumreisen konnte. Natürlich hörte ich auch Geschichten von einigen, die nicht so viel Glück mit ihrer Gastfamilie hatten.«

Silke war es aber wichtig, nicht nur mit anderen Aupairs zu verkehren; sie wollte auch den Kontakt zu Einheimischen suchen, denn zunächst kannte sie ja nur ihre Gastfamilie und einige ihrer Freunde und Verwandten.

»Da ich seit vielen Jahren Volleyball spiele, suchte ich schon vorab nach einer Mannschaft im Internet, mit der ich trainieren konnte. Ich kontaktierte sie dann per Mail, wurde zum Training eingeladen und durfte eine Saison beim *University College Dublin* in der *Premier League* spielen. Nach den Spielen gingen wir öfter noch in einen Pub – irische Geselligkeit eben.«

Während des Aufenthalts lernte Silke, für sich selbst einzustehen und Dinge anzusprechen, die sie zunächst Überwindung kosteten:

»Von meiner Gastfamilie bekam ich ein Fahrrad, um immer zum Training fahren zu können. Dafür musste ich natürlich den Mund aufmachen und fragen – das hat mich am Anfang schon viel Überwindung gekostet, da sie schon so nett zu mir waren und ich sie dann nicht noch mit Kleinigkeiten nerven wollte. Dabei waren sie immer sehr froh, wenn ich auf sie zugegangen bin und etwas gefragt habe!«

Alles in allem zieht sie ein positives Fazit und möchte die Zeit in Irland um nichts missen:

»Ich hatte wirklich ein schönes Aupairjahr, wurde sehr gut in der Familie aufgenommen und hatte das Glück, mich nicht ein Mal an meine Organisation wenden zu müssen, obwohl ich natürlich froh war, dass ich im Notfall doch nicht komplett allein gewesen wäre. In diesem Jahr habe ich viel über mich selbst gelernt und an Selbstbewusstsein gewonnen. Ich bin einfach selbstständiger gewordener, offener, toleranter und auch lockerer in manchen Dingen. Früher hatte ich meine Zielsetzungen immer sehr hoch gesteckt; jetzt kann ich auch einfach mal eine Stufe runter schalten. Das habe ich durch die Lebensweise meiner Gastfamilie gelernt, die auch in den schlimmsten Situationen immer ruhig geblieben ist und gelacht hat. Ich habe wirklich viel gelernt und würde es immer wieder tun! «

II.

Für *Fine* war schon lange vor dem Abitur klar, dass sie als Aupair ins Ausland gehen würde. Letztendlich entschied sie sich für die grüne Insel. IhreGastfamilie wohnte in Glounthaune, einem Vorort von Cork, und empfing sie sehr herzlich.

»Bei den geselligen Iren verliert man schnell alle Hemmungen und merkt auch schon bald nicht mehr, dass man eine andere Sprache spricht! Meine Gasteltern waren beide Ende 30 und berufstätig, allerdings arbeitete meine Gastmutter nur 10 Tage im Monat. Die Kinder hießen Sarah (6 Monate), Sean (3 Jahre) und Laura (7 Jahre).«

In der ersten Woche waren die beiden großen Kinder noch relativ neugierig und wollten alles über Fine wissen. Doch sie merkten schnell, dass das Aupair neben Mama und Papa das Sagen hatte, und das war für die beiden neu.

»Sean, der Mittlere, gewöhnte sich dann auch relativ schnell daran. Mit Laura hatte ich aber lange Zeit meine Probleme. Sie war ziemlich verwöhnt und manchmal eine richtige Zicke. Wenn etwas nicht nach ihrem Kopf ging, gab es Krawall. Wie die meisten irischen Kinder war sie leider ziemlich verzogen. Nach fünf Monaten legte sich das aber auch, und ich muss sagen: zum Schluss war sie wie eine kleine Schwester für mich.«

Auch mit ihren Gasteltern gab es von Anfang an gar keine Probleme.

»Ich verstand mich super mit ihnen, sie zeigten sehr viel Verständnis. Ich war das erste Aupair der Familie, und so war die ganze Situation für beide Seiten neu. Aber schon nach kurzer Zeit genoss ich das vollste Vertrauen meiner Gasteltern – so war ich beispielsweise schon im Oktober übers Wochenende alleine mit den Kids, im Januar sogar eine Woche.«

Fine hatte einen detaillierten Arbeitsplan. Sie arbeitete vier Tage die Woche von 8 bis 18 Uhr und hatte drei Tage frei, meistens am Wochenende und einen Tag unter der Woche. Babysitten musste sie zweimal die Woche, davon einmal samstags.

»Meine Aufgaben waren es, die Kinder zu wecken, Sarah und Sean anzuziehen und Sarah zu füttern. Da Laura von 9 bis 15 Uhr in der Schule war und Sean drei Tage in der Woche von 9 bis 17 Uhr in der *Creche* (Kita) war, hatte ich am Vormittag meistens nur Baby Sarah. Mein Gastvater brachte Sean in die Kita, und meine Gastmama holte ihn dort ab.

Sarah musste gewickelt und gebadet werden. Gerade sie brauchte sehr viel Aufmerksamkeit, weil sie noch so klein war. Mit ihr verbrachte ich die meiste Zeit. Gegen 15 Uhr holte ich Laura von der Schule ab. Nach einer kurzen Pause machten wir die Hausaufgaben zusammen. Dann versuchte ich generell, die Kinder so viel möglich draußen zu beschäftigen. Wir haben viel gebastelt, gemalt, gepuzzelt, gebacken etc. Aber wenn man einen Fernseher mit über 500 Programmen hat, lenkt das gerade die älteren Kinder sehr ab.«

Wegen des Altersunterschieds fiel es Fine auch häufig schwer, alle drei Kinder gleichzeitig zu beschäftigen, und so war sie froh, wenn die Gastmutter ihr die beiden Älteren manchmal abnahm.

»Wenn meine Gastmutter zu Hause war, hat sie die beiden Großen auch mal mitgenommen. Ich durfte nicht Auto fahren, und daher war es eine willkommene Abwechslung.«

Fine musste relativ wenig im Haushalt helfen. Einmal in der Woche kam eine Putzfrau für die groben Arbeiten, und so blieben für Fine nur Kleinigkeiten wie die Kindersachen bügeln, ab und an saugen, den Geschirrspüler ausräumen, etc.

»Ansonsten habe ich meistens das Abendessen vorbereitet oder öfter mal deutsches Essen gekocht.«

Heimweh hatte Fine fast gar nicht. Sie durfte jederzeit nach Hause telefonieren und bekam zweimal Besuch von ihren Eltern.

»Dafür habe ich auch extra frei bekommen. An Weihnachten durfte ich eine Woche nach Hause. Zudem unternahm meine Gastfamilie viel und nahm mich auch immer mit. So verging die Zeit sehr schnell. Im Sommer flog ich mit meiner Familie für 10 Tage nach Spanien. Dieser Urlaub war der perfekte Abschluss. Ich fühlte mich wie eine große Schwester. Natürlich freute ich mich gegen Ende schon auf zu Hause, aber andererseits hatte ich mich hier an alles gewöhnt, Land und Leute lieben gelernt, insbesondere meine Gastfamilie ...«

Natürlich war es auch für Fine nicht immer einfach, besonders in der Anfangsphase. Aber nachdem sie sich den Problemen und Herausforderungen gestellt hatte, merkte sie, welch wertvolle Erfahrungen sie dabei sammelte.

»Es gibt einem mehr Selbstsicherheit und Unabhängigkeit – das merkt man vor allem, wenn man zurück ist. Ich würde es jederzeit wieder tun. Man muss sich nur im Klaren sein, dass man eine große Verantwortung trägt – gerade wenn man wie ich auf Kleinkinder aufpasst. Wenn ich jetzt zurückschaue auf die 12 Monate Irland – ich kann nur sagen: Es war die beste Zeit meines Lebens! Ich stehe immer noch mit meiner Gastfamilie in Kontakt und weiß, dass ich einfach noch öfter nach Irland reisen muss, um sie zu besuchen und noch mehr von der Insel zu erkunden.«

Nützliche Adressen

... in Deutschland

Botschaft der Republik Irland, T. 0049 (0)30 220720, F. 0049 (0)30 22072299, www.embassyofireland.de

Irische Fremdenverkehrszentrale, T. 0049 (0)69-923185-0, F. 0049 (0)69 - 92318588

Netzwerk Irland e.V., T. 0049 (0)69-56000831, F. 0049 (0)69-56000810, www.ireland.de

Der Verein erteilt Auskünfte über die regionalen irischen Freundschaftsgesellschaften

Irland Journal, im Christian Ludwig Verlag, Niederfeldweg 5, D-47447 Moers, T. 02841/350 34, F. 350 36, www.irland-journal.de
Viermal jährlich erscheinendes Magazin mit Berichten aus und um Irland, von Insidern zusammengestellt.

... in Irland

Tourism Ireland, Bishop´s Square, Redmond´s Hill, IRL-Dublin 2, www.discoverireland.ie

Aliens Office, Harcourt Court, Harcourt Street, IRL-Dublin 2, T. 01-4755555
Für Angehörige von EU-Staaten zuständige Ausländerbehörde in Dublin.

Department of Foreign Affairs, Consular Section, 72-76 St. Stephen's Green, Dublin 2, T. 01 78 08 22, www.foreignaffairs.gov.ie
Zuständig für alle Visaangelegenheiten.

... in Österreich

Irische Botschaft, T. 0043 (1)7154246, -7154247, F. 0043 (0)1 7136004, vienna@dfa.ie

Österreichisch-Irische Gesellschaft, T. 0043 (0)699 12627028, www.austro-irish.at

... und in der Schweiz

Irische Botschaft, T. 0041 (0)31 352 14 42, -43, F. -55, berneembassy@dfa.ie

Friends of Ireland Bern, Mrs. P. Quinche, Taegetlistr. 6, CH-3072 Ostermundingen

Irish-Swiss Association, Ruedi Kyburtz, Bandlistrasse 54, CH-8064 Zürich

Freizeit und Reise

Die Broschüre »Discover Young Ireland« enthält Angaben über Freizeitmöglichkeiten für junge Leute. Sie ist u.a. erhältlich über die *Irische Fremdenverkehrszentrale* in Frankfurt oder bei der:

Official Tourist Information, 14, Upper O'Connell Street, Dublin 1, T. 01 74 77 33, www.visitdublin.com
Wahre Fundgrube für junge Irlandbesucher hinsichtlich Landeskunde, Praktischer Tips, Reisen, Geldangelegenheiten, Unterkunft, Job-Suche, Studium, Kultur, Sehenswürdigkeiten, Gesundheit usf.: »Ireland, Guide for Young Visitors«, zu beziehen über die *Gesellschaft für Internationale Jugendkontakte (GIJK)* in Bonn oder, in Irland, beim:

National Youth Council of Ireland,
3 Montagu Street, Dublin 2, T. 01 478 41 22, F. 478 39 74, info@nyci.ie, www.nyci.ie

National Youth Federation,
T. 00353 (0)1 872 99 33, F. -872 41 83, info@nyf.ie, www.youthworkireland.ie

Comhaltas Ceoltórí Eireann,
T. 00353 (0)1 80 02 95, enquiries@comhaltas.com, http://comhaltas.ie
Irisches Kulturzentrum mit einer unüberbietbaren Auswahl an Schallplatten, Büchern, Musikinstrumenten usw., wo man sich auch über Sprachkurse kundig machen kann. Kontakte lassen sich in der zugehörigen »Bar« knüpfen.

Als Anlaufstellen in allen Fragen der Freizeitgestaltung eignen sich auch die Jugendbüros – unter der Bezeichnung »Youth Information Centre«, »Youth Resource Centre«, »Youth Information Bureau« oder »Youth Enquiry Service« – in verschiedenen irischen Städten (Cavan, Clare, Cork, Galway, Kerry, Kilkenny, Limerick, Offaly, Roscommon, Sligo, Tipperary, Waterford, Westmeath, Wexford und Wicklow). Kontaktdaten unter www.youthinformation.ie/ireland/list.htm.

Unterkunft

Eine Liste aller Jugendherbergen ist von der *Irischen Fremdenverkehrszentrale* in Frankfurt erhältlich oder von folgenden Verbänden im Land selbst:

Irish Youth Hostel Association / An Oige1, T. 00353 (0)1 830 45 55, F. -830 58 08, anoige@iol.ie, www.anoige.ie
Hauptgeschäftsstelle des 37 Herbergen betreibenden irischen Jugendherbergsverbandes. Hier kann man zentral Reservierungen vornehmen lassen.

Sonstige preisgünstige Übernachtungsmöglichkeiten:

Celtic Budget Accomodation Centers,
T. 00353 1 8550019, F. 00353 1 8550020, minfo@celtic-accommodation.ie, www.celtic-accommodation.ie

IHH, Independant Holiday Hostels of Ireland, Zentrale Reservierung, 57, Lower Gardiner Street, IRL-Dublin 1, T. 01 836 47 -00, F. -10, info@hostels-ireland.com, www.hostels-ireland.com

Musa Ireland: Dahinter verbergen sich Unterkünfte in den während der Sommermonate leestehenden Universitätswohnheimen in Cork, Dublin (4X), Galway, Limerick und Kildare. Informationen hierzu erteilen die Fremdenverehrszentralen oder *UM promotion and communication, Dianastr. 13, D-85540 Haar, T. 0049 (0)89 46 20 18 -33, F. -35, info@um-promotion.de (MUSA-Broschüre anfordern).*

Island

Island ist sicherlich eines der ungewöhnlicheren Aupairländer. Trotzdem fliegen alljährlich etwa 30 Aupairs dorthin, um in Reykjavík und Umgebung zu arbeiten.

Literatur

📖 »Jobben Weltweit«, erhältlich über http://shop.interconnections.de
Über das Thema Aupair hinausgehender

Ratgeber zu allen erdenklichen Jobmöglichkeiten, Working Holiday, Freiwilligendienste, Work and Travel, Work Camps, Austausch, Sprachenlernen, Highschool u.ä.

📖 »Jobben für Natur und Umwelt – Europa und Übersee«
Erhältlich über
http://shop.interconnections.de

Aufenthaltsbestimmungen

Schweizer Bürger und Angehörige der EU reisen mit einem gültigen Reisepass ein. Hält man sich länger als drei Monate im Land auf, so ist eine Aufenthaltsgenehmigung bei der örtlichen Meldebehörde und beim zuständigen Ausländeramt zu beantragen.

Angehörige anderer Staaten benötigen ebenfalls kein Visum für einen Aupair-Aufenthalt in Island. Sie müssen sich aber vor der Einreise beim zuständigen Generalkonsulat in ihrem Heimatland eine vorläufige Aufenthaltsgenehmigung erteilen lassen. Diese wird nach der Registrierung in Island in eine endgültige Aufenthaltserlaubnis mit höchstens 12 Monaten Gültigkeit umgewandelt. Die Kosten für dieses Verfahren trägt die Gastfamilie ebenso wie die für die Versicherung des Aupairs.

Wissenswertes

- *Notruf:* Die landesweit einheitliche Nummer für Feuerwehr und allgemeinen Notruf lautet 112. Polizei-Notruf in Reykjavík: 551 11 66, Informationen unter 569 90 20.
- *Telefonieren nach Island*: meist 00354 + Rufnummer ohne 0

Achtung! Das Telefonbuch ist nach Vornamen sortiert, denn nur etwa ein Zehntel der Isländer hat einen Familiennamen. Vielmehr ist das System des Herkunftsnamen (Patronym) üblich, wonach der Vorname des Vaters um »son« (Sohn) oder »dóttir« (Tochter) ergänzt wird: »Jonsson« ist also der Sohn von Jon, »Halldórsdóttir« die Tochter von Halldór. Auch bei der Anrede wird der Vorname verwendet.

- *Währung*: Isländische *króna* (ISK), jeweils unterteilt in 100 *aura*
- *Zeitdifferenz:* In Island gilt die Greenwich Mean Time, GMT; gegenüber dem Kontinent herrscht im Winter eine Stunde Zeitverschiebung. Da die Isländer keine Sommerzeitregelung haben, erhöht sich die Differenz im Sommer auf 2 Stunden.

Versicherungen

EWR- / EU-Bürger müssen sich weiterhin im Heimatland versichern und können dann mit der Europäischen Krankenversicherungskarte EHIC ärztliche Leistungen in Anspruch nehmen. Bei einer Erkrankung sind die Krankenversicherungskarte sowie ein Reisepass oder Personalausweis vorzulegen. Dies gilt auch für die stationäre Behandlung im Krankenhaus. Arzneimittel werden gegen Vorlage des ärztlichen Rezepts in allen Apotheken (»Apótek«) abgegeben. Bei allen medizinischen Leistungen in Island ist eine Zuzahlung zu leisten. Zahnärztliche Behandlungen müssen zunächst selbst bezahlt werden; einen Teil der Kosten erstattet dann das SSSI zurück:

State Social Security Institute SSSI (Tryggingastofnun ríkisins)
T. 00354 560 44 00 oder 00354 569 45 26, F. 00354 562 4451, www.tr.is. Hier erhält man ebenfalls weitere Informationen zu Versicherungsfragen.

Aupair-Bedingungen

- *Arbeitsregelungen:* 30 Stunden an 5 Wochentagen
- *Freizeit und Urlaub:* zwei Tage pro Woche, eine Woche bezahlter Urlaub je 6 Aufenthaltsmonaten
- *Lohn:* mindestens 10.000 ISK / Woche
- *Alter:* 18 – 25 Jahre
- *Persönliche Voraussetzungen:* Zubereiten einfacher Mahlzeiten
- *Sprache:* elementare Kenntnisse der isländischen, sonst englischen Sprache

Nützliche Adressen

... in Deutschland

Isländische Botschaft, T. 0049 (0)30 50 50 40 00, F. 0049 (0)30 50 50 43 00, infoberlin@mfa.is, www.iceland.org/de
Auch zuständig für die Schweiz.

Isländisches Fremdenverkehrsamt, www.skandinavien.de/island.html
Auch zuständig für Österreich und die Schweiz.
Sämtliche Informationen über Land und Leute sind zusammengefasst im buchdicken Prospekt »Rund um Island«, der gegen Einsendung der Portokosten zu haben ist.

Icelandair, T. 0049 (0)69 29 99 78, F. -28 38 72, germany@icelandair.is, www.icelandair.de

... in Österreich

Botschaft von Island, T. 0043 1 533 2771, F. 0043 1 533 2774, emb.vienna@mfa.is, www.iceland.org/at

... in der Schweiz

Isländisches Generalkonsulat, Bahnhofstr. 44 (Postfach 6040), CH-8023 Zürich, T. 0044 215 12 60, F. 0044 215 12 00, is.cons@wf-legal.ch, www.mfa.is
Für die französischsprachige Schweiz ist das Konsulat in Genf zuständig.

... und in Island

Isländische Einwanderungsbehörde, Skógarhlí_ 6, IS-105 Reykjavík, T. 00354 510 5400, F. 00354 510 5405

Iceland Tourist Board (Fer_amálaráð Íslands), Lækjargata 3, Gimli, IS-105 Reykjavík, T. 552 74 88 F. 562 47 49, info@icetourist.is, www.icetourist.is

Tourist Information, Zentrale Reykjavík, A_alstræti 2 · IS-101 Reykjavík, T. 00354 590 1550, F. 00354 590 1551, tourinfo@tourinfo.is, www.visitreykjavik.is
Geöffnet im Sommer (15.Mai bis 15. September) 8.30-19.00 Uhr, ansonsten 9–17 Uhr

Rathaus Reykjavík, Vonarstræti, T. 00353 563 20 05, F. 00354 562 1799, www.reykjavik.is

Italien

Italien ist eines der Länder, die das Europäische Aupair-Abkommen ratifiziert haben. Der Grund hierfür liegt vermutlich darin, dass viele junge Italiener als Aupair ins Ausland gehen und der Staat sich daher um deren rechtliche Absicherung bemüht.

In Italien selbst und gerade in Rom gelten jedoch Bedingungen, die von den dort genannten Regelungen zum Teil abweichen. Das Europäische Abkommen von 1969 wird als für Nordeuropa konzipiert bewertet, nicht aber für den Süden mit seinem – auch klimatisch bedingten – anderen Lebens- und Tagesrhythmus. Dieser wirkt sich auf die Gestaltung eines Aupair-Aufenthalts natürlich aus, so dass, wer sich dafür interessiert, die Bereitschaft mitbringen muss, sich diesen geänderten Bedingungen anzupassen und das Positive dieser abweichenden Regelungen zu akzeptieren.

Schlechte Erfahrungen mit italienischen Agenturen, mit einer mangelhaften Organisation und abweichenden Regelungen, stehen Fällen gegenüber, in denen der Aupair-Aufenthalt in Italien geradezu vorbildlich ablief.

Übrigens: die meisten Familien, die sich den Luxus eines Aupair-Mädchens leisten können, pflegen den ganzen Sommer über in ihrem Ferienhaus an der italienischen Küste oder in den Bergen zu verbringen.

Aufenthaltsbestimmungen

Zur Einreise nach Italien benötigen EU-Angehörige nur einen gültigen Pass oder Personalausweis. Nach Informationen des *VIJ* ist für einen, in der Regel langfristigeren, Aupair-Aufenthalt eine Aufenthaltsgenehmigung *(Permesso di Soggiorno)* erforderlich. Die Anmeldung muss dann innerhalb von drei Tagen nach Ankunft in Italien bei der Polizeibehörde *(Questura centrale, Commissariato* oder *Stazione di carabinieri)* erfolgen.

Schweizer sollten sich vorher bei den zuständigen Stellen nach den Visa-Formalitäten erkundigen. In der Regel genügt aber auch hier ein gültiger Pass.

Literatur

  „Jobs, Praktika, Studium & Sprachschulen – Italien", Ratgeber zu Möglichkeiten des Austausches, zum Italienischlernen, Bewerbung, Stellensuche, Jobmöglichkeiten.

Erhältlich über
http://shop.interconnections.de.

Reiseportal

www.booktops.com
www.reisetops.com

Wissenswertes

● *Telefonieren nach Italien*: 0039 + Rufnummer ohne 0
Notruf landesweit **112**
Polizei **113**
Feuerwehr **115**
Rettungsdienst **118**

Versicherungen

Auch in Italien bestehen für die Gastfamilien keine gesetzlichen Verpflichtungen, das Aupair gegen *Krankheit* und *Unfall* zu versichern (die Aufnahme in eine Krankenversicherung wäre bei einem vorübergehenden Aufenthalt ohnehin nicht möglich); als Angehörige eines EU-Landes hat das Aupair aber ein Anrecht auf kostenlose ärztliche Betreuung. Dazu benötigt man die Europäische Krankenversicherungskarte EHIC, die es bei der deutschen Krankenkasse gibt. Eine Aupair-Beschäftigung ist nicht beitragspflichtig im Sinne der Rentenversicherung. Unter bestimmten Voraussetzungen kann der Aufenthalt bei der Rentenberechnung aber als Ausfallzeit anerkannt werden.

Aupair-Bedingungen

- *Urlaub:* kein Rechtsanspruch auf Urlaub; bei einem über sechsmonatigen Beschäftigungsverhältnis wird in Absprache mit der Gastfamilie aber die Weiterzahlung des Taschengeldes (z.B. über Weihnachten) gewährt.
- *Lohn:* ca. 240 bis 300 € pro Monat
- *Kündigung:* Frist meist eine Woche; aus schwerwiegenden Gründen auch sofort möglich.
- Häufig abweichende *Bedingungen* von denen des Europäischen Aupair-Abkommens!

Erfahrungsbericht

Julia war zehn Monate lang als Aupair in Rom und empfand die Zeit als »voll gepackt mit Höhen und Tiefen, dem Erlernen einer neuen Sprache, dem Kennenlernen einer fremden Familie und der abschließenden Gewissheit, Erfahrungen für das ganze Leben gesammelt zu haben!«

Sie hatte ihre Familie nicht über eine Agentur, sondern über das Internet gefunden, und nachdem sie sie ein Wochenende »zum Beschnuppern« besucht hatte, wurde beschlossen, daß sie ab im September das neue Aupair sein würde.«

Ganz leicht waren die ersten Wochen dann nicht für Julia; es gab ein paar Verständigungsschwierigkeiten, da sie kein Wort Italienisch konnte und ihre Gasteltern weder Deutsch noch Englisch. Daher suchte sie sich umgehend eine Sprachschule, in der sie auch schnell Freunde fand. Das Sprachproblem löste sich also schnell in Luft auf.

»Dafür traten andere Kleinigkeiten auf. Die Kinder testeten am Anfang ständig ihre Grenzen aus; sie merkten aber schnell, was sie bei mir durften und was nicht. Solange wir alleine waren, kamen wir super miteinander klar. Wir spielten viel draußen, natürlich inklusive Dreckigmachen, was in Italien nicht selbstverständlich zum Kinderalltag dazu gehört. Unsere Bindung wurde täglich enger. Kam jedoch die *Mamma* in den Raum, so fingen beide Kinder meist an zu heulen. Mir war es am Anfang unerklärlich, warum sie dies taten. Dann fiel mir aber immer öfter auf, dass die *Mamma* dem Kind sofort Aufmerksamkeit schenkte, das gerade weinte oder sich schlecht benahm. Wir hatten total verschiedene Erziehungsansichten, und es fiel mir schwer, nie etwas zu sagen.

Ich denke aber, für die *Mamma* war es auch schwer zu sehen, dass ihre Kinder sich ganz normal benahmen, wenn ich mit ihnen zusammen war, und zu kleinen Monstern wurden, sobald sie bei ihr waren. Um sich Stress zu ersparen, landeten die beiden Kleinen oft vor dem Fernseher.«

Abgesehen davon verstand Julia sich aber wirklich gut mit ihrer Gastfamilie und fühlte sich auch in ihr Familienleben gut aufgenommen.

»Mein Freund durfte mich dort besuchen und auch dort schlafen, und es war für sie selbstverständlich, meine Eltern, als diese zu Besuch waren, mehrfach zum Essen einzuladen. Als Krönung des Jahres flogen sie sogar mit mir ein paar Tage in meine Heimat nach Deutschland. Sie zeigten mir ständig, dass sie sehr an meinem Leben interessiert waren, und wir saßen oft bis nachts bei Wein in der Küche und plauderten.«

Was Julia an ihrem Aufenthalt am meisten erstaunte, war, dass sie sich nach drei Monaten gut auf Italienisch verständigen konnte, und dass sie nach vier Monaten fünf Kilo mehr auf die Waage brachte ...

»Das Jahr in Rom war trotz der verschiedenen Erziehungsansichten eine wunderschöne Erfahrung für mich und hat mir eine zweite Familie eingebracht, zu der ich immer noch Kontakt habe und die ich auch schon wieder besucht habe. Ich werde sie auch ganz bestimmt noch unzählige weitere Male besuchen!«

Nützliche Adressen

... in Deutschland

Italienische Botschaft, T. 0049 (0)30 25440 124, F. 0049 (0)30 25440 120, stampa.berlino@esteri.it, www.ambberlino.esteri.it

Italienische Fremdenverkehrsämter (ENIT), www.enit-italia.de.

Italienische Kulturinstitute
Berlin: www.iic-berlino.de
Hamburg: www.iicamburgo.esteri.it
Köln: www.iiccolonia.esteri.it
München: www.iic-muenchen.de
Stuttgart: www.iicstoccarda.esteri.it
Zürich: www.iiczurigo.esteri.it
Wien: www.iicvienna.at

... in Italien

Associazione Cattolica Internazionale al Servizio della Giovane / In Via, Comitato Nazionale Italiano, Via Urbana, 158, I-00184 Rom, T./F. 0039 (0)6 482 79 89, acisjf.it@virgilio.it, www.acisjf.it
Italienisches ACISJF-Zentralbüro mit rund fünfzig Niederlassungen in allen Landesteilen, die als Anlaufstelle bei Schwierigkeiten aller Art in Frage kommen.

ENIT (Ente Nazionale Italiano per il Turismo), Via Marghera 2, I-00185 Roma, T. 06 4 97 11, F. 446 33 79, www.enit.it

Associazione Italiana Alberghi della Gioventù, AIG, T. 0039 (0)6 48 71 152 und 48 80 492, aig@uni.net, www.travel.it/hostels
Italienischer Jugendherbergsverband.

... in Österreich

Italienische Botschaft, T. 0043 (0)1 712 51 21, F. -713 97 19, ambasciata.vienna@esteri.it, www.ambvienna.esteri.it

... und der Schweiz

Italienische Botschaft, T. 0041 (0)31 350 07 77, F. 0041 (0)31 350 07 11, ambasciata.berna@esteri.it, www.ambberna.esteri.it

Die Betreuung deutschsprachiger Aupairs übernehmen neben den nationalen Vermittlungsagenturen folgende Anlaufstellen:
Foyer Santa Maria dell'Anima Via del Monte della Farina, 19, I-00186 Rom, Tel. 0039 (0)6 688 010 35, Fax: 0039 (0)6 68218077

Associazione Cattolica Internazionale al Servicio della Giovane (ACISJF), www.acisjf.it
Junge Bahnfahrer unter 26 Jahren sparen mit BIJ-Fahrkarten, u.a. erhältlich in den unten aufgeführten Wasteels-Büros, und »Eurotrain twen tickets« einen erheblichen Teil der Fahrtkosten im europäischen Auslands- und Binnenverkehr:

Wasteels:
wasteels@wasteels.it (Milano),
wasteels.napoli@tiscalinet.it (Napoli),
wasteels.lecce@tiscalinet.it (Lecce)

Centro Turistico Studentesco, Giovanile, www.cts.it

Sprachschulen in Italien

Bei der Auswahl einer geeigneten Sprachschule für Aupairs sind die Vermittlungsagenturen und auch manche Familien behilflich. Diesbezügliche Auskünfte sind auch erhältlich über das italienische Außenministerium

Ministero degli Affari Esteri,
www.esteri.it

Niederlande

Bis jetzt gilt in den Niederlanden das Europäische Aupair-Abkommen nicht. Laut *EXIS* müssen sich die Familien aber seit 1986 an die Bestimmungen des niederländischen Aupair-Rechts halten, das »eine verbesserte Fassung des Europaratabkommens ist«. Diese Regelungen kamen nicht zuletzt aufgrund des Drucks verschiedener holländischer Jugendverbände zustande.
Ein Grund für den Nicht-Beitritt der Niederlande mag sein, dass das Interesse an der holländischen Sprache nicht so groß ist wie etwa am Englischen oder Französischen und daher in der Praxis kaum jemand als Aupair in die Niederlande geht. Etliche Niederländer gehen allerdings als Aupair in Länder wie England, Frankreich und die Bundesrepublik.

Literatur

- »Freiwilligendienste in Deutschland«
- »Internationale Freiwilligendienste«
- »Freiwilligeneinsätze Weltweit,«

(Intern. Freiwilligendienst auf eigene Faust organisiert)
📖 »Zivi Weltweit«

Erhältlich über
http://shop.interconnections.de

Reiseportal
www.booktops.com

Aufenthaltsbestimmungen

Angehörige von EU-Mitgliedsstaaten sowie Bürger der Schweiz benötigen bei der Einreise in die Niederlande lediglich einen gültigen Personalausweis und brauchen keine vorläufige Aufenthaltsgenehmigung *(M.V.V. – Machtiging tot Voorlopig Verbliff)* zu beantragen. Personen, die von einer vorläufigen Aufenthaltsgenehmigung freigestellt sind, müssen sich aber innerhalb von acht Tagen nach ihrer Ankunft in den Niederlanden bei der Ausländerpolizei *(Vreemdelingenpolitie)* melden. Ein Mitglied der Gastfamilien sollte das Aupair bei diesem Behördengang begleiten. Folgende Dokumente sind dort vorzulegen:

- eine handgeschriebene Einladung der Gastfamilie
- den Vertrag zwischen Aupair und Niederländischer Regierung, der besagt, dass das Aupair innerhalb eines Jahres die Niederlande wieder verlassen haben muss
- Auslandskrankenschein
- Erklärung der Gastfamilie, dass diese bereit ist, finanziell für das Aupair zu haften
- Polizeiliches Führungszeugnis

Die Bedingungen bei längeren Aufenthalten und für Aupairs aus Ländern, die nicht Mitglied der EU sind, können bei den jeweiligen Botschaften bzw. Generalkonsulaten erfragt werden.

Wissenswertes

- *Notruf (Polizei / Feuerwehr):* landesweit einheitliche Notrufnummer »112«
- Telefonieren nach den Niederlanden: 0031 + Rufnummer ohne 0

Versicherungen

Laut *EXIS* muss die holländische Gastfamilie eine Versicherung für das Aupair abschließen (z.B. ISIS-Versicherung). Die Organisation weist ausdrücklich darauf hin, dass man darauf bestehen sollte, dies so schnell wie möglich in die Wege zu leiten.
Die Europäische Krankenversicherungskarte der gesetzlichen Krankenkasse zu Hause berechtigt im Rahmen des Europäischen Sozialabkommens zwar zu einer Übernahme etwaiger Behandlungskosten durch die niederländische Krankenkasse (ANOZ); dies schien den holländischen Behörden als Absicherung ausländischer Aupairs nicht ausreichend.

Aupair-Bedingungen

- *Lohn:* ca. 250–340 € pro Monat
- *Urlaub:* pro sechs Monate Tätigkeit zwei Wochen bezahlter Urlaub
- *Freizeit:* ein freier Tag (inkl. Abend) pro Woche; zweimal im Monat muss dies ein Sonntag sein.

A'nF – Au Pair and Family
Lange Straße 17
12209 Berlin-Steglitz
Tel. 0049-(0)30-30349722
Fax: 0049-(0)30-30349723
info@aupairandfamily.de
www.aupairandfamily.de

Öffnungszeiten: Mo-Mi und Fr 11.00 –15.00, Mo und Do 16.00 – 20.00

Gründungsjahr: 2005

Ansprechpartner: Frau Strauß, Frau Fröhlich, Frau Rapior

Vorbereitung auf den Au Pair Alltag in mehrtägigen Workshops und Trainingsprogrammen sowie Sprachkurse gehören ebenso zum Service wie umfassende Beratung in Einzelgesprächen, A'nF-Au Pair Treffen im Ausland, sowie Skripte und Handbücher. Auch während des Auslandsaufenthaltes erfolgt die Betreuung sowohl durch die ausländische als auch durch die deutsche Agentur. Ein deutsches Notfalltelefon ist 24 Stunden auch an Wochenenden und Feiertagen geschaltet. Männliche Au Pairs werden ausschließlich im USA-Programm vermittelt. Die Bewerbungen sollten drei Monate vor der geplanten Ausreise vorliegen; kurzfristige Vermittlungen sind bedingt möglich. Kautionen, Saisonaufschläge, Interviewgebühren oder Reisekostenbeteiligungen werden bei keinem Programm erhoben. Die Zahl der jährlichen Vermittlungen liegt bei 250 Au Pairs.

Spezialisiert auf:
Au Pair Aufenthalte in den USA, Australien, Neuseeland, Dänemark, Frankreich, Groß-Britannien, Italien, Irland, Island, Spanien, Niederlande

Vermittlungsgebühren:
Au Pair USA 150 €
Au Pair Europa 200 €
Au Pair Australien/Neuseeland 400 €

Weitere Programme: Sommer-Camp USA

Verbandsmitgliedschaften: Anwärter für IAPA Mitgliedschaft

Sonstiges: Aus Sicherheitsgründen vermitteln wir nicht via Au Pair Galerien im Internet.

Erfahrungsbericht

Andie verbrachte ein Jahr als Aupair in den Niederlanden. Vor dem Beginn des Jahres gab es neben Vorfreude auch eine gewisse Skepsis, ob alles gut gehen würde.

»Man kommt also in eine mehr oder weniger völlig fremde Familie, um ein Jahr im Ausland als Kindermädchen „Urlaub" von zu Hause zu machen. Aupair ist Lotto. Du kannst gewinnen, du kannst verlieren! Glück haben und in eine nette Familie kommen, die dich als Teil der Familie sehen, oder Pech, und du bist Mädchen für alles, was heißt: schrubben, kochen, putzen, waschen, einkaufen und nebenbei noch ein paar Kiddies betreuen – Variationen aus beiden Extremen natürlich nicht ausgeschlossen! In meinem Fall hatte ich wohl einen Sechser im Lotto. Ich durfte ein Jahr mit einer überaus lustigen, relaxten und sehr offenen Familie in Amsterdam ein tolles Leben führen.

Als Familienmitglied aufgenommen, hatten sich meine Befürchtungen nicht bewahrheitet und ich wurde von den Kindern relativ schnell als neue Aufpasserin akzeptiert, was ja nicht selbstverständlich ist. So konnte ich genau die Dinge erfahren, die mich so brennend interessierten: Ich kam in ein völlig fremdes Land, in eine große, fremde Stadt, zu einer Familie, mit der ich bis jetzt ein Mal telefoniert hatte und regen Emailkontakt führte, um für zehn Monate drei teuflischen, süßen Kindern im Alter von zwei, fünf und sieben ein neuer Spielgefährte und bester Freund zu sein. Ich war enorm gespannt, wie andere Eltern ihr Kinder erzogen, wie der typischer Lifestyle in Holland aussah, wie es so war, in einem Haus aus Backsteinen zu leben, was man in den Niederlanden jetzt wirklich aß und vieles mehr ... Diese Fragen, die mich als Aupair ins Ausland lockten, wurden im Laufe des Jahres ganz nach dem System learning by doing beantwortet.«

Andies Verhältnis mit ihrer Gastfamilie war sehr freundschaftlich bis familiär.

»Sie legten besonderen Wert auf Offenheit, d. h. wenn ich Probleme, Anregungen oer Wünsche hatte, wurden diese immer sofort ausdiskutiert, besprochen und umzusetzen versucht. Umgekehrt genauso – wenn sie etwas auszusetzen hatten, gaben sie auch sofort Bescheid. Meiner Meinung nach ist es sehr wichtig, dass Kommunikation immer an erster Stelle steht, weil so nie Stress oder gar Streit aufkommen kann. Meine Familie hat sich auch wirklich für mich interessiert. Oft saßen wir abends bei einer Tasse Tee am Tisch und haben uns von uns gegenseitig erzählt. Ich bin noch immer in Kontakt mit ihnen und vermisse sie sehr, weil sie wirklich eine zweite Familie für mich geworden sind.«

Wie viele der anderen Aupairs, die Andie kennenlernte, waren beide Gasteltern berufstätig und den ganzen Tag nicht daheim.

»Ich musste immer – für meinen Geschmack – viel zu früh morgens aufstehen, um den Kindern beim Ankleiden und Frühstücken zu helfen, sie etwas zu hetzen, damit sie nicht schon wieder zu spät zur Schule kämen, und dann dorthin begleiten. Wieder zu Hause angekommen, hatte ich das Haus dann ganz für mich alleine. Im Normalfall machte ich in diesen ruhigen Stunden ein wenig den Haushalt, sprich Küche aufräumen, Bad putzen oder ähnliches. Um Punkt 15 Uhr holte ich meine kleinen Schützlinge wieder vor der Schule ab, machte für sie ein paar Spieltermine aus und ging dann, je nachdem, mit 1–5 Kindern wieder nach Hause. Gegen 18 Uhr, wenn alle Kinder wieder dort waren, wo sie hingehörten, bereitete ich das Abendessen vor. Nach dem Essen wurde noch ein bis-

schen fern gesehen und dann ging es ab ins Bett!«
Neben teils anstrengenden Arbeitszeiten mit den Kindern genoss Andie das ansonsten lockere Aupairleben.

»Eine gute Nebenwirkung am Aupairleben ist ja das meistens gar nicht so schlechte Taschengeld, freie Wochenenden, und damit verbunden eine fremde Stadt mit aufregendem Nachtleben und tollen Persönlichkeiten aus aller Welt, mit denen man zum Teil seine Erfahrungen austauschen konnte, denn auch sie kamen aus ähnlichen Gründen in diese Stadt. Man machte neue Erfahrungen, findet neue Freunde – und manchmal sogar ein neues Ich. Alles in allem gibt einem das Aupairdasein eine besondere, und ich möchte fast sagen einzigartige Gelegenheit, auf kostengünstige Weise einen Auslandsaufenthalt zu machen. Alles natürlich unter der Vorausetzung, dass man Kinder wirklich gerne mag! Neue Kulturen, Menschen und Orte kennen zu lernen, eine neue Sprache zu beherrschen und ein zweites Zuhause zu haben – in einem ganz anderen Land – das ist toll. JA, ich würde es wieder tun.«

Nützliche Adressen

... in Deutschland

Niederländische Botschaft,
T. 0049 (0)30 209 56-0, F. -441,
nlgovbln@bln.nlamb.de,
http://bln.niederlandeweb.de

Niederländisches Büro für Tourismus, (NBT), T. 0049 (0)2 21 92 57 17 -27, F. -37, info@niederlande.de, www.niederlande.de

... in den Niederlanden

Ministerie van Sociale Zaken en Werkgelegenheid, Direcotraat-Generaal voor de Arbeitsvoorziehing, www.minszw.nl
Zentrale Arbeitsverwaltung in den Niederlanden.

Nederlands Bureau voor Toerisme (NBT), www.holland.com/corporate
Zentrale niederländische Fremdenverkehrsbehörde.

... in Österreich

Botschaft der Niederlande, T. 0043 1 58939, F. 0043 1 58939265, nlgovwen@cso.co.at, http://osterreich.nlbotschaft.org/botschaft

... und der Schweiz

Botschaft der Niederlande,
T. 0041 (0)31 350 87 00, F. 0041 (0)31 350 87 10, ben@minbuza.nl, www.nlembassy.ch

Norwegen

Zwar zählt Norwegen zu den vier Ländern, die das Europäische Aupair-Abkommen ratifiziert haben, aber dabei ging es offenbar vor allem um Norweger im Ausland – eine offizielle Vereinbarung über die Plazierung von norwegischen Aupairs besteht laut *Arbeidsdirektoratet* nur mit Großbritannien. Da diese Behörde selbst keine Aupair-Vermittlungen durchführt, rät sie Interessenten, Kontakt mit einer norwegischen Familie aufzunehmen – z.B. über eine Zeitungsannonce – oder sich an den norwegische Vermittler *Atlantis* zu wenden. Die Arbeitsbedingungen müssen jedoch in Übereinstimmungen mit dem Europäischen Aupair-Abkommen geregelt werden.

Die Zahl der Aupairs in Norwegen ist recht schwankend; ist das skandinavische Königreich doch keines der klassischen Aupair-Länder. Trotzdem ist in den letzten Jahren die Anfrage gestiegen – sei es wegen der olympischen Winterspiele in Lillehammer im Jahr 1994, sei es wegen dem Faible für skandinavische Länder mit der potentiellen Aussicht, dorthin später einmal auszuwandern: es sind doch einige Skandinavienfans, die ihr Glück als Aupair in Norwegen suchen.

Die gemeinnützige norwegische Stiftung *Atlantis Ungdomsutveksling* weist darauf hin, dass die Zahl der im Rahmen des staatlichen Aupair-Programmes plazierten Bewerberinnen und Bewerbern starken jährlichen Schwankungen unterliegt, bedingt durch von der norwegischen Regierung je nach Arbeitsmarktlage veranlasste Beschränkungen oder Erleichterungen.

Literatur

 »Jobben Weltweit«, erhältlich über http://shop.interconnections.de
Über das Thema Aupair hinausgehender Ratgeber zu allen erdenklichen Jobmöglichkeiten, Working Holiday, Freiwilligendienste, Work and Travel, Work Camps, Austausch, Sprachenlernen, Highschool u.ä.

 »Jobben für Natur und Umwelt – Europa und Übersee«
Erhältlich über
http://shop.interconnections.de

Reiseportal

www.reisetops.com

Aufenthaltsbestimmungen

EU-Bürger und Schweizer benötigen vor der Einreise eine Arbeitserlaubnis, die beim zuständigen Konsulat in der Heimat zu beantragen ist. Vorzulegen sind der Reisepass, die Geburtsurkunde und der Aupairvertrag. Beim norwegischen Konsulat erhalten künftige Aupairs auch die nötigen Bewerbungsbögen der Vermittlungsagentur. Diese Schritte sind unbedingt *vor* der Einreise nötig und nehmen mindestens zwei bis drei Monate in Anspruch!

Für EU-Bürger gilt: Durch das Abkommen über den Europäischen Wirtschaftsraum (EWR) zwischen Norwegen und der EU sowie Island und Liechtenstein ist die Freizügigkeit von Arbeitnehmern gewährleistet. So kann u.a. Arbeitslosengeld für bis zu drei Monate in Norwegen gezahlt werden (E 303), wenn dies vor der Einreise im Heimatland beantragt wurde. Nähere Informationen sind der Broschüre *Arbeitssuche in Norwegen* zu entnehmen, die die norwegische Botschaft sowie das Arbeitsministerium versenden.

Da ein Aupairaufenthalt in Norwegen generell länger als drei Monate dauert, benötigt man auch eine Aufenthaltsgenehmigung. Diese ist innerhalb der ersten Woche des Aufenthalts in Norwegen bei der örtlichen Meldebehörde (*Politikammer*) zu beantragen. Dabei müssen ein gültiges Einreisedokument (Pass oder Personalausweis) sowie ein Anstellungsvertrag vorgelegt werden.

Wissenswertes

- *Landessprache:* Norwegisch; es existieren zwei einander sehr ähnliche Schriftsprachen: *Bokmal*, besonders in den Städten, und *Nynorsk* (Neunorwegisch; ländliche Gebiete des Westens und des Nordens). Ein Viertel aller Rundfunk- und Fernsehsendungen erfolgen in neunorwegischer Sprache. In Sprachschulen dagegen wird in aller Regel Bokmal gelehrt. In der Bevölkerung sind Englisch- und Deutschkenntnisse weit verbreitet.
- Telefonieren nach Norwegen: 0047 + Rufnummer ohne 0
- *Währung:* 1 Norwegische Krone (nkr) = 100 Öre.1 Krone entspricht etwa 10 Eurocent; Währungen sind allerdings teilweise starken Schwankungen unterworfen.

Versicherungen

Wenn das Aupair auf offiziellem Weg bei einer norwegischen Familie angestellt wird, übernimmt diese sämtliche Kranken- und Sozialversicherungskosten. Auf Antrag der Familie wird das Aupair Mitglied des staatlichen norwegischen Gesundheitsdienstes (*Rikstrygde Verket*), der die Kosten für Zahnbehandlungen allerdings nicht übernimmt. Es empfiehlt sich daher, vor der Einreise für eine Sanierung der Zähne zu sorgen. Bei chronischen Krankheiten muss die Versicherung im Heimatland aufrechterhalten bleiben.

Aupair-Bedingungen

- *Aufenthaltsdauer:* der längstmögliche Aufenthalt beträgt zwei Jahre, wobei nach Ablauf von zwölf Monaten um eine Verlängerung nachgesucht werden muss.
- *Urlaub:* Aupairs haben Anspruch auf 25 Urlaubstage pro Jahr; allerdings wird dabei nicht der volle Lohn, sondern lediglich ein Teil weitergezahlt.
- *Lohn:* zur Zeit 4000 Nok / Monat, wovon von der Familie etwa 10-30 % Steuern abgezogen werden können (das Aupair-Verhältnis wird in Norwegen als reguläre Arbeit angesehen; Einkünfte müssen daher versteuert werden) – es bleiben netto also etwa 2500 Nok / Monat, was ungefähr 275 € entspricht.
- *Zusatzleistungen:* viele Gastfamilien zahlen dem Aupair sowohl die Monatskarte für den öffentlichen Nahverkehr, als auch ihren Sprachkurs.

Erfahrungsberichte
I.

Nachdem *Maria* ihr Studium abgebrochen hatte, musste schnell eine Entscheidung her, was folgen sollte. Für Freiwilligendienste war der Bewerbungsschluss schon längst abgelaufen, aber da Marias Schwester ein halbes Jahr zuvor ebenfalls als Aupair gearbeitet hatte, begann sie sich im Internet darüber zu informieren. Spontan registrierte sie sich auf einer Seite und gab als Wunsch Norwegen bzw. Skandinavien allgemein an. Nach zwei Tagen kam dann schon das Angebot, nach Haugesund in Norwegen zu gehen. Und dann ging alles ganz schnell.

»Es war einfach das Beste, was ich machen konnte! Von der Familie wurde ich sehr herzlich aufgenommen. Die drei Kinder (eine Siebenjährige und ein vierjähriges Zwillingspärchen) gewöhnten sich nach einer kurzen Annäherungs-und Kennenlernphase an mich und behandelten mich nicht anders als ihre Eltern – sowohl im negativen als auch positiven Sinne. Sie heulten oder lachten in den gleichen Situationen, so dass ich mir da nicht benachteiligt vorkam oder mich nicht akzeptiert fühlte. Mir wurde gleich viel Vertrauen entgegengebracht; ich hatte beispielsweise schon nach zwei Wochen Aufenthalt die Kinder für zwei Tage ganz allein, als die Eltern auf Geschäftsreise waren.«

Auch sonst fühlte sich Maria in ihrer neuen Heimat wohl und genoss es, auf Entdeckertour zu gehen.

»Mir wurde auch schon viel von der Umgebung hier gezeigt; wir machten Bootsausflüge und fingen Krabben. Das mit den Krabben war ein vollkommen neues Erlebnis, da ich aus einer Großstadt komme und Meerestiere davor nicht gerade auf meinem Speiseplan standen – schon gar nicht selbstgefangene! Die Landschaft hier ist total schön. Ich habe zum Glück auch ein Auto zur Verfügung gestellt bekommen.«

In ihrer Freizeit stürzte sich Maria in den „Norwegian way of life".

»Wenn man sich engagiert, kann man viel machen. Ich ging beispielsweise in einen Basketballverein und zu einem internationalen Wochentreffen. Die Norweger selbst sind total hilfsbereit und freundlich, aber nicht so zugänglich, wenn es darum geht, richtige Freundschaften und nicht nur Bekanntschaften zu schließen.«

Mit der Sprache hatte Maria kaum Probleme, da sie schon vor ihrer Anreise die grundlegenden Dinge konnte.

»Die Sprachschule hier brachte mir nicht allzu viel, aber im Alltag und mit den Kindern kriegt man Einiges mit. Mit den Eltern sprach ich meistens Deutsch, da beide in Deutschland studiert hatten, aber die Kinder konnten nur Norwegisch.«

Maria hatte recht wenige Pflichten und viel Freizeit.

»Meine Aufgaben waren nicht wirklich ausgeprägt – morgens aß ich mit den Zwillingen Frühstück, zog sie an, spielte mit ihnen und brachte sie in den Kindergarten, meist zwischen halb neun und neun. Dann bügelte ich eine Runde, fegte die Brotkrümel vom Boden und räumte den Tisch ab. Gegen 15 Uhr holte ich dann das große Mädchen von der Schule ab, und während sie Hausaufgaben machte, kochte ich Abendbrot für die Familie. Wir aßen immer gegen 17 Uhr zusammen. Babysitten musste ich nur ab und zu.«

Kritische Situationen erlebte Maria kaum.

»Anfangs schrie das jüngste Mädchen immer, wenn ich ihr die Schuhe oder Jacke anzog, dass ich das nicht machen sollte, sondern Mutti oder Papa – aber das machte sie selbst bei ihren Großeltern. Nach einer Weile legte sich das aber ganz.«

Trotzdem gab es Einiges, das Maria auch störte.

»Was ich hier als negativ ansehe, ist z. T. die Erziehung. Irgendwie werden hier die meisten Kinder ziemlich verwöhnt und auch verzogen. Alles wird hinterhergeräumt, die Kinder müssen bei nichts helfen, kriegen meist alles, was sie wollen, und dürfen danach auch quengeln ohne Ende. Wenn ich das dann anders handhabte, war ich natürlich die Böse ... – Aber nach einer Weile hatten die Kinder dann verstanden, dass sie bei mir nicht alles durften. Diese kleinen Machtkämpfe nervten zwar ab und an – zumal es auch an die Ohren geht, wenn die ganze Zeit geschrien wird – und ich musste dann erst einmal Luft holen, aber insgesamt machte es so viel Spass, dass mich das nicht runterriss.«

Heimweh hatte Maria in der ganzen Zeit nicht, und sie beschloss nach dem Jahr, ganz in Norwegen zu bleiben und dort zu studieren, da sie einfach nicht mehr weg wollte.

II.

Für *Miriam* war Norwegen schon immer das Traumland, und als sie sich nach dem Abitur eine Aupair-Stelle suchte, weil sie nicht von der Schule direkt an die Uni wechseln wollte, sondern den "Ich will die Welt sehen und etwas Erleben"-Drang hatte, war sie überglücklich, dass ihr eine Stelle in Norwegen angeboten wurde. Sie besuchte ihre spätere Gastfamilie, die sie via Aupair World fand, bereits vorab im Januar zum Kennenlernen. In das kleine Mädchen (3) verliebte sie sich gleich, und auch der Rest gefiel ihr. Ein Haus direkt am Meer, am Oslofjord, nur 20 Minuten bis ins Zentrum von Oslo. Und außerdem eine sehr sympathische Familie.

» Im Juli ging es dann los. Zuerst fuhren wir für ein paar Tage nach Italien in den Urlaub, damit sich die Kleine ganz an mich gewöhnen konnte. Anfangs war das natürlich schwierig. Ich konnte die Sprache nicht und das Kind war im Trotzalter. Sie schlug um sich, hörte nicht (wie auch, sie verstand mich ja nicht), und ich war stark am Zweifeln, ob das die richtige Entscheidung war.

Aber schon nach zwei Wochen konnte ich mich einigermaßen verständigen – was ich vor allem meiner Gastoma zu verdanken hatte, denn wir übten täglich. Ich fühlte mich schnell in die Familie integriert und fand auch rasch Freunde. Einige waren norwegisch, andere waren Aupairs aus Deutschland, die ich beim deutschen Aupair Treffen in Oslo kennenlernte. Im Sprachkurs fand ich noch andere Aupairs, die aus ganz Europa kamen.

Meine Aufgaben in der Familie waren sehr unterschiedlich; der Fokus lag aber auf dem Haushalt. Wir hatten einen Familien-Plan, wo alle Aufgaben und Termine der ganzen Familie eingetragen waren. So wussten immer alle, wer mit Kochen, Einkaufen, Kind abholen etc. an der Reihe war. Der Plan war notwendig, weil Chaos der zweite Name meiner Familie war und es immer ziemlich stressig und chaotisch zuging. Wir wechselten uns viel ab; dennoch hatte ich feste Aufgaben wie Wäsche machen, Küche sauber halten und das Kind morgens in den Kindergarten bringen. Da ich die Zeit flexibel gestalten konnte, hatte ich oft die Möglichkeit, vorzuarbeiten und dann ein verlängertes Wochenende zu genießen.

Ich hatte also viel Zeit, das Land zu erkunden, was ich auch nutzte. Das Taschen-

geld reichte aus, um verschiedene Städtetrips zu machen und am Wochenende Oslo zu erkunden.«
Trotzdem war nicht alles eitel Sonnenschein, wie Miriam gesteht:
»Ich hatte zwar im Allgemeinen das vielleicht schönste und abwechslungsreichste Jahr meines Lebens, aber Probleme gab es natürlich auch. Meine Gastmutter kritisierte mich oft, verstand dabei aber nicht, dass ich die Dinge eben anders oder bisher noch nicht kannte. Ich hatte bis dato eben noch keine Seidenbluse gebügelt. Nach einer großen Aussprache im Oktober (ich hatte zwischendurch Gedanken, abzubrechen) lief es einfach super. Wir redeten unheimlich viel miteinander, und ich wurde noch mehr in die Familie eingebunden. Nur einmal danach kam es noch zum Streit, dieses Mal mit meinem Gastpapa. Hinterher mussten wir alle lachen, denn der Streit beruhte auf einem Missverständnis. Ich hatte etwas anderes verstanden, als er gesagt hatte, und wir hatten uns dermaßen in die Sache reingesteigert, dass wir beide explodierten.«
Alles in allem zieht Miriam eine positive Bilanz:
»Ich würde zwar nicht noch einmal ein Jahr Aupair sein wollen, aber für diesen Zeitraum war es genau das Richtige für mich. Ich wurde viel selbstständiger, habe eine neue Sprache gelernt und viele tolle Leute kennengelernt. Aber das wichtigste von allem: Ich habe eine zweite Familie gefunden, die ich auch heute noch regelmäßig sehe und zu der ich immer kommen kann.«

Nützliche Adressen

... in Deutschland

Norwegische Botschaft, T. 0049 (0)30 245 21 60, emb.berlin@mfa.no

Norwegisches Fremdenverkehrsamt, germany@innovationnorway.no, www.visitnorway.com/de (auch Österreich und Schweiz)

Deutsch-Norwegische Freundschaftsgesellschaft, www.norwegenportal.de

... in Norwegen

Utlendingsdirektoratet, www.udi.no, Zentralamt für Ausländerfragen

Arbeidsdirektoratet, Holbergs Plass 7, Postboks 8127 Dep., N-0032 Oslo 1, T. 22 94 24 00
Die Zentrale der norwegischen Arbeitsverwaltung versendet auf Anfrage die Broschüre »Summer Employment in Norway«.

... in Österreich

Norwegische Botschaft,
T 0043 1 715 6692, F. 0043 1 712 6552, emb.vienna@mfa.no

... und in der Schweiz

Norwegische Botschaft,
T. 0041 (0)31 310 55 55, F. 0041 (0)31 310 55 50, emb.bern@mfa.no, www.amb-norwegen.ch

Vermittlungsagentur

Atlantis (Norsk Stiftelse for Ungdomsutveksling),
T. 0047 (0)22 47 71 70,
F. 0047 (0)22 47 71 79,
atlantis@atlantis.no,
www.atlantis-u.no
(Stichpunkt „Work ing Norway")

Portugal

Portugal zählt zu jenen Ländern, in denen Aupair-Aufenthalte zahlenmäßig noch relativ unbedeutend sind. Wir konnten bisher nur eine Handvoll Organisationen in den deutschsprachigen Ländern ausfindig machen, die Aupairs nach Portugal vermitteln. Auf die Dienste einschlägiger Vermittler zu Hause können Aupairs mit dem Zielland Portugal bisher nicht rechnen.

Portugal hat das Europäische Aupair-Abkommen bislang jedoch nicht unterzeichnet. Aus diesem Grund sind die Aupair-Aufenthalte nicht gesetzlich abgesichert. Es kann daher vorkommen, dass auch die wenigen Familien, die sich vom Aupair-Statut überhaupt konkrete Vorstellungen machen können, mehr Arbeitsstunden verlangen oder ein geringeres Taschengeld zahlen als nach europäischem Maßstab festgelegt. Angesichts der verhältnismäßig hohen Sprachkursgebühren und der aufgrund weiter Entfernung hohen Reisekosten sicher keine einfache Situation.

Literatur

- »Jobben Weltweit«, Allgemeiner Ratgeber zu Jobmöglichkeiten, Working Holiday, Freiwilligendienste, Work and Travel, Work Camps, Austausch, Sprachenlernen, Highschool u.ä. weltweit.
- »Freiwilligendienste in Deutschland«
- »Internationale Freiwilligendienste«
- »Freiwilligeneinsätze Weltweit,« (Intern. Freiwilligendienst auf eigene Faust organisiert)
- »Zivi Weltweit«

Erhältlich über
http://shop.interconnections.de

Reiseportal

www.reisetops.com

Aufenthaltsbestimmungen

EU-Ausländer, die länger als drei Monate in Portugal zu bleiben gedenken, benötigen eine Aufenthaltsgenehmigung (»*permissao de permanência*«). Bei Arbeitsaufnahme ist zusätzlich eine Arbeitserlaubnis (»*autorizaçao de trabalho*«) erforderlich. Um diese zu erhalten, muss ein Arbeitsvertrag vorhanden sein, der von der Gastfamilie unterzeichnet wurde (*Contrato de trabalho do serviço doméstico*). Mit diesem lässt sich bei der örtlichen Polizeibehörde in Portugal, z.B. dem »*Serviço de Estrangeiros*« in Lissabon, eine Aufenthaltsgenehmigung beantragen. Näheres, auch über die Beantragung einer Arbeitsgenehmigung, ist im Vorfeld beim zuständigen portugiesischen Konsulat und den Vermittlungsstellen in Erfahrung zu bringen. Schweizer Staatsangehörige müssen sich bereits vor der Einreise um Aufenthalts- und Arbeitsgenehmigung bemühen.

Wissenswertes

• *Telefonieren nach Portugal*: 00351 + Rufnummer ohne 0
Notruf 112
landesweit einheitliche Notrufnummer für Notarzt / Krankenwagen und Feuerwehr
Wichtige Rufnummern in Lissabon:
Vergiftungszentrale: 01 795 01 43;
diensthabende Apotheken: 118;
Feuerwehr: 01 32 22 22;
Polizei: 01 346 61 41 und 347 47 30
Wichtige Rufnummern in Porto:
Polizei 268 21; Rotes Kreuz 66 68 72;
Feuerwehr 48 41 21

• Zeitdifferenz:
– portugiesisches Festland und Madeira: es gilt ganzjährig die WEZ (Westeuropäische Zeit) oder Greenwichzeit (MEZ minus eine Stunde); Sommerzeitregelung wie in allen EU-Staaten: am letzten Sonntag im März werden die Uhren eine Stunde vor und am letzten Sonntag im Oktober eine Stunde zurückgestellt.
– Azoren: der Zeitunterschied zu Mitteleuropa (MEZ) beträgt ganzjährig zwei Stunden.

Versicherungen

Da der Aupair-Status eine Mittelstellung zwischen Arbeitnehmer und Student darstellt, ist die Aufnahme in die portugiesische Sozialversicherung nicht zwingend. Nähere Auskünfte darüber erteilen das zuständige portugiesische Generalkonsulat wie auch die eingeschaltete Vermittlungsagentur. Lässt sich die Versicherungsfrage nicht eindeutig klären, ist auf jeden Fall eine Kranken- und Unfallversicherung im Heimatland anzuraten. Die Europäische Krankenversicherungskarte berechtigt im Rahmen des europäischen Sozialversicherungsabkommens zur Inanspruchnahme ambulanter und stationärer Behandlung. Bei allen Leistungen sind Eigenanteile zu tragen.

Aupair-Bedingungen

Über die allgemeinen Bedingungen für Aupair-Arbeit in Portugal ist von offizieller Seite kaum etwas in Erfahrung zu bringen. Zu vereinbarende Konditionen wie die Höhe des Taschengeldes, die Arbeitszeit etc. dürften sich in vielen Fällen jedoch nicht am europäischen Maßstab orientieren – eine Feststellung, die ganz allgemein für den Lebensstandard innerhalb der portugiesischen Bevölkerung zutrifft. Obendrein scheint die Meinung recht verbreitet, das Aupair habe rund um die Uhr für die Bedürfnisse der Familie einzustehen. Und in der Provinz ziemt es sich für junge Mädchen bis auf den heutigen Tag nicht, abends auszugehen – schon gar nicht ohne männliche Begleitung.
Wer von seinem Aupair-Aufenthalt wirklich profitieren möchte, tut also gut daran, nicht ohne finanzielles Polster nach Portugal zu reisen. Zu einer gegenteiligen Annahme sollte man sich auch von (für mitteleuropäische Verhältnisse) günstigen Preisen für Lebensmittel, Reisen, Unterkunft usw. nicht verführen lassen.

Nützliche Adressen

... in Deutschland

Portugiesische Botschaft,
Wilhelmstr. 65, D-10117 Berlin,

T. 030 2291388, 229 00 11, F. 229 0012,
HHH NÜmail@botschaftportugal.de,
www.botschaftportugal.de

Portugiesisches Amt für Touristik,
– Schäfergasse 17 / IV,
D-60313 Frankfurt/Main,
T. 069 231433

... in Österreich

Portugiesische Botschaft,
T. 0043 (0)1 586 75 36,
F. 0043 (0) 1 587 58 39,
embportv@via.at, Abteilung
Fremdenverkehr T. 0043 (0) 1 513 26 70, F. 0043 (0) 1 587 58 39,
icepvie@icepvie.co.at

... in der Schweiz

Portugiesische Botschaft,
Tel. 0041 (0)31 3528329,
Fax 0041 (0)31 3514432.

... und in Portugal

Serviço de Estrangeiros, T. 00351 (0)217 115 000, F. 00351 (0)217 161 595, sef@sef.pt, www.sef.pt
Zuständige Ausländerbehörde in Lissabon.
Auch die *Postos de Turismo (ICEP)* sowie örtliche und regionale Tourismusbüros *(ORLT)* informieren flächendeckend über lokale Sehenswürdigkeiten. Die Anschriften sind beim Hauptverband in Lissabon (Palácio Foz, Praça dos Restauradores, 1200 Lisboa, T. 00351 (0)21 346 36 58, 00351 (0)21 346 63 07) oder im Internet zu bekommen:
Offizielle Websites der einzelnen Bezirke: www.concelhos.etc.pt
Informationssuchservice zu Websites:

www.sapo.pt (nur inPortugiesisch)
Portugal-Guide (Guia de Portugal):
www.europe-today.com/portugal.

Schweden

Im Grunde verfügt Schweden über ein gutes Kinderbetreuungssystem, so dass die Anfrage nach Aupairstellen im Land teilweise größer ist als der tatsächliche Bedarf; schon allein deswegen empfiehlt es sich, den Aufenthalt von langer Hand vorzubereiten; eine Planungszeit von mindestens sechs Monaten ist anzuraten!

Literatur

 »Jobben Weltweit«
Über das Thema Aupair hinausgehender Ratgeber zu allen erdenklichen Jobmöglichkeiten, Working Holiday, Freiwilligendienste, Work and Travel, Work Camps, Austausch, Sprachenlernen, Highschool u.ä.

 »Freiwilligendienste in Deutschland«
 »Internationale Freiwilligendienste«
 »Freiwilligeneinsätze Weltweit,« (Intern. Freiwilligendienst auf eigene Faust organisiert)
 »Zivi Weltweit«
Erhältlich über
http://shop.interconnections.de

Reiseportal

www.reisetops.com

Aufenthaltsbestimmungen

EU-Angehörige benötigen keine Aufent-

haltsgenehmigung für Schweden und müssen sich lediglich innerhalb von drei Monaten bei der zuständigen Behörde, dem *Migrationsverket*, anmelden (www.migrationsverket.se/english.jsp).
Zur Einreise ist ein Reisepass oder Personalausweis notwendig, der noch mindestens drei Monate über den geplanten Aufenthalt hinaus gültig sein sollte.
Neben EU-Bürgern genießen die Staatsangehörigen der EFTA-Staaten Island, Norwegen und Liechtenstein Freizügigkeit im Land. Für Schweizer Staatsangehörige bedeutet dies, dass sie vor ihrer Einreise sowohl eine Arbeits- als auch eine Aufenthaltsgenehmigung über eine diplomatische Vertretung Schwedens im eigenen Land beantragen müssen. Nicht-EU-Bürger informieren sich bei der Schwedischen Botschaft bzw. dem Konsulat in ihrem jeweiligen Land.

Wissenswertes

- *Notruf:* landesweit einheitliche, kostenlo-se Notrufnummer »112« für Notarzt / Kran-kenwagen, Polizei und Feuerwehr.
- *Telefonieren nach Schweden*: 0046 + Rufnummer ohne 0
- *Währung:* 1 Schwedische Krone (Skr) = 100 Öre. Eine Krone entspricht derzeit etwa 9–10 Eurocent.

Versicherungen

In Schweden gibt es *kein* Anrecht auf die Leistungen des nationalen Gesundheitsdienstes, solange man unter einem Jahr im Land ist. Aus diesem Grunde sollten sämtliche Versicherungen im Heimatland aufrechterhalten bzw. ergänzend abgeschlossen werden. Wer eine ambulante oder stationäre Behandlung in Anspruch nehmen muss, benötigt dazu die bei der gesetzlichen Krankenkasse zu Hause erhältliche Europäische Krankenversicherungskarte. Bei sämtlichen Behandlungen sind, ebenso wie bei Medikamenten, Zuzahlungen zu leisten; die Kosten für Zahnbehandlungen werden nicht voll übernommen.
Falls nicht vor der Anreise ausdrücklich eine andere Regelung mit der Gastfamilie getroffen wurde, kann es hier sinnvoll sein, eine zusätzliche Aupair- oder Reiseversicherung abzuschließen. Informationen dazu erteilen die Versicherer im Heimatland.

Aupair-Bedingungen

- *Alter:* 18 – 27 Jahre
- *Freizeit:* in der Regel zwei freie Tage, die jedoch nicht notwendigerweise auf das Wochenende fallen müssen.
- *Urlaubsanspruch:* bei einem Aufenthalt von 10 – 12 Monaten erhält ein Aupair üblicherweise zwei Wochen bezahlten Urlaub; einen Anspruch darauf hat es aber rechtlich gesehen nicht.
- *Lohn:* z.Zt. beträgt der durchschnittliche Aupair-Lohn etwa 3.500 SKR, was etwa 336 € enstpricht; davon geht aber noch ein bestimmter Prozentsatz an Steuern ab.
- *Beschäftigungsdauer:* meist sechs bis zwölf Monate; eine längere Beschäftigungsdauer erlauben die schwedischen Behörden Deutschen, Österreichischen und Schweizer Staatsangehörigen in aller Regel nicht.

Erfahrungsbericht

Für *Jessica* war schon lange klar, dass sie später »mit Kindern« arbeiten wollte. Direkt nach dem Abitur an die Universität wollte sie auch nicht, da sie erst praktische Erfahrungen sammeln wollte. Deshalb, und um eine neue Sprache zu lernen, entschied sie sich, als Aupair ins Ausland zu gehen. Da es eine Sprache sein sollte, die nicht jeder spricht, und da Jessica schon lange von den schwedischen Landschaften und Traditionen fasziniert war, beschloss sie, ihr Glück in Schweden zu suchen.

»Meine Familie fand ich über das Internet. Ich machte meine Suche nicht von der Stadt, sondern von der Familie abhängig, und landete in Åkersberga, einem Vorort von Stockholm. Mir hat es gleich sehr gut dort gefallen, da man nicht direkt in der Großstadt wohnt, aber eben auch nicht weit entfernt.«

Von nun an hatte Jessica drei Kinder im Alter von vier, acht und zehn Jahren zu betreuen, zwei Mädchen und einen Jungen.

»Ich brachte sie morgens zur Schule und in den Kindergarten und kümmerte mich nachmittags um sie, nachdem ich sie abgeholt hatte. Wir spielten gemeinsam, malten, bastelten oder gingen nach draußen. Da ich in meiner Gastfamilie bereits das sechste Aupair war, gab es mit den Kindern keine Startschwierigkeiten, da sie es schon gewöhnt waren, dass jemand bei ihnen wohnte, der sich um sie kümmerte. Zusätzlich zur Kinderbetreuung musste ich unter der Woche sowohl das Frühstück als auch das Abendessen vorbereiten und leichte Haushaltsarbeiten, wie staubsaugen oder bügeln, erledigen. Insgesamt verdiente ich 3500 Kronen pro Monat, was ca. 360 Euro entspricht.«

Die größte Hürde war für Jessica die Sprache. Obwohl sie schon in Deutschland zwei Schwedischkurse besucht hatte, verstand sie in den ersten Tagen nicht viel.

»Ich hatte plötzlich das Gefühl, ich hätte noch nie ein schwedisches Wort gehört. Mit den Eltern sprach ich die ersten Wochen fast ausschließlich Englisch, aber mit den Kindern ging das nicht. Ich war also gezwungen, mit ihnen Schwedisch zu reden. Aber ich denke, dass dieser Sprung ins kalte Wasser gut war, denn schon bald konnte ich mich fast problemlos mit den Kindern verständigen und sprach in der Folge auch mit den Eltern kaum noch Englisch. Nebenbei besuchte ich außerdem zweimal in der Woche einen Sprachkurs – der auch gleichzeitig dazu diente, neue Leute kennen zu lernen. Bevor ich nach Schweden kam, konnte ich mir nicht so richtig vorstellen, wie ich hier neue Leute kennen lernen könnte. Ich hatte schon Angst, dass ich sehr viel zu Hause bei der Familie wäre, aber keine Leute in meinem Alter hätte, mit denen ich mich austauschen könnte. Diese Befürchtungen bewahrheiteten sich glücklicherweise nicht. Ich lernte die anderen Aupairs aus der Umgebung über das Internet kennen. Für mich war es sehr wichtig, mich mit anderen Aupairs auszutauschen, ganz besonders in der Anfangszeit. Irgendwie haben doch alle die gleichen Probleme zu bewältigen oder sind über die gleichen Sachen erstaunt. Auch wenn die schwedische Kultur von der deutschen nicht so unterschiedlich ist, gibt es doch einige Dinge, die hier einfach anders sind – seien es Erziehungsmethoden oder andere Eigenheiten im Familienleben und im Alltag, über die man verwundert ist. Man lernt aber doch relativ schnell, sich damit zu arrangieren und sich in die Gemeinschaft einzugliedern.«

Was Jessica schade fand, war, dass es nicht so einfach war, junge Schweden kennen zu lernen. Zu anderen Ausländern fand sie dagegen viel schneller Anschluss. Und auch zu ihrer schwedischen Gastfamilie hatte sie eine gute Beziehung.

»Ich hatte das Glück, dass ich mich in meiner Familie sehr wohl fühlte und nie darüber nachdachte, mein Jahr abzubrechen. Ich fühlte mich sehr gut in die Familie integriert, wurde zu familiären Anlässen miteingeladen und feierte Weihnachten auch in Schweden mit der Familie. Ich denke, dass unser gutes Verhältnis daran lag, dass ich mit meinen Gasteltern über alles reden konnte. Wenn man in eine neue Familie kommt, ist das sowohl für die Familie als auch für das Aupair etwas Neues. Und wenn es Probleme gibt, sollten die immer gleich besprochen werden, denn ohne Komplikationen wird es wohl bei niemandem ablaufen.«

Jessica ist fest davon überzeugt, dass sie von dem Jahr sehr viel mitnimmt. »Zum einen bringt mir das Jahr viel für meinen späteren Berufswunsch, zum anderen für mich selbst als Person. Man lernt sehr viel über Kindererziehung, und wie man mit Kindern in den verschiedenen Altersgruppen umgehen muss. Aber man lernt auch, sich in einem fremden Land mit einer fremden Sprache zurechtzufinden, in einer neuen Stadt nicht die Orientierung zu verlieren, alleine auf neue Leute zuzugehen, um sie näher kennen zu lernen, und alleine Probleme zu bewältigen. Kurz gesagt, man wird einfach selbstständiger. Und noch dazu lernt man eine neue Kultur mit neuen Traditionen kennen – und wo sollte das besser gehen, als direkt in einer einheimischen Familie?«

Nützliche Adressen

... in Deutschland

Schwedische Botschaft, T. 0049 (0)30 50 50 60, F. 0049 (0)30 50 50 67 89, ambassaden.berlin@foreign.ministry.se, www.swedenabroad.com/Start_15406.aspx

Schweden-Werbung für Reisen und Touristik, Lilienstr. 19, D-20095 Hamburg, T. 040 32 55 13 55, F. -33, info@swetourism.de
Auch zuständig für Anfragen aus Österreich und der Schweiz.

... in Österreich

Schwedische Botschaft, Obere Donaustr. 49-51, A-1025 Wien, T. 0043 (0)1 21 7 53

... in der Schweiz

Schwedische Botschaft, T. 0041 31 328 70 00, F. 0041 31 328 70 01, ambassaden.bern@foreign.ministry.se, www.swedenabroad.com/Start_16504.aspx

Ausländeramt (Utlänningsnämnden), Box 45102, S-104 30 Stockholm, T. 08 728 46 00

**Swedish Immigration Board,
(Statens invandrarverk),
invandrarverket@siv.se, www.siv.se**

SI – Svenska Institutet, (The Swedish Institute), T. 0046 8 453 78 00, F. 0046 8 20 72 48, order@si.se, www.si.se
Eine breite Palette von Publikationen des schwedischen Kulturinstituts informiert über alle Aspekte der schwedischen Kultur und Gesellschaft (auch Deutschsprachiges!).

STF (Schwedischer Touristenverein), www.stfturist.se
Der schwedische Touristenverein bewirtschaftet über 350 Gästehäuser und Fjällhütten.

Spanien

Spanien erfreut sich seit einigen Jahren als Aupair-Land zunehmender Beliebtheit und hat dem Hauptkonkurrenten Italien nach Auskunft der Vermittler inzwischen den Rang abgelaufen. Längst vorbei sind die Zeiten, als sämtliche Aupair-Stellen in Spanien noch von Irinnen (»Begorras«) besetzt wurden, weil sie den katholischen Idealvorstellungen der Iberer weit genug entgegen-kamen. Heutzutage werden selbstverständlich alle Nationalitäten nach Spanien vermittelt.

Dass Spanien das beliebteste europäische Reiseland ihrer Aupair-Bewerber ist, bestätigt Ute Maar von der Aupair-Agentur Alemania, die sowohl auf das Festland als auch auf die Balearen (Mallorca) und die Kanaren (Teneriffa) vermittelt:

»Nach Spanien kann man auch ohne Grundkenntnisse der spanischen Sprache gehen – wir wählen dann eine Gastfamilie aus, die Fremdsprachenkenntnisse besitzt oder deren Kinder zweisprachig aufwachsen. Wen es nach Spanien zieht, der sollte bedenken, dass hier die Uhren etwas anders ticken – und das nicht nur, was die Zeitverschiebung auf den Kanaren betrifft ... Das Mittagessen findet beispielsweise zwischen 14 und 15 Uhr 30 statt, das Abendessen zwischen 21 und 22 Uhr 30. Letzteres bezieht sich nicht auf die Kindermahlzeiten; die Kinder erhalten meist schon früher ihr Essen. Spanier lieben es, beim Essen über Gott und die Welt zu diskutieren, Politik und Sport stehen dabei an erster Stelle. Auch vom Gast wird erwartet, dass er an dieser Konversation, genannt "la sobremesa", teilnimmt. Ein Aupair sollte sich daher nicht wundern, wenn es als erstes nach seiner Meinung über unsere Bundeskanzlerin gefragt wird ... Zwischen 13 Uhr 30 und 15 Uhr 30 ist in Spanien Siesta, viele Geschäfte und Ämter haben in dieser Zeit geschlossen. Termine oder Besuche sollten nicht in dieser Zeit vereinbart werden. Generell gilt in Spanien eine eher lockere Zeitauffassung, ganz im Gegensatz zur deutschen Pünktlichkeit. Verspätungen von einer halben Stunde gelten als normal. Als Aupair sollte man dennoch immer pünktlich zum ausgemachten Zeitpunkt mit der Gastfamilie da sein! Die spanischen Eltern sind sehr besorgt um ihre Kinder, die oft noch bis zum 30. Lebensjahr im Elternhaus wohnen. Auch fühlen sie sich für ihr Aupair verantwortlich und möchten daher wissen, wann und wohin man ausgeht. Bitte nach der Rückkehr keinen Lärm verursachen, um die Kinder nicht aufzuwecken! Was Lärm generell betrifft, so gilt Spanien als das lauteste Land Europas, aber er ist auch Ausdruck spanischer Lebenslust – wer etwas mehr Ruhe sucht, sollte sich für eine Gastfamilie auf dem Land oder in Stadtnähe bewerben. Eigentlich findet sich für jeden Geschmack die geeignete Familie, für Kunst- und Kulturinteressierte z. B. in der "Gaudí-Stadt" Barcelona oder der pulsierenden Hauptstadt Madrid, für Sonnenhungrige im Süden Spaniens z .B. in Málaga, Cádiz oder auf einer der Inseln.«

Spanien hat das »Europäische Abkommen über die Aupair-Beschäftigung« ratifiziert. Die darin festgelegten Bedingungen für Aupair-Beschäftigte und Gastfamilien sind somit auch in Spanien verbindlich.

Der auch klimatisch bedingte andere Lebens- und Tagesrhythmus – spätere Essenszeiten, häufiges Ausgehen der Gasteltern am Abend usw. – wirkt sich auf die Gestaltung des Aupair-Aufenthaltes aus. Gefordert sind daher umso mehr Anpassungsbereitschaft an die landestypischen Bedingungen und die Fähigkeit, abweichende Regelungen zum Positiven zu wenden.

Die meisten Stellenangebote kommen aus dem Großraum Madrid und Barcelona, verstärkt neuerdings auch von den Balearen (Mallorca), nach Angaben der Vermittler jedoch nur selten aus Nordspanien oder Andalusien. Bei der Ortswahl ist zu beachten, dass in der Region um Barcelona und auf den Balearen Katalonisch gesprochen wird, in Nordwestspanien Galizisch.

Literatur

- „Leben & Arbeiten in Spanien – Jobs, Praktika, Austausch, Spanisch lernen
- „Alltag und Menschen – Warum Spanier nerven, man sie aber trotzdem mag ..."
- »Jobben für Natur und Umwelt – Europa und Übersee«

Erhältlich über http://shop.interconnections.de

Reiseportal

www.booktops.com
www.reisetops.com

Aufenthaltsbestimmungen

EU-Bürger reisen mit einem Personalausweis oder Reisepass, der mindestens noch ein Jahr Gültigkeit hat, nach Spanien ein. Eine Arbeitsgenehmigung ist für alle EU-Bürger ebenfalls nicht erforderlich, so dass sich die Behördengänge auf eine polizeiliche Meldung bei der »Policía de Extranjeros« (Ausländerpolizei) beschränkt. Bleibt man unter drei Monaten, entfällt diese Meldepflicht.

Wissenswertes

- *Sprachen (»idiomas oficiales«):* Spanisch (Kastilisch) sprechen nur knapp 75% aller »Spanier« – vornehmlich Kasti-lier, Andalusier und Aragonesen – rund 18% Katalanisch (in Katalonien), gut 6% Galicisch (»Gallego«, verwandt mit dem Portu-giesischen) und anderhalb Prozent Baskisch (»Vasco«, »Euskara«).
- *Telefonieren nach Spanien*: 0034 + Rufnummer ohne 0

112 landesweiter Notruf)
091 nationale Polizei
092 örtliche Polizei
081 Feuerwehr
061 Notarzt und Krankenwagen

Versicherungen

Es besteht für die Familie keine Verpflichtung, eine Kranken- und Unfallversicherung für das Aupair abzuschließen. In der Regel beteiligt sich die Gastfamilie aber zu 50 % an den Kosten. Empfehlenswert ist daher die Aufrechterhaltung bzw. der Abschluss einer Krankenversicherung im Heimatland mit Auslandsdeckung für Spanien. Der deutsche Versicherungsschutz erstreckt sich im Rahmen des deutsch-spanischen Versicherungsabkommens auch auf Spanien (Europäische Krankenversicherungskarte). Auskünfte erteilt die zuständige gesetzliche Krankenkasse.

Aupair-Bedingungen

- *Urlaub:* kein Urlaubsanspruch von Rechts wegen; Urlaub wird aber bei einjährigem Aufenthalt in Absprache mit der Gastfamilie meist gewährt (z.b. über Weihnachten).
- *Lohn:* 220 bis 260 € pro Monat.

Nützliche Adressen

... in Deutschland

Spanische Botschaft, T. 00 49 30 254 00 70, F. 0049 30 257 99 557, embespde@correo.maec.es
Spanisches Fremdenverkehrsamt im Internet: www.spain.info, www.tourspain.es.

Erfahrungsberichte

I.

Als *Nadine* sich nach dem Abi entschlossen hatte, Übersetzen zu studieren, musste sie sich neben Englisch für eine weitere Fremdsprache entscheiden. Sehr schnell fiel ihre Wahl auf Spanisch, allerdings konnte sie fast kein Wort davon sprechen.

»Klar ist, dass man eine Sprache im entsprechenden Land viel schneller lernt als zu Hause, also entschied ich mich, ein Auslandsjahr zu machen. Der einfachste und auch günstigste Weg schien mir, als Aupair zu arbeiten. Dabei war mir bewusst, dass dieses Jahr nicht nur Freizeit, sondern auch sehr viel Arbeit bedeuten würde, vor allem, da ich mit Kindern noch nicht so viele Erfahrungen gesammelt hatte. Dennoch traute ich mir diese Arbeit zu und meldete mich bei einer Agentur an, die mich sofort vermittelte. Ich sollte in das wohlhabende Neubaugebiet eines kleines Dorfes 55 km nordwestlich von Madrid kommen. Die Familie hörte sich am Telefon und in den E-Mails sehr nett an, und ich freute mich auf das Jahr mit ihnen.«

Anfang September ging es dann los Richtung Süden. Schwer fiel Nadine der Abschied von Deutschland nicht; sie musste einfach mal raus.

»Als ich am Flughafen in Madrid ankam, bekam ich gleich einen Schreck, weil die Familie nicht da war. Hatte ich ihnen den falschen Tag gesagt? Aber dann, der spanischen Pünktlichkeit entsprechend eine halbe Stunde zu spät, kamen die Eltern angesaust und brachten mich in ein von Großvätern und Cousinen überfülltes Haus. Es war nämlich gerade *Romería*, ein Fest, zu dem wir in die Berge gingen, wo sich bereits das ganze Dorf versammelt hatte. Es gab jede Menge Essen und Trinken und lachende Menschen, und ich fühlte mich sofort wohl, obwohl ich kein Wort verstand. Zum Glück konnten alle in meiner Familie Englisch.«

So gehörte es auch zu Nadines Aufgaben, mit den Kindern Englisch zu sprechen. Die Eltern stellten aber auf Spanisch um, sobald es ging. Die Familie bestand aus Vater, Mutter und drei großen Mädchen von 11, 16 und 18 Jahren.

»Wie man sich denken kann, war ich hauptsächlich für die Kleinste da, denn die durfte das Haus nicht alleine verlassen, und auch nicht alleine zu Hause bleiben. Ansonsten lag meine Aufgabe darin, den Fahrdienst zu spielen. Mit einem riesigen alten Volvo musste ich die Mädchen samt Nachbarsjungen jeden Tag durch die schmalen Gassen im Dorf zur Schule fahren und wieder abholen und zu ihren Aktivitäten wie Tennisunterricht, Klavierunterricht usw. bringen.«

Am Anfang gab es viele neue Dinge für Nadine zu entdecken, beispielsweise die Essgewohnheiten, die so ganz anders waren als in Deutschland. So kam es ungefähr drei Mal die Woche vor, dass ein Stück Fleisch oder Fisch auf dem Teller lag, sonst aber nichts, sprich keine Beilagen, keine Soße, nichts. Sie gewöhnte sich aber schnell daran, ebenso an die Essenszeiten, die ihr wie um ein paar Stunden nach hinten gerutscht erschienen.

» Die Eltern kamen immer spät nach Hause, waren dann aber immer sehr herzlich zu mir und ihren Töchtern. Meistens wurde gemeinsam zu Abend gegessen und das, wie üblich in Spanien, zwischen 21 und 22 Uhr 30. Erst danach war mein Tag zu Ende. Weggehen konnte ich unter der Woche daher nie. Dafür musste ich so gut wie nie babysitten und konnte die Wochenenden meistens komplett mit meinen Freunden verbringen. Der Bus nach Madrid brauchte zwar eine Stunde, aber das hat mich nie gestört, im Gegenteil, ich fand die Fahrten immer sehr entspannend.«

Die ersten vier Wochen kannte Nadine überhaupt niemanden, fand aber nach und nach über das Internet andere Aupairs und schloss viele Freundschaften. Auch im Sprachkurs lernte sie neue Leute kennen.

»Die Stunden in der Sprachschule und die Wochenenden waren wirklich die schönsten Momente meines Aufenthalts. Nach und nach lernte ich auch Spanier kennen, bzw. hauptsächlich Südamerikaner. Die traf ich meistens abends beim Weggehen und aus ein paar der Bekanntschaften entwickelten sich richtige Freundschaften.«

Das war auch gut so, denn mit der Zeit verschlechterte sich Nadines Verhältnis zur Familie immer mehr.

»Die Mädchen wuchsen sehr behütet auf, meiner Meinung nach zu behütet für ihr Alter, und viele der Regeln, die das Familienleben bestimmten, erschienen mir starr und unnötig, weshalb ich mich immer schlechter an sie halten konnte. Ich merkte, dass ich mich weniger anpassen konnte, als ich es von mir erwartet und auch gewünscht hätte, und die Familie merkte das auch, so dass wir uns immer weiter voneinander entfernten. Am Ende war ich sehr froh, endlich wieder nach Hause zu können. Denn was ich auch unterschätzt hatte, war die Tatsache, dass man als Aupair erstens ständig Gast im Haus ist und sich nie wie zu Hause fühlen kann oder so benehmen kann. Zweitens findet keine Trennung zwischen Arbeit und Feierabend statt. Man ist Tag und Nacht am Arbeitsplatz, z.B. will das Kind auch sonntags mal sein Lieblingsspiel spielen. Aber im Grunde tat ich es ja schon gerne und vermisse auch die Zeit mit den Mädchen.«

Als Fazit kann Nadine sagen, dass sich das Jahr auf jeden Fall gelohnt hat, auch wenn nicht alles glatt lief.

»Ich habe viele wunderbare Menschen kennengelernt, die ich sehr vermisse, und habe viele schöne Erinnerungen an unvergessliche Abende in dieser riesigen Stadt. Auch die negativen Erfahrungen haben mich im Endeffekt gestärkt, so dass ich sagen kann, dass ich sehr viel in diesen neun Monaten gelernt habe. Vom Spanischen mal ganz abgesehen ...«

II.

»Augen auf bei der Familienwahl!« empfiehlt *Martina*, die als Aupairmädchen zu einer Familie mit einem siebenjährigen Jungen und einem neunjährigen Mädchen, die in Madrid im Stadtteil San Blas wohnten, ging.

»Spanien ist es geworden, weil ich nach einem vorigen Austausch in Bolivien mit dem Erlernen der spanischen Sprache angefangen habe. Da es in Südamerika Aupair in dem Sinne nicht gibt, da Einheimische oftmals die billigeren Arbeitskräfte sind, war irgendwann klar, dass es auf Spanien hinauslaufen würde. Ich wählte den klassischen Weg über eine Agentur, weil ich mir mehr Sicherheit erhoffte. Inzwischen stellte ich jedoch fest, dass es eine Familiensuche übers Internet genau so tut.

Meine Aufgaben in der Familie waren klar definiert; so musste ich morgens zusammen mit der Haushälterin die Kinder schulfertig machen und zum Schulbus bringen. Danach hatte ich den Vor- und Nachmittag zur freien Verfügung. Gegen halb 6 holte ich die Kinder wieder vom Schulbus ab und betreute sie bis zu deren Zubettgehen. Während der Zeit hab ich mit ihnen Hausaufgaben gemacht, gemalt oder einfach ferngesehen. Am Wochenende hatte ich den Samstag frei, und lediglich den Sonntagabend musste ich noch ein paar Stunden arbeiten.«

In ihrer Freizeit unternahm Martina viel mit anderen Aupairs, von denen es in Madrid viele gab, da es nicht ganz einfach war, mit Spaniern in Kontakt zu kommen.

»Zudem hatten wir ja alle ziemlich gleiche Arbeitszeiten und allein durch die Sprachschule, die ich fünfmal die Woche am Vormittag besucht habe, hat man sich natürlich kennen gelernt.«

Den Besuch einer Sprachschule empfiehlt Martina dringend, da eines der größten Probleme an diesem Aufenthalt sei, dass man nicht wirklich Spanisch spreche.

»Das liegt zum einen daran, dass die Familien, in denen man untergebracht ist, besser betucht sind, und oftmals wollen, dass das Aupair mit ihren Kindern Englisch oder Deutsch redet. In meinem Fall war es Englisch. Der andere Grund ist, dass man sich oftmals nur unter Aupairs tummelt und da eindeutig Deutsch vorherrscht; wenn nicht, dann größtenteils Englisch. Deswegen mein Tipp: unbedingt bei der Familienauswahl darauf achten, dass man mit den Kindern Spanisch reden darf!«

Obwohl sie sich mit ihrer Gastfamilie gut verstand, vermisste Martina ein echtes Familienleben.

»Die Tatsache, dass ich nicht wirklich in die Familie eingebunden war, hat mich sehr belastet. Ich wurde beispielsweise bei Ausflügen nicht gefragt, ob ich mitkommen wolle, und hatte somit außer während meiner Arbeitszeit keinen weiteren Kontakt zu meiner Gastfamilie. Ich glaube nicht einmal, dass meine Gasteltern das böse gemeint haben – so hatte ich schließlich alle Freiheiten. Ich hatte nur einfach nicht den Mumm, zu wechseln und mir eine Familie zu suchen, die mehr meiner Vorstellung entsprach. Ich dachte mir, dass sie so ja schließlich ganz nett seien und das also kein ausreichender Grund wäre. Im Nachhinein kann ich aber nur jedem raten zu wechseln, wenn er sich nicht wohl fühlt, aus welchen Gründen auch immer. Es soll schließlich eine positive Erfahrung sein, an die man sich gerne zurückerinnert, und bei mir dauerte es einige Zeit, bis ich wieder an diesen Aufenthalt denken mochte. Trotz vieler positiver Erlebnisse bleibt eben immer ein bitterer Nachgeschmack. In dem Zusammenhang kann ich auch nur warnen, dass diese Einstellung durchaus einige der Gastfamilien hatten – ein Aufenthalt in Spanien ist sicherlich eine Herausforderung!

Jetzt wo ich auch einige Monate wieder zurück bin, fange ich an, die Stadt zu vermissen. Madrid hat so eine eigene Dynamik, die süchtig machen kann!»

... in Österreich

Spanische Botschaft, T. 0043 1 505 57 88, F. 0043 505 57 88 125, embespat@mail.mae.es

Spanisches Kulturinstitut Cervantes, T. 0043 1 5052535, F. 0043 1 505253518, cenvie@cervantes.es, http://viena.cervantes.es

... in der Schweiz

Spanische Botschaft, T. 0041 (0)31 352 04 12 13, F. 0041 (0)31 351 52 29, embajadabern@bluewin.ch

... und in Spanien

Ministerio del Interior, Depart. de Fronteras y Extranjeros, Los Madrazos 9, E-Madrid, T. 91 2 21 69 97, HHH NÜestafeta@mir.es, www.mir.es
Zuständig für die Verlängerung von Visa in Madrid.

Secretaría General de Turismo, Calle de Maria de Molina 50, E-Madrid-6, T. 0034 (0)91 4 11 40 14, www.mityc.es

Freizeit und Reise

Auskünfte über Freizeit- und Unterkunftsmöglichkeiten in Spanien sowie Ermäßigungsausweise für öffentliche Verkehrsmittel und kulturelle Veranstaltungen sind erhältlich bei folgenden Stellen:

TURESPANA, T. 0034 901 300 600 (Telefonauskünfte für Touristen)

TIVE (Oficina Nacional de Turismo e Intercambio para Jóvenes), T. 0034 915 437 412, tive.juventud@madrid.org

Central de Reservas e Información Internacional, c/José Ortega y Gassett, 71, E-28006 Madrid, T. 0034 91401 13 00
Zentrale Reservierungsstelle, u.a. für Übernachtungen in spanischen Jugendherbergen. Wer sich einen Überblick über das kulturelle Geschehen im Land verschaffen möchte (Theater, Festivals, Filmfestspiele, Musik, Tanz, Museen usf.), kann die für jeweils ein Jahr gültige Broschüre »Información Cultural« beziehen beim

Servicio de Publicaciones del Ministerio de Cultura, Plaza del Rey, 1, E- 28004 Madrid, T. 0034 91 701 74 81
Als Anlaufstelle für junge Leute bieten sich auch die spanischen Informations- und Dokumentationsstellen für Jugendliche und Studenten an, mit Büros in allen spanischen Städten – hier die Adressen für Barcelona und Madrid:

Servicio de Información, Documentación y Estudios, Viladomat 319, E-08029 Barcelona, T. 0034 93 4951609 00
sowie die örtlichen Jugendzentren, Informationsbüros (Oficinas Municipales de Información) und Verkehrsbüros (Oficinas de Turismo).

Betreuung & Beratung
Vermittler wie IN VIA empfehlen, sich bei allen Schwierigkeiten an den Spanischen Verbandes für Mädchensozialarbeit (*Asociación Católica Internacional de Servicios a la Juventud Feminina*, ACIS-JF oder IN VIA) zu wenden, zentrale Adresse im Internet www.acisjf-int.org.

Highschool USA & Kanada mit alternativen Austauschprogrammen
Ratgeber für Eltern und Schüler zu einem gelungenen Schuljahr in Nordamerika

http://shop.interconnections.de

Papua Neuguinea – Leben im Regenwald

Todeszauber, Busencheck, beheizte Klaviere und eine christliche Ohrfeige

ISBN: 978-3-86040-138-5, 17,90 Eur, 214 S.

Gabriele Cavelius schrieb eine Liebeserklärung an Papua Neuguinea und den Regenwald.

Kurzweilig, unterhaltsam und bildhaft, aber auch mit kritischer Distanz zu sich selbst und vor allem zu den Folgen von Missionierung schildert sie das Leben mitten im Regenwald.

Auswandern nach Peru – ein Kaffeehaus, alltägliches Chaos und viel Liebenswertes

Ein neues Leben zwischen Einfalt, Stempelwahn, Generalstreiks und anderen Erdbeben

ISBN 978-3-86040-140-8, ca. 15,90 Euro, 192 S., 2009

Humorvoll erzählte Geschichten einer Auswanderung und eine Einführung in eine fremdartige Kultur auf 3.400 Meter Höhe. Viele Einblicke in Mentalität und Gesellschaft, das Leben, Überleben und Leiden sowie eine Schilderung der Auswüchse und Blüten des Alltags.

Nachrichten aus Griechenland

Bakschisch, böser Blick, berockte Mönche, Hotel Mama und ein feudelschwingender Taucher

ISBN: 978-3-86040-141-5, 16,90 Eur, ca. 144 S., 2009

Was erwartet jemanden, der das erste Mal Griechenland besucht und sich dort auch gleich auf längere Zeit häuslich einrichtet? Der Autor schildert in seinen „Nachrichten aus Griechenland" mit viel Gespür und Beobachtungsgabe seine ersten Schritte in sein neues Leben, die ihm zur zweiten Heimat wurden.

http://shop.interconnections.de

Außereuropäische Länder

In den Ländern außerhalb Europas ist das Aupair-System, wie es im Europäischen Abkommen beschrieben wird, entweder unbekannt oder wird so selten praktiziert, dass kaum Näheres darüber in Erfahrung zu bringen ist. Ausnahmen sind Länder mit Verbindungen zum Commonwealth oder zu Frankreich sowie die im folgenden behandelten Staaten – meist klassische »Einwanderungsländer« mit noch bestehenden verwandtschaftlichen Bindungen nach Europa.

Diese Länder sind deswegen in das Verzeichnis aufgenommen worden, weil dort Aupair- oder ähnliche Aufenthalte möglich sind. Im Fall der USA, wo trotz der starken gesetzlichen Einschränkungen viele Aupairs in Familien arbeiteten und auch immer wieder auf die eine oder andere Weise gesucht wurden, hat sich schon 1986 eine deutliche rechtliche Verbesserung im Sinne einer offiziellen Anerkennung von Aupair-Aufenthalten im Rahmen institutionalisierter Austauschprogramme ergeben. Die kanadische Regierung legte 1992 ihrerseits ein Programm auf (*Live-In Caregiver Program*), das die Bedingungen für Familienhelfer explizit regelt. Eher unsicher ist die Situation bislang in Australien und Neuseeland, da Aupair-ähnliche Aufenthalte Angehöriger bestimmter Länder unter dem Deckmantel Sprach- oder Arbeitsaufenthalt im Rahmen des Working Holiday-Programms firmieren.

Neben den erwähnten Ländern gibt es eine große Zahl von Staaten, in denen ein Aupair-Aufenthalt prinzipiell möglich ist, wo aber die Vermittlung hauptsächlich über private Kanäle läuft. Es hängt also auch von der Eigeninitiative ab, wenn man in außereuropäischen Ländern eine Gastfamilie finden möchte. Stellenbörsen im Internet und in deutschen Zeitungen, eigene Inserate im Ausland, Aushänge an Universitäten, deutschsprachigen Schulen und Kulturinstituten sowie in öffentlichen Gebäuden oder die Suche im Land selbst sind nur einige der Möglichkeiten, eine Aupair-Stelle zu finden.

Schließlich vermitteln in seltenen Fällen auch einige der größeren europäischen Agenturen in »exotische« Länder (Marokko, Südafrika ...). Es lohnt sich also, bei den Anfragen zu erwähnen, dass man eventuell auch an einer Stelle in Übersee interessiert ist.

Oder man macht es wie *Katerina*, die ihre Aupairfamilie in Ägypten über das Internet fand:
»Ägypten ist ein faszinierendes Land. Meine freien Vormittage verbrachte ich damit, in einem Sportclub joggen zu gehen, zu shoppen (in Ägypten ist alles sehr günstig), die Sehenswürdigkeiten in Augenschein zu nehmen, arabisch zu lernen, mich mit Freundinnen zu treffen oder mich einfach auszuruhen. Leider hatte ich keinen freien Nachmittag. Da würde ich das nächste Mal schon drauf bestehen. So hatte ich wenig Gelegenheit, mich mit anderen zu treffen, und der Kontakt beschränkte sich auf andere Aupairs. Da meine Gasteltern abends oftmals weg waren und ich dann ohnehin richtig erledigt war, konnte ich das Nachtleben eigentlich nur in den Urlauben mit der Familie genießen. Im Internet lernte ich zwar viele Leute kennen, aber es kam nur selten zu einem Treffen. Ein guter Tipp ist es, sich nach einem Frauenfrühstück umzuhören; hier lernt man

viele nette Menschen kennen. So veranstaltet beispielsweise der Kairoer „Swissclub", einmal im Monat ein Frauenfrühstück veranstaltet.« Nicht alles an Katerinas zeitweiliger Wahlheimat gefiel ihr uneingeschränkt.

»Was mich ziemlich störte, war das Verhalten mancher Männer. Ich musste den einen oder anderen Heiratsantrag abwim-meln. Ich konnte auch nirgendwo hingehen, ohne dass mir ein "I love you" oder "You are beautiful" zugerufen wurde. Blonde Haare kommen dort eben sehr gut an ...«

Auch innerhalb der Familie gab es einige negative Seiten.

»Bei meinem Gastvater musste ich ange-sichts seines Paschagehabe doch etwas schlucken. Mir gegenüber zeigte er das allerdings so gut wie nie, aber von seiner Frau und den Kindern ließ er sich bedienen: ein richtiger Pascha halt. Ansonsten kam ich mit der Familie und der Kultur jedoch gut zurecht und schloss sie auch sehr ins Herz.«

Insgesamt fühlte sie sich aber sehr wohl in der Gastfamilie.

»Ich wurde sehr in die Familie integriert und wie eine Tochter behandelt. Ich war ganz selbstverständlich mit im Urlaub und auch auf Familienfeiern, z.B. einer Verlobungsfeier. Jeden Freitag gab es ein Famili-enessen, da waren dann alle zusammen. Der einzige Unterschied zu einer Tochter war wohl, dass ich mir meine Zeit nicht so richtig einteilen konnte. Das hat mir schon gefehlt: Wenn die Kinder da waren, war ich auch immer zur Stelle. Als mich allerdings meine Schwester und danach meine Eltern besucht haben, hatte ich den ganzen Tag frei. Meine Schwester sowie auch meine Eltern wurden sehr zuvorkommend behandelt und haben wie selbstverständlich mietfrei in der Zweitwohnung der Großmutter (im selben Haus) gewohnt. Sowohl ich als auch meine ganze Familie sind jederzeit in Kairo willkommen, und meine Gasteltern werden mich vermutlich im März in Deutschland besuchen. Ich denke, dass ich für mich keine passendere Familie hätte finden können. Besonders mit meiner Gast-schwester habe ich ein schönes Verhältnis. Als wir uns zwischendurch zwei Wochen lang nicht gesehen haben, hat sie mich sehr vermisst und ich vermisse sie auch. «

Abschließend kann Katerina Ägypten nur weiterempfehlen.

»Keine der Erfahrungen, ob nun gut oder schlecht, möchte ich in meinem Lebenslauf missen. Und durch meine Aupairszeit steht für mich wieder fest: ich möchte Lehrerin werden, weshalb ich mein Referendariat mittlerweile angefangen habe. Für mich steht auch fest: sobald ich kann, besuche ich meine ägyptische Familie wieder!«

Australien

Auch Australien kommt für fernwehgeplagte Aupairs in Betracht. Schließlich existieren häufig noch verwandtschaftliche Bande zwischen dem Alten Kontinent und dem klassischen Einwandererland am anderen Ende der Erdkugel.

Allerdings gibt es kein reguläres Aupairwesen Down Under, wie wir es von Europa kennen. Stattdessen haben Angehörige bestimmter Länder (darunter Deutschland) die Möglichkeit, über das Working Holiday-Programm als Aupair bzw. Live-In Caregiver zu arbeiten. Österreicher und Schweizer sind von diesem Programm (noch) ausgeschlossen; für sie besteht jedoch die Möglichkeit, ein Studentenvisum zu beantragen und eingeschränkt zu arbeiten (etwa 20 Stunden die Woche, in den Semesterferien auch Vollzeit).

Literatur

Das beliebte Wwoofen, Mithilfe auf Ökobetrieben in der Landwirtschaft, im Weinbau, auf Obstplantagen u.a. dagegen lässt sich auch offiziell seit mit dem Touristenvisum machen. Das Wwoof-Mitgliederverzeichnis ist erhältlich über http://shop.interconnections.de. Dort auch ein Verzeichnis deutscher Firmen in Australien sowie „Jobshopping Down Under" zum Thema Working Holiday. Viele meinen, man müsse ein „Programm" buchen o.ä., was aber nicht der Fall ist. Das Buch zeigt, wie´s geht.

- »Firmenverzeichnis Australien«
- »Jobhopping Down Under – Jobs, Praktika, Working Holiday – Australien Mit Sprachschulen, Highschool und Studium«
- »Traumland Australien – Auswandern leicht gemacht, Ratgeber zu Arbeit, Leben, Alltag und Menschen«

Erhältlich über
http://shop.interconnections.de

Portal

www.down-under.org

Einreise- und Aufenthaltsbestimmungen

Working Holiday-Visa werden für eine Dauer von 12 Monaten an Angehörige bestimmter Staaten vergeben, wenn sie die folgenden Auflagen erfüllen:

- Alter zwischen 18 und 30 Jahren
- Das Visum wird *vor* der Einreise nach Australien beantragt, d.h. man befindet sich nicht schon im Land
- Es ist der erste Working Holiday-Aufenthalt des Antragstellers in Australien
- Gesunder Allgemeinzustand (unter Umständen kann ein ärztliches Attest gefordert werden)
- Nachweis über genügend finanzielle Mittel, um die erste Zeit des Aufenthalts im Lande zu bestreiten (derzeit um die 3000 €)
- Rückreiseticket oder Nachweis über genügend finanzielle Mittel zur Rückreise (zusätzlich zu dem oben genannten Betrag)
- Einwandfreier Lebenswandel (ggf. durch polizeiliches Führungszeugnis zu beweisen)

Seit kurzem ist es möglich, das Working Holiday-Visum ausnahmsweise ein zweites Mal zu beantragen, wenn man beim ersten Mal mindestens drei Monate (88 Tage) in einem landwirtschaftlichen Betrieb einer bestimmten Region gearbeitet hatte. Näheres dazu und generell zum Working Holiday-Visum findet sich auf der Homepage der australischen Botschaft (www.immi.gov.au).

Wissenswertes

- *Notruf:* landesweit einheitliche Notrufnummer »000«
- *Telefonieren nach Australien:* Länderkennzahl 0061 + Rufnummer ohne 0
- *Währung:* 1 Australischer Dollar ($A) = 100 Cents, entspricht derzeit etwa 50 Eurocent.

● *Zeitdifferenz:* der australische Kontinent erstreckt sich über drei Zeitzonen (China-Zeit:+ 7 Stunden, Japan-Zeit und Ostaustralische Zeit: + 9 Stunden); wenn es in Mitteleuropa 12 Uhr ist, zeigt die Uhr in Westaustralien 19 Uhr, in Nord- und Südaustralien 20.30 Uhr und in Ostaustralien 21 Uhr.

Versicherungen

Zusätzlich zu den Versicherungen in der Heimat benötigt man auf jeden Fall eine Unfall- und Krankenversicherung für das Ausland. Die Agenturen bieten Versicherungspakete speziell für Aupairs an, die auch häufig noch eine Reisegepäck- Reiserücktritts- und Haftpflichtversicherung mit einschließen.

Aupair-Bedingungen

● *Dauer:* (pro Gastfamilie) nur sechs Monate möglich; danach Wechsel zu einer zweiten Gastfamilie oder in einen anderen Arbeitsbereich
● *Arbeitszeit:* 15 bis 30 Stunden pro Woche
● *Urlaub:* nicht gesetzlich geregelt; üblich ist aber eine Woche bezahlter Urlaub bei sechs Monaten Aupairtätigkeit
● *Lohn:* schwankend; zwischen 100 und 250 australische Dollar pro Woche
● *Sonstiges:* Führerschein wird in den allermeisten Fällen verlangt
● *Mindestaufenthalt:* variiert je nach Art der Beschäftigung erheblich.

Erfahrungsbericht

Aus Zeitvertreib meldete *Carina* sich unverbindlich bei einer Internetagentur für Aupair-Programme an. Sie wollte in ein fremdes Land, am besten ganz weit weg. Australien hatte sie immer schon gereizt, und als nach Wochen das Telefon klingelte und ihr die Agentur mitteilte, sie hätten Ende Juli einen Termin für sie mit der Partneragentur in Sydney vereinbaren können, musste Carina nicht lange überlegen.

» Zwei Monate später landete ich spät abends in Sydney. Am nächsten Morgen stellte mir die Agenturleiterin der Partneragentur drei Familien auf jeweils einer Din A4-Seite zusammengefasst vor, die ich in den nächsten zwei Tagen alle kennen lernte. Die nächsten Tage waren hektisch; ich versuchte einerseits, mich in Sydney zurecht zu finden, andererseits hechtete ich von Familientermin zu Familientermin. Ich entschied mich, im Nachhinein goldrichtig, für Familie drei. Vom kommenden Sonntag an lebte ich nun im reichen Norden Sydneys und war verantwortlich für das Wohlergehen einer Anderthalbjährigen und eines Dreieinhalbjährigen.«

Carinas Gastmutter war die ersten vier Wochen immer mit dabei und zeigte ihr alles, was sie wissen musste. Normal ist eine so lange Einarbeitung nicht, aber ihre Gastmutter war selbstständig und arbeitete von zuhause aus. Zudem gab sie die Verantwortung für ihre Kindern zunächst nur sehr ungern ab. »Nach dem ersten Monat lief dann aber alles über mich. Ich arbeitete freiwillig bis zu 45 Stunden die Woche und verdiente in der Woche durchschnittlich 300 Dollar, was im oberen Bereich der Aupair-Gehälter liegt. Mein Arbeitstag begann schon morgens um 7 Uhr, Frühstück und Lunchpakete vorbereiten. Am Vormittag stand dann immer irgendeine *Activity* auf unserem Plan. Mittags hatte ich Pause, und nachmittags ging es eigentlich immer zum Spielplatz. Meine Arbeit bestand also zu 80 % aus der Betreuung der Kinder, der Rest setzte sich zusammen aus Kochen, Aufräumen und Wäsche waschen.«

Die Familie betrachtete Carina als vollwertiges Familienmitglied und nahm sie herzlich in das Familienleben mit auf. Trotz allem gab es einige Negativpunkte, die Carina zu schaffen machten.

»Rückblickend würde ich nicht mehr in eine Familie gehen, in der die Mutter der Kinder immer im Nebenraum sitzt, denn das macht es für die Kinder, die Mutter und besonders für das Aupair nicht leicht.«

Auch die letzten zwei Monate erwiesen sich als schwierig für Carina. Obwohl es keine Probleme mit den Kindern oder den Eltern gab, machte ihr die „stupide" Arbeit zu schaffen.

»Meine Gastmum, der aufgefallen war, dass ich nicht mehr so glücklich war, sagte mir, dass sie mich nur ungern verlören, aber wenn ich eher gehen wollte, wäre dies kein Problem für sie. Ich blieb aber, arbeitete die Wochen bis zur Ankunft meiner Nachfolgerin weiter und fieberte dem Ende entgegen.«

Im Anschluss an ihren zehnmonatigen Aupairaufenthalt reiste Carina noch zwei Monate durch das Land. Trotz aller Vorfreude auf den Urlaub fiel ihr der Abschied von ihren Schützlingen, die ihr ans Herz gewachsen waren, sehr schwer. Site telefoniert noch heute regelmäßig übers Internet mit ihnen.

Trotz allem – Carina steht dem Aupairjob nicht ganz unkritisch gegenüber.

»Auch wenn bei mir alles gut ging – was auch daran lag, dass mir von Anfang an klar war, dass dieses Jahr kein Urlaub, sondern Arbeit war – bekam ich doch ziemlich nah mit, was passiert, wenn mal nicht alles rund läuft. Eine Freundin kam zu einer frisch geschiedenen Alleinerziehenden, deren Leben drunter und drüber ging. Nach sechs Wochen entschied sie sich, dass sie das kein ganzes Jahr durchhalten würde, und bat die Partneragentur um Hilfe. Das Einzige was sie bekam, waren Anschuldigungen, dass sie nicht reif genug sei, und dass alle Fehler bei ihr lägen. Eines muss einem eben immer klar sein: jede Aupair-Agentur bekommt nur ein einziges Mal Geld von einem Aupair, von einer Familie allerdings über Jahre hinweg. Trotz alledem hatten wir *the time of our lives!*«

Nützliche Adressen

... in Deutschland

Australische Botschaft, www.germany.embassy.gov.au, Visainformationsdienst: T. 0049 (0)30 700 129 129, F. 0049(0)30 22 48 92 93 (Mo–Do 13 bis 17 Uhr, Fr 13 bis 16 Uhr)

ACT (Australian Tourist Commission), www.australia.com

... in Österreich

Australische Botschaft, Matiellstr. 2/III, A-1040 Wien, T. 0043 01 5128580, 512 97 10, F. 0043 01 5132908www.australian-embassy.at

... in der Schweiz

Australische Botschaft: zuständig ist die australische Botschaft in Bonn.

Work, Travel & Care: **Demi Pair**

In einer Gastfamilie Land und Leute kennen lernen.
AUSTRALIEN - IRLAND - KANADA - NEUSEELAND - ECUADOR
3 bis 6 Monate oder länger...

Für den Lebenslauf: einen intensiven Sprachkurs besuchen, ggfs. ein Zertifikat wie TOEFL oder Cambridge erlangen!

Für die Sicherheit: Vor- und Nachbereitungstreffen. Sorgfältig ausgewählte Familien, Betreuer vor Ort, komplettes Versicherungspaket inklusive!

Für den Spaß: unglaublich viele Leute kennen lernen, das Land bereisen, Ausflüge und Aktivitäten mit der Sprachschule erleben!

Für den Kulturaustausch: in der Gastfamilie 20 Stunden Kinderbetreuung und Haushaltshilfe im Austausch für freie Unterkunft und Verpflegung!

Auskunft unter 0228-95722-0 oder info@experiment-ev.de

www.experiment-ev.de

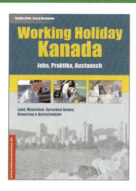

Working Holiday Kanada
Jobs, Praktika, Austausch

Land, Menschen, Sprachen lernen, Homestay & Gastschuljahr

ISBN: 978-3-86040-137-8
15,90 Eur, ca. 160 S.

Ein Titel, der sich an Studenten und andere abenteuer- und reiselustige junge Leute wendet, die auf Zeit in Kanada mit einem Working Holiday Visum arbeiten bzw. jobben wollen.

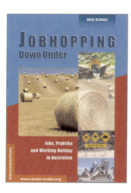

Jobhopping Down Under
Jobs, Praktika, Working Holiday Australien

Mit Sprachschulen, Highschool und Studium
ISBN: 978-3-86040-126-2, 18,90 Euro, 240 S.

Der Working-Holiday-Reiseführer!
Bis zu 24 Monate im Traumreiseziel Australien leben, arbeiten und reisen – das „Working Holiday"-Visum macht's möglich. Dieses Buch erklärt, was „Working-Holiday" ist und wie es durchdacht geplant und erfolgreich ohne Agenturkosten durchführt wird.

Freiwilligendienste in Deutschland
Freiwilliges Soziales und Freiwilliges Ökologisches Jahr und andere Möglichkeiten

ISBN: 978-3-86040-127-9
15,90 Eur, 256 S.

Das Buch beantwortet nahezu alle Fragen. Ein praktischer Leitfaden, der den Begriff des FSJ und FÖJ definiert und sich mit rechtlichen Fragen auseinandersetzt; u.a. werden auch Bewerbungsfragen beantwortet und praktische Tipps zur Bewerbung gegeben.

http://shop.interconnections.de

GoAustralia+

GoAustralia+
Am Kolvermaar 15a
50170 Kerpen
Tel. +49 2273 5947878
Fax +49 2273 599896
info@goaustraliaplus.com
www.goaustraliaplus.com
Ansprechpartner: Carmen Tokarski

Work and Travel;
Au pairs, Demi Pairs sowie
Nannies nach Australien und Neuseeland

Aufenthalte ab 3 Monate.
Platzierung ganzjährig, auch für österreichische und Schweizer Staatsbürger.
Gern männliche Bewerber.

Durch persönlich bekannte Partneragenturen sind wir in der Lage jederzeit vor Ort zu helfen – bei der Jobsuche, bei anstehendem Familienwechsel, oder anderen unerwarteten Schwierigkeiten.

Die Zusammenarbeit mit renommierten Sprachschulen unterstützt den Spracherwerb auf jedem Niveau. Stammgastfamilien geben den Rückhalt in den ersten Monaten der Eingewöhnung. Au Pair und Work and Travel – die ideale Ergänzung für deine Zeit in Australien oder Neuseeland!

Bücher zu Au-Pair

Aupair-Ratgeber für Gastfamilien
Tipps, Erfahrungsberichte, Adressen
ISBN: 978-3-86040-115-6

Aupair-Ratgeber aus der Sicht einer Gastmutter.
Tausend Tipps zur Vorbereitung und für den Alltag.
Alle Aspekte werden behandelt, Voraussetzung,
Kosten, Zimmer, Arbeitsplan, Telefon, Sprachkurs,
Besuch aus der Heimat, Probleme.
Damit der Aupairaufenthalt ein Erfolg
wird ...

Abenteuer Au-Pair
Erlebnisberichte, Tipps, Adressen
ISBN: 978-3-86040-025-8

Europa, USA, Kanada, Australien, Neuseeland,
Südafrika & Lateinamerika
Alle Höhen und Tiefen des Au-Pair-Daseins werden
behandelt: Eingewöhnung, Probleme mit dem Kind,
ein Wechsel der Familie wegen unerträglicher Spannungen, Heimweh, neue Freundschaften, Freizeitspaß
und Reisen.

Au Pair USA
zwischen Traum und Frust
ISBN: 978-3-86040-123-8

Kinder – Kultur – Abenteuer

Für Aupairs ist Amerika das Ziel Nummer Eins.
Aber wie fange ich die Sache an, wie bereite ich mich
vor, mit welcher Organisation, wie ist es bei Problemen,
welche Rechte habe ich?

http://shop.interconnections.de

... und in Australien

Australian Tourist Commission (ACT), T. 0061 2011, F. 0061 02 93 61 18 61, www.atc.net.au

Northern Territory Tourist Commission, www.nttc.com.au

Neuseeland

Auch in Neuseeland funktioniert das Aupairsystem mit dem Working Holiday-Programm, das es dem Visumeigentümer gestattet, bis zu 12 Monate im Land zu jobben. Im Unterschied zu Australien muss dabei die Gastfamilie nach sechs Monaten *nicht* gewechselt werden.

Literatur

📖 „Farmjobs in Neuseeland", http://shop.interconnections.de
Keine „Bio"höfe, aber dafür ein solides Gastgeberverzeichnis neuseeländischer landwirtschaftlicher Betriebe.

📖 »Jobben für Natur und Umwelt – Europa und Übersee«
Erhältlich über http://shop.interconnections.de

Einreise- und Aufenthaltsbestimmungen

Working Holiday-Visa werden für eine Dauer von 12 Monaten an Angehörige bestimmter Staaten vergeben, wenn sie die folgenden Auflagen erfüllen:

Alter zwischen 18 und 30 Jahren
Das Visum wird *vor* der Einreise nach Neuseeland beantragt, d.h. man befindet sich nicht schon im Land

Es ist der erste Working Holiday-Aufenthalt des Antragstellers in Neuseeland
Gesunder Allgemeinzustand (wer in den letzten fünf Jahren länger in einem TB-gefährdeten Land war, muss einen Tuberkulosetest von einem von der Einwanderungsbehörde Neuseelands anerkannten 'panel doctor' machen lassen)
Nachweis über genügend finanzielle Mittel, um die erste Zeit des Aufenthalts im Lande zu bestreiten (derzeit um die 2100 €)
Rückreiseticket oder Nachweis über genügend finanzielle Mittel zur Rückreise (zusätzlich zu dem oben genannten Betrag)

Die Beantragung des Working Holiday-Visums erfolgt online (www.immigration.govt.nz); bezahlt werden kann nur mit einer Visa- oder Masterkarte. Der Reisepass muss über den geplanten Aufenthalt hinaus noch mindestens drei weitere Monate gültig sein. Es ist möglich, das Visum noch einmal um drei Monate zu verlängern, wenn man schon in Neuseeland ist. Ein zweites Mal kann man das Working Holiday-Visum für für Neuseeland nicht beantragen.

Das Visum steht allen deutschen Staatsbürgern offen; Österreicher und Schweizer sind vom Working Holiday-Programm (noch) ausgeschlossen. Sie können jedoch mit einem Studentenvisum unter gewissen Bedingungen in Neuseeland jobben. Dabei ist zu beachten dass der Sprachkurs oder das Studienprogramm von der australischen Regierung für ausländische Studierende zugelassen wurde (CRICOS-Kurse). Um sich für das Studentenvisum zu bewerben, muss die Bestätigung über die Anmeldung eines geeigneten Sprachkurses o.Ä. vorliegen.

Österreichische Bürger erhalten per Post (bitte ausreichend frankierten Rückumschlag mitschicken) Auskünfte zu ihren Möglichkeiten beim

New Zealand Consulate-General,
Salesianergasse 15 / 3, A – 1030 Wien,
T. 0043-1-318 85 05, F. 0043-2-232 77 940, p.sunley@aon.at

Für die Schweiz zuständig ist

New Zealand Consulate-General,
Visa Section, PO Box 334, CH-1211 Geneva 19, T. 0041-22-929 0350,
F. 0041-22-929 0377,
mission.nz@bluewin.ch

Wissenswertes

- *Notruf:* landesweit einheitliche Notrufnummer »111« für Polizei, Feuerwehr, Notarzt und Krankenwagen; viele Krankenhäuser unterhalten einen Tag-und-Nacht-Notfalldienst.
- Telefonieren nach Neuseeland: 0064 + Rufnummer ohne 0
- *Währung:* 1 Neuseeland-Dollar (NZ$) = 100 Cents; ist derzeit knapp 41 Cents wert
- *Zeitdifferenz:* in Neuseeland gilt die »New Zealand Mean Time« (NZMT), also MEZ (Mitteleuropäische Zeit) + 11 Stunden

Versicherungen

Zusätzlich zu den Versicherungen in der Heimat benötigt man auf jeden Fall eine Unfall- und Krankenversicherung für das Ausland. Die Agenturen bieten Versicherungspakete speziell für Aupairs an, die auch häufig noch eine Reisegepäck- Reiserücktritts- und Haftpflichtversicherung mit einschließen.

Aupair-Bedingungen

- *Arbeitszeit:* zwischen 25 und 40 Wochenstunden
- *Urlaub:* nicht gesetzlich geregelt; üblich ist aber eine Woche bezahlter Urlaub bei sechs Monaten Aupairtätigkeit
- *Lohn:* je nach Stundenzahl schwankend; zwischen 100 und 200 neuseeländische Dollar pro Woche
- *Sonstiges:* Führerschein wird in den allermeisten Fällen verlangt
- *Mindestaufenthalt:* variiert je nach Art der Beschäftigung erheblich.

Nützliche Adressen

... in Deutschland

New Zealand Embassy,
T. 0049 (0)30 20621-0 oder
0049 (0)30 20 653 900 (Visa),
F. 0049(0)30 20621-114,
nzembassy.berlin@t-online.de,
www.nzembassy.com

Fremdenverkehrsamt von Neuseeland,
T. 0049 (0)69 971 21 -10,
F. -113,
www.neuseeland.de;
www.tourismnewzealand.com
Auch zuständig für Österreich und die Schweiz.

Tourism Dept., P.O.Box 95,
Wellington, T. 0064 (0)4 728 860

Ferienjobs, Praktika, Austausch Frankreich
Leben, arbeiten, reisen, Französisch lernen, Aupair, Gastschuljahr

ISBN: 978-3-86040-001-2
15,90 Eur, ca. 224 S.

Ratgeber besonders für junge Leute, die Frankreich entdecken, dort eine Stelle suchen, leben und arbeiten möchten. Ferienjobs, Praktika und tausend gute Tipps und Ideen.
Alles für junge Leute über Frankreich, die besten Adressen, um mit Franzosen in Kontakt zu treten, einen Job oder ein Praktikum zu finden, an einem Workcamp teilzunehmen, einen Freiwilligendienst abzuleisten, die Französischkenntnisse zu verbessern und gewinnbringende Ferien zu verbringen.

Ferienjobs und Praktika Großbritannien
Mit Homestay, Sprachkursen, Colleges, Aupair

ISBN: 978-3-86040-008-1
15,90 Eur, 304 S.

Ausgezeichnetes Nachschlagewerk für alle, die in den Ferien eine Stelle in Großbritannien suchen, Schüler, Studenten und andere Interessenten.
Gesucht werden Ferienjobber, Praktikanten und auch qualifizierte Leute, Berufsangänger und Interessenten mit guter Berufserfahrung.
Beschäftigungsmöglichkeiten bestehen in allen Sparten der Industrie, der Landwirtschaft, im terziären Sektor usw.
Viele Stellen existieren auch in der Landwirtschaft, im Tourismus u.ä.

http://shop.interconnections.de

New Zealand Youth Hostel Association (YHA), T. 0800 278 299, 0064 (0) 3 379 9970, F. 0064 (0) 3 365 4476, book@yha.org.nz, www.yha.org.nz
Mit dem *Visitors Information Network* (www.newzealand.com/travel/i-sites/) bietet Neuseeland außerdem in jedem größeren Ort touristische Informationsbüros als Anlaufstellen für Besucher.

Kanada

Eine Aupairtätigkeit in Kanada ist nicht gleichzusetzen mit einer Aupairtätigkeit in Europa. Seit 1992 ermöglicht es das »Live-In Caregiver Programm« (frz. »*Programme concernant les aides familiaux résidants*«) jungen Ausländern mit solider Erfahrung in Kinder- und Pflegebetreuung und bzw. oder Haushalt, als Hausangestellte in kanadischen Familien zu arbeiten. Das Programm wurde aus einem Mangel an entsprechenden kanadischen Familienhelfern bzw. einem Überhang an nicht besetzten Stellen ins Leben gerufen. Rechte und Pflichten von Gastfamilien und Familienhelfern sind nunmehr klar umrissen, so dass ein Kanada-Aufenthalt rechtlich auf sicheren Füßen steht. Andererseits haben die neuen Bestimmungen die Vermittlungsarbeit insofern erschwert, als von Bewerbern eine hohe Qualifikation (u.a. eine pädagogische oder hauswirtschaftliche Ausbildung) gefordert wird. Da ein Live-In Caregiver der Gastfamilie erhebliche Kosten verursacht und langwierige bürokratische Abwicklungen erfordert, sind immer weniger Familien bereit, einen Caregiver aus dem Ausland aufzunehmen – zumal sie beim kanadischen Arbeitsamt (*Canada Employment Center*) den Nachweis erbringen müssten, dass für den Posten kein geeigneter kanadischer Arbeitnehmer zu finden war. Regionale Vermittlungsschwerpunkte sind Toronto (Ontario), Vancouver (British Columbia), Calgary (Alberta), Edmonton (Alberta) und Montréal (Québec). Verschiedene deutsche und ausländische Vereine vermitteln inzwischen nach Kanada, und auch im Land selbst existieren einschlägige Beratungs- und Betreuungsstellen.

Literatur

»Working Holiday Kanada – Jobs, Praktika, Austausch«
Erhältlich über
http://shop.interconnections.de

Reiseportal

www.reisetops.com

Einreise- und Aufenthaltsbestimmungen

Die kanadische Gastfamilie beantragt beim zuständigen *Canada Employment Centre* bzw. *Centre d'Emploi du Canada (CEC)* zunächst die Beschäftigung eines Familienhelfers:

Service Canada, Temporary Foreign Worker Program, P.O.Box 6500, Toronto LCD, Downsview A, Toronto ON M3M 3K4, F. 001 866 720 6094

Das Employment Centre erstellt daraufhin ein Arbeitsmarktgutachten (*labour market opinion*). Dabei wird u.a. geprüft, ob nicht eine Kanadierin, ein in Kanada

Au Pair

Weltweit
USA, Australien, Neuseeland und Europa

Erfahrungsberichte und Fotos online:
www.aupair-erfahrungsberichte.de
Jetzt Informationen anfordern!

Bertolt-Brecht-Allee 24 • 01309 Dresden • Tel.: (0351) 31 99 25 80 • info@aupair.de

www.aupair.de

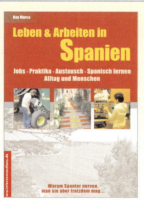

Leben & Arbeiten in Spanien
Jobs, Praktika, Austausch, Spanisch lernen

Alltag und Menschen – Warum Spanier nerven, man sie aber trotzdem mag ...

ISBN: 978-3-86040-135-4
15,90 Eur, ca. 192 S., 2009

Der Autor hat Wirtschaftswissenschaften in Freiburg und Augsburg studiert.
Nach Abschluss zum Diplom-Kaufmann berufliche Stationen in verschiedenen deutschen Städten.
Danach einige Jahre als selbständiger Unternehmensberater in Wien. Zeitgleich gab es viele Urlaubsaufenthalte und berufliche Projekte in Spanien und durch die Begeisterung für die spanische Sprache immer längere Aufenthalte im Land.
Aufgrund der beruflichen Entwicklung verbringt er mehrere Monate im Jahr in Andalusien und lebt ansonsten abwechselnd in Stuttgart und Málaga.

http://shop.interconnections.de

ansässiger Ausländer oder eine sich bereits im Land aufhaltende Saisonkraft die Stelle besetzen könnte. Zudem wird die Qualifikation des Bewerbers überprüft. Erteilt die Behörde ihre Zustimmung (*Confirmation of Offer of Employment*), so erfolgt die Übermittlung des Stellenangebotes an die zuständige Visastelle – meist die kanadische Botschaft – im Ausland. Diese lädt den Familienhelfer zu einem Gespräch ein. In diesem Gespräch wird außer der Kenntnis der englischen Sprache auch die allgemeine Eignung für die Tätigkeit als Familienhelfer in Kanada überprüft. Bei einem positiven Bescheid erhält der Bewerber Auskunft darüber, welchen ärztlichen Untersuchungen – u.U. durch einen Vertrauensarzt der kanadischen Botschaft – sie sich zu unterziehen hat. Bestehen auch keine gesundheitlichen Bedenken, ergeht die Arbeitserlaubnis *(Employment Authorization* bzw. *Permis de travail)*. Die Kosten für die Bearbeitung des Antrags sowie die ärztliche Untersuchung belaufen sich derzeit auf ca. 130 €.

Die Arbeitserlaubnis ermöglicht aber noch nicht die Einreise nach Kanada: je nach Herkunftsland sind Reisepass oder Besuchervisum erforderlich. Die Arbeitsgenehmigung erstreckt sich lediglich auf eine Tätigkeit als Familienhelfer und ist in der Regel ein Jahr gültig. Die kanadische Botschaft weist darauf hin, dass die Möglichkeit besteht, den Aufenthalt in Kanada zu verlängern; allerdings nur unter der Voraussetzung, dass auch die Arbeitserlaubnis verlängert wurde (zuständig sind die kanadischen CEC). Auch wer seine Gastfamilie wechselt, bedarf einer neuen Arbeitserlaubnis, und zwar *vor* Aufnahme der Tätigkeit für den neuen Arbeitgeber. *Immigration Canada* weist niemanden aus, nur weil er auf der Suche nach einer neuen Stelle ist. Jede Aufnahme einer illegalen Beschäftigung indes kann zur Aufhebung der Arbeitserlaubnis führen. Beispielsweise ist es nicht gestattet:
– für einen anderen Arbeitgeber zu arbeiten als für jenen, der auf der Arbeitserlaubnis vermerkt ist;
– eine andere Tätigkeit auszuüben als die des Familienhelfers;
– in den Dienst einer anderen Familie zu treten, bevor nicht eine neue Arbeitserlaubnis erteilt wurde.

Wer nachweislich mindestens zwei Jahre als *Live-in caregiver / Aide familial résidant* in Kanada verbracht hat, kann eine ständige Aufenthaltserlaubnis beantragen *(Application for permanent resident status / Demande de statut de résident permanent)*. Urlaubsreisen außerhalb des kanadischen Hoheitsgebietes verlängern diese Frist entsprechend. Achtung: je nach Reiseland muss man darüberhinaus für die Rückkehr nach Kanada einen neuen Visumsantrag stellen!

Wissenswertes

● *Landessprachen:* Englisch und Französisch als Amtssprachen; 15 Millionen Kanadier geben Englisch als Muttersprache an, sechs Millionen Französisch und drei Millionen eine sonstige Sprache.
● *Notruf:* landesweit einheitliche Notrufnummer »911« für Polizei, Feuerwehr, Notarzt und Krankenwagen
● *Telefonieren:* 001 + Rufnummer ohne 0
● *Währung:* 1 Kanadischer Dollar (Can$) = 100 Cents. Entspricht derzeit knapp über 60 Eurocent.
● *Zeitdifferenz:* von Ost nach West gel-

ten folgende Zeitzonen: Atlantic Time (AT; MEZ - 5 Stunden), Eastern Time (ET; MEZ - 6 Stunden), Central Time (CT; MEZ - 7 Stunden), Mountain Time (MT; MEZ - 8 Stunden) und Pacific Time (PT; MEZ - 9 Stunden)

Versicherungen

Bestimmte ambulante und stationäre ärztliche Behandlungen sind in Kanada kostenlos; Zahnversorgung und Arzneimittel werden jedoch nicht übernommen. In einigen Provinzen oder Teilen des Landes muss der Familienhelfer aber selbst für seinen Versicherungsschutz sorgen, ob bereits im Heimatland oder erst in Kanada. Spätestens nach der Einreise sollte sich der Familienhelfer mit dem zuständigen *Medical care office / Bureau d'assurance-hospitalisation* oder *Hospital insurance office / Bureau d'assurance-soins médicaux* in Verbindung setzen, sofern nicht die Gastfamilie diesen Schritt bereits unternommen hat. Sollte sich der Familienhelfer zu einem Versicherungsabschluss in Deutschland entschließen, so weisen die mit der Vermittlung betrauten Vereine darauf hin, dass dies nur bei einem privaten Versicherungsträger möglich ist (Angebote einholen, da Beitragshöhen sehr unterschiedlich ausfallen!). Für die Träger der gesetzlichen Krankenversicherung (AOK, Ersatz- oder Betriebskrankenkassen) besteht keine die Dauer des Aufenthalts und die im Falle einer Krankheit in Kanada entstehenden Kosten deckende Leistungspflicht.

Eine Reihe von Provinzen und Territorien sieht bei Arbeitsunfällen die Zahlung von Unterstützungsgeldern vor *(Workers' compensation benefits /* *Indemnisations des accidents de travail).* Die Sozialversicherung der Provinz *(Provincial government insurance / Assurance publique provinciale)* übernimmt dann die Lohnfortzahlung im Krankheits- oder Verletzungsfall. Von Provinz zu Provinz unterschiedlich geregelt: mal ist der Arbeitgeber verpflichtet, Beschäftigte bei der Unfallversicherung anzumelden, mal steht ihnen die Anmeldung frei. Da es sich um eine Versicherung für Arbeitgeber handelt, sind diese nicht berechtigt, entsprechende Beiträge vom Gehalt ihrer Beschäftigten abzuziehen, sondern müssen diese aus eigener Tasche begleichen.

Familienhelfer in Kanada unterliegen dem Schutz der Arbeitslosenversicherung *(UI – Unemployment insurance / Assurance-chômage).* Leistungen werden für die Zeit der Stellensuche gezahlt. Sowohl der Familienhelfer als auch die Gastfamilie entrichten entsprechende Beiträge, deren Höhe sich nach dem Verdienst richtet. Auskünfte erteilt jedes *Canada Employment Centre / Centre d'emploi du Canada.*

Zu gleichen Teilen entrichten beide Vertragspartner auch Beiträge zur kanadischen Rentenversicherung *(CPP – Canada Pension Plan / RPC – Régime de pensions du Canada).* Da zwischen Kanada und Deutschland, Österreich und der Schweiz kein Sozialversicherungsabkommen besteht, sollte die Rückzahlung der Sozialversicherugnsbeiträge vor Abreise beantragt werden.

Prämien für die *Haftpflichtversicherung* müssen von dem Familienhelfer selbst getragen werden. Eine Versicherung im Heimatland ist von daher zu empfehlen.

Sämtliche Anschriften und Telefonnummern der regionalen kanadischen Provinzkrankenversicherungen bzw. -krankenhausversicherungen sind der Broschüre »Einwanderung – Informationen über Kanada« zu entnehmen, erhältlich bei der kanadischen Botschaft im Heimatland.

Aupair-Bedingungen

- Mindestalter: 19 Jahre
- *Arbeitsregelungen:* Inhalt des Beschäftigungsverhältnisses und Dauer werden in einem Arbeitsvertrag *(Working contract / Contrat de travail)* vereinbart, dessen Inhalt schon vor der Einreise festgelegt werden sollte (s. Mustervertrag). Arbeitszeit: acht bis zehn Stunden / Tag für Kinderbetreuung und Hausarbeit. Zwei Tage / Woche frei; gesetzlicher Urlaubsanspruch von ca. vierzehn Tagen (von Provinz zu Provinz unterschiedlich geregelt).
- *Lohn:* das Mindestgehalt wird von den Provinzregierungen festgesetzt; nach Abzug der Einkommensteuer und der Sozialversicherung (Renten- und Arbeitslosenversicherung) ergibt sich zur Zeit ein durchschnittlicher Netto-Arbeitslohn von ca. 600 Can.$ / Monat. Entlohnung von Überstunden gemäß der gesetzlichen Bestimmungen. Der größte Teil der Einkommensteuer *(Income tax / Impôt sur le revenu)* wird nach Abgabe der Steuererklärung erstattet. Verpflegung und Unterbringung in einem eigenen Zimmer.

Persönliche Voraussetzungen:

– Kenntnisse der englischen Sprache, die zur Verständigung ausreichen
– Abitur oder mittlere Reife mit abgeschlossener Lehre

– pädagogische oder hauswirtschaftliche Ausbildung (z.b. Erzieher, Kindergärtner, Kinderpfleger, (Kinder-)Krankenschwester oder –pfleger, Altenpfleger, Heilerzieher, Heilpädagoge)
– möglichst Haushaltskenntnisse oder Erfahrung in der Kinderbetreuung (unbedingt durch Zeugnisse bzw. Referenzen belegen!)
– Bereitschaft, sich für mindestens ein Jahr zu verpflichten
– ledig und kinderlos

Sprachschulen

Obwohl in den Großräumen Vancouver und Toronto durchaus Möglichkeiten zum Besuch eines Sprachkurses bestehen, können sich je nach Wohnort der Familie wegen der großen Entfernungen Probleme ergeben. Die Erfahrung zeigt aber, dass ein Schulbesuch zur Verbesserung der Sprachkenntnisse nicht unbedingt notwendig ist, weil der einjährige Aufenthalt in Kanada in jedem Fall zu wesentlich besseren Sprachkenntnissen führt.

Der Besuch von Kursen an Colleges und Universitäten gestaltet sich für Familienhelfer schwierig; es ist eine Studienerlaubnis dafür zu beantragen. Dabei muss man vorweisen, dass der Hauptzweck des Aufenthalts die Beschäftigung als Caregiver ist. Da aber auch eine Reihe anderer Institutionen bewährte Sprachkurse anbieten – teilweise sogar kostenlos, z.B. die mit unseren Volkshochschulen vergleichbaren örtlichen Bildungsinstitute – sollte sofort nach Ankunft die Agentur um diesbezügliche Auskunft gebeten werden. Sie wird dem Familienhelfer dann sowohl günstig gelegene als auch preislich vertretbare Sprachschulen nennen.

Erfahrungsbericht

Karina knüpfte den Kontakt zu ihrer kanadischen Gastfamilie bereits ein Jahr vor ihrem dortigen Aufenthalt. Es handelte sich um eine vierköpfige Familie mit einem vierjährigen Mädchen und einem sechsjährigen Jungen. Als sie in Kanada ankam, war Karina ziemlich nervös, wurde aber von ihrer Gastfamilie so herzlich aufgenommen, dass die Nervosität schnell schwand.

»Am Anfang war die Umstellung schon sehr groß und alles war neu, aber es war auch schrecklich aufregend und spannend. Die englische Sprache fiel mir erstaunlicherweise richtig leicht und stellte gar keine Hürde dar. Auch die Kinder schlossen mich sofort in ihr Herz und nahmen mich jede Minute in Beschlag.

Zum Glück ließen meine Gasteltern mir die erste Woche Zeit zum Eingewöhnen, und meine Gastmutter hatte sich extra frei genommen, um mich in den neuen Alltag einzuführen. Ich wurde überallhin mitgenommen, allen Leuten vorgestellt und hatte kaum Zeit, Deutschland zu vermissen.

Den gesamten ersten Monat herrschte dann mehr oder weniger eine Ausnahmesituation, weil noch Sommerferien und beide Kinder den ganzen Tag zuhause waren. Außerdem bekamen wir noch Besuch von den Großeltern, und eine Campingtour stand ebenso auf dem Programm.«

Im September wurde es jedoch wieder ruhiger, da der kleine Junge in die Schule kam und jeden Tag von 9 bis 15 Uhr außer Haus war. Für Karina begann der Aupair-Alltag:

»Unter der Woche hieß es um 7 Uhr die Kinder wecken, Frühstück machen, Lunchpakete für die Schule vorbereiten, zusammen frühstücken und die Kinder zum Anziehen, Zähneputzen und Betten machen bewegen. All diese kleinen Dinge nahmen unendlich viel Zeit und Geduld in Anspruch und waren jeden Tag eine neue Herausforderung. Um 8 Uhr 30 machten wir drei uns dann zu Fuß auf zur Schule und holten unterwegs noch einen Schulfreund ab. Pünktlich um 9 Uhr startete dann für meinen Großen der Unterricht. Mit meinem Mädel marschierte ich wieder zurück nach Hause.

Dann kam es darauf an, was meine Gasteltern für einen Arbeitsdienst hatten. Teilweise hieß es für mich, 10 Stunden am Tag zu arbeiten, während ich an anderen Tagen eher unterstützende Hilfskraft war, da mindestens ein Elternteil durchgehend zuhause war.«

Das, so gibt Karina zu, war eines der Dinge, die sie etwas nervten: sie kam sich manchmal reichlich überflüssig vor, da ja eigentlich ein Elternteil anwesend war und sich mit den Kindern beschäftigte.

»Normalerweise war ich jeden Tag unter der Woche von 7 bis 17 Uhr für die Kinder verantwortlich, und am Wochenende hatte ich frei. Wir verbrachten die Tage mit Spielen, Backen, Malen, kleinen Ausflügen zu einer nahen Pferdekoppel oder ähnlichem. An zwei Tagen der Woche ging das Mädchen morgens für 2 Stunden in die Vorschule, und in dieser Zeit erledigte ich meine zugeteilte Hausarbeit, die aus Putzen der Kinderzimmer und des Kinderbadezimmers und dem

Waschen der Kinderkleidung bestand. Natürlich kümmerte ich mich aber auch noch darum, dass das Spielzimmer und mein Zimmer aufgeräumt, die Küche ordentlich und das Wohnzimmer einmal wöchentlich gesaugt war. Freiwillig bot ich an den Kühlschrank, die Küchenschränke, die Waschkammer und die Fenster zu putzen, da ich wusste, dass meine Gastmutter es gerne sauber und aufgeräumt mochte.

Wenn meine Gasteltern beide arbeiten waren, kochte ich für die gesamte Familie um 17 Uhr Dinner, was aber meist aus einfachen Gerichten bestand und nicht sonderlich viele Kochkünste voraussetzte.

Ich wurde als richtiges Familienmitglied angesehen, durfte mit allen Problemen zu meinen Gasteltern kommen und war zu allen Unternehmungen der Familie herzlich eingeladen. Auch entferntere Familienmitglieder und Nachbarn waren immer freundlich.«

Der Kontakt beschränkte sich aber nicht auf die Gastfamilie und Freunde und Nachbarn derselben. Schon im Flugzeug hatte Karina andere Aupairs kennengelernt, mit denen sie am Wochenende immer etwas unternehmen konnte. Ferner trat sie dem Kirchenchor bei und traf dort neue Leute, die jedoch schon etwas älter waren.

Mit den Kindern verstand sich Karina bestens:

»Meine Kleinen hingen teilweise so sehr an mir, dass die eigenen Eltern plötzlich gänzlich abgeschrieben waren. Das war natürlich eine tolle Bestätigung für mich, aber oft auch anstrengend, da ich, sobald ich zur Tür herein kam, sofort in jegliche Kuscheltierspiele involviert war.

Zum Glück hatte ich die gleichen Ansichten in Erziehungssachen wie meine Gasteltern, die einen großen Wert auf die Einhaltung der täglichen Routine legten. Ich habe immer versucht, sofort über anfallende Probleme zu reden, aber leider fanden sie nicht immer die Zeit, darauf einzugehen. Dennoch rate ich allen zukünftigen Aupairs, das Gespräch mit den Gasteltern zu suchen.«

Obwohl nicht immer alles eitel Sonnenschein war, zieht Karina ein positives Fazit.

»Insgesamt war meine Aupair-Zeit eine super Erfahrung, bei der ich sehr viel über mich selbst lernen konnte. Es war natürlich auch manchmal schwer, sich an alles Neue anzupassen, wenn man es anders gewöhnt war, aber alles in allem bin ich sehr zufrieden und kann nur jedem raten, seine eigenen Erfahrungen zu machen. Es gab Situationen, wo ich alles hätte hinschmeißen können, und die Kids konnten einen ab und zu auch zur Weißglut treiben. Hinzu kam, dass es echt schwer war, ein Feedback meiner Gasteltern zu bekommen, ob sie mit meiner Arbeit zufrieden waren. Wichtig ist es auf jeden Fall, vorher so viel wie möglich über die eigenen Vorstellungen und Erwartungen mit der Familie zu reden, damit man herausfindet, ob man tatsächlich miteinander leben kann. Die Belastung ist nämlich nicht zu verachten, wenn man *immer* mit seinen Arbeitgebern zusammen ist und nach "Feierabend" nicht einfach nach Hause gehen kann. Mir hat es z.B. nichts ausgemacht, so viel Hausarbeit zu erledigen; ich habe es als willkommene Abwechslung zur ganzen Spielerei angesehen, aber sicher trifft das nicht auf jeden zu.«

Letztendlich rät sie zukünftigen Aupairs, vor dem Schritt ins Ausland zu

überprüfen, ob sie die nötigen Voraussetzungen mitbringen:
»Wenn ihr ins Ausland wollt, Kinder mögt und bereit seid, euch an eine fremde Familie anzupassen, ist das Aupair-Leben sicher eine gute Möglichkeit, euren Traum zu erleben und eine andere Sprache sehr gut zu lernen. Ich wünsche allen Aupairs eine tolle Zeit!«

Nützliche Adressen

... in Deutschland

Kanadische Botschaft, T. 0049 (0)30 20312 0, F. 0049 (0)30 20312-121,
brlin@international.gc.ca,
www.international.gc.ca/missions/germany-allemagne

Canadian Tourism Commission
Deutschland, T. 0049 (0)1805 526232,
info@canada-presse.de,
www.canada.travel/splash.de.html
Deutsch-Kanadische Gesellschaft e.V.
Gesellschaft für internationale Zusammenarbeit
Innere Kanalstraße 15, D- 50823 Köln
T. 0049 (0)221 25 76 78 1
F. 0049 (0)221 25 77 23 6
info@dkg-online.de
www.dkg-online.de

... in Österreich

Kanadische Botschaft, T. 0043 (1) 53138-3000, F. 0043 (1) 53138 3905,
vienn@international.gc.ca,
www.kanada.at/
Österreichisch-Kanadische Gesellschaft-Parkring 16, A- 1010 Wien
info@austria-canada.com
www.austria-canada.com

... in der Schweiz

Kanadische Botschaft, T. 0041 31 357 32 00, F. 0041 31 357 32 10,
bern@international.gc.ca,
www.canada-ambassade.ch

... und in Kanada

Tourism Canada, T. 001 613 946 10 00,
F. 001 613 954 39 64
www.travelcanada.ca
Deutschsprachige Informationen über Kanada sind auch im Internet zu finden unter www.kanada-info.de.

Nationalparks und Gedenkstätten,
T. 001 819 994 66 25, F. 001 953 87 70,
www.pch.gc.ca

Hostelling International – Canada,
info@hihostels.ca, www.hihostels.ca
Über 80 Jugendherbergen in allen kanadischen Provinzen, von der Ost- bis zur Westküste, u.a. in den Großstädten Toronto, Montreal, Ottawa, Calgary Quebec und Vancouver.

USA

Die USA: das Land grenzenloser Weiten – und grenzenloser Möglichkeiten. Diese stehen seit 1986 auch offiziell denjenigen offen, die dort als Aupair arbeiten möchten. Mit dem *Exchange Visitor Program* sind die Rahmenbedingungen genau festgelegt worden.

Lobenswert äußert sich Jörn Gutowski von AYUSA International darüber:
»Viele Auslandsprogramme lassen sich leicht in Kategorien einordnen. Ein Schüleraustauschprogramm in Brasilien ist ein kulturelles Austauschprogramm;

ein Sprachkurs in Spanien eine Bildungsreise und ein Farmjob in Australien ein Arbeitsprogramm. In welche Kategorie gehört aber das Aupairprogramm? – Viele Länder haben verschiedene Regelungen getroffen, wie sie das Aupairprogramm einordnen, und welchem Ministerium es unterstellt ist. So hat Österreich vor kurzem entschieden, das Aupairprogramm einer normalen Arbeitstätigkeit völlig gleichzustellen. In Deutschland hat das Programm zwar eine arbeitsrechtliche Sonderstellung, es wird aber auch nicht klar als ein kulturelles Austauschprogramm angesehen. Deshalb ist es auch kein Wunder, dass in Deutschland eine Reihe von Ministerien involviert sind, wie z. B. das Auswärtige Amt, das Arbeitsministerium und auch das Ministerium für Familie, Senioren, Frauen und Jugend.

Die USA sind derzeit das einzige Land weltweit, das das Aupairprogramm als *Cultural Exchange* (kulturelles Austauschprogramm) ansieht; allerdings haben die Niederlande beschlossen, die Aupairtätigkeit ab 2010 ebenfalls als kulturelles Austauschprogramm anzusehen. *Cultural Exchange Programs* sind in den USA dem Außenministerium unterstellt und besitzen dort eine eigene Visumkategorie (J-Visum). Das Aupairprogramm wird somit durch die gleiche Behörde überwacht, die ebenfalls andere Austauschprogramme wie den Schüleraustausch oder universitäre Auslandssemester betreut.

Die Behörde stellt nicht nur genaue Anforderungen an Aupairs und Gastfamilien, sondern auch an Agenturen, die in den USA das Programm durchführen. Agenturen, die *Sponsoring Organizations* genannt werden, müssen sich in einem aufwändigen Prozess um die Erlaubnis bewerben, Aupairs zu vermitteln. Sie werden ebenfalls regelmäßig kontrolliert und müssen ihre Akten für Prüfer der amerikanischen Behörden öffnen. Agenturen werden bewertet, inwieweit sie die Programmregeln erfüllen. Außerdem werden Statistiken für die Agenturen gesammelt, in denen auch Programmabbrecher und Aupairs, die nicht nach Programmende in ihr Heimatland zurückreisen, erfasst werden.

Aus diesen komplexen Gründen sind zurzeit auch nur zwölf Agenturen als offizielle *Sponsoring Organization* beim U.S. Außenministerium registriert.

Die Kontrolle der gesetzlichen Rahmenbedingungen bedeutet für private Agenturen, dass sie genau zwischen wirtschaftlichen Zielen und der Sicherstellung des Qualitätsstandards abwägen müssen. Deshalb achten die amerikanischen Agenturen auch genau auf ihre Partneragenturen in den Heimatländern der Aupairs, da diese für die Auswahl der geeigneten Aupairkandidaten zuständig sind.

Dieser Auswahlprozess ist ebenfalls wesentlich aufwändiger als in anderen Ländern. Bewerber müssen neben den ausführlichen schriftlichen Bewerbungsunterlagen mindestens zwei Referenzen über Kinderbetreuung einreichen, einen Gesundheitstest ablegen, ein polizeiliches Führungszeugnis beantragen, zu einem persönlichen Gespräch kommen, Englischkenntnisse nachweisen – und nicht zuletzt bereit sein, ein ganzes Jahr in den USA zu bleiben.

Wenn man sich nun diese augenscheinlich hohen Hürden betrachtet, spricht einiges dagegen, dass ein Land mit diesen strengen Regularien ein für

Cultural Care Au Pair Schweiz
Haldenstrasse 4
6006 Luzern
Tel: +41 (0)44 – 250 41 06
Fax: +41 (0)41 417 4514
aupair.ch@culturalcare.com
www.culturalcare.ch

Cultural Care Au Pair Österreich	**Cultural Care Au Pair Deutschland**
Johannesgasse 16/7	Zimmerstraße 68
1010 Vienna	10117 Berlin
Tel: +43 (0) 1 230 00 90	Tel: +49.30.20347.400
Fax: +43 (0) 1 512 20 76	Fax: +49.30.20347.401
aupair.at@culturalcare.com	aupair.de@culturalcare.com
www.culturalcare.at	www.culturalcare.de
	Bürozeiten: 9–18 Uhr
	Gründungsjahr: 1989

Als Au Pair die USA entdecken!
Als Cultural Care Au Pair hast du die Chance Auslandserfahrung zu sammeln, deine Englischkenntnisse zu verbessern und dich persönlich weiterzuentwickeln. Du wirst ein wichtiger Teil einer amerikanischen Gastfamilie und verbringst die meiste Zeit mit den Kindern. Dafür erhältst du ein wöchentliches Taschengeld. Du triffst Freunde aus aller Welt und besuchst Kurse an einem amerikanischen College. Das Reisen darf aber nicht zu kurz kommen. Während zwei Wochen Urlaub und deinem Reisemonat am Ende des Au Pair Jahres, hast du Zeit die USA zu entdecken. Wenn du Lust auf Abwechslung hast, zwischen 18 und 26 Jahren alt bist und gut Englisch sprichst, kann es eigentlich schon los gehen.
Näheres unter www.culturalcare.com!

Spezialisierung auf: Au Pair in den USA

Vermittlungsgebühren: Länderabhängig, bitte unter www.culturalcare.com
   nachschauen

Verbandsmitgliedschaften: „Internationalen Au Pair Association (IAPA)"

alle Seiten erfolgreiches Programm durchführen könnte. Dies ist aber genau der Fall: Die USA haben das weltweit wohl größte Aupairprogramm mit mehr als 20.000 platzierten Aupairs pro Jahr und einem Anstieg von mehr als 85% in den letzten zehn Jahren. Natürlich hat die USA eine große Bevölkerungsschicht, die sich diese Kinderbetreuung leisten kann, aber dies ist nicht der einzige Grund, warum das Programm so erfolgreich ist. Denn auch andere Länder – wie zum Beispiel Deutschland – haben einen ungedeckten Bedarf an Aupairs, der aber aufgrund der undurchsichtigen Regeln des Programms und der unterschiedlichen Zuständigkeiten bei verschiedenen Ministerien oft nicht erfüllt werden kann.

Der Grund für den Erfolg in den USA liegt vielmehr darin, dass die Regierung entschieden hat, dass Aupair als kulturelles Austauschprogramm zu sehen ist, und es damit dem Außenministerium zugeordnet wird. Statt das Programm primär als eine Arbeitstätigkeit anzusehen, wurde der kulturelle Austausch zwischen der Familie und dem Aupair in den Vordergrund gestellt. Es wird speziell hervorgehoben, dass die Aupairs im Familienleben integriert werden sollen, um so die amerikanische Kultur im Alltag zu erleben. Gleichzeitig ermöglicht das Aupair der Familie den Zugang zu einer anderen Kultur und Sprache.

Das Visum, das die Aupairs vor der Abreise erhalten, beinhaltet die Arbeitserlaubnis, als Aupair in den USA tätig zu werden. Das Visum ist immer nur in Verbindung mit der *Sponsoring Organization* gültig, die die Verantwortung für das Aupair während des gesamten Aufenthalts trägt und so immer genau informiert sein muss, wo sich das Aupair aufhält.

Die Begründung für die positive Auswirkung der Ansiedlung des Programms im Außenministerium lässt sich damit erklären, dass es eines der Ziele des Ministeriums ist, das positive Bild der USA zu kommunizieren. Erfahrungen mit anderen Austauschprogrammen haben der Behörde gezeigt, dass junge Menschen, die eine längere Zeit in den USA leben, ein wesentlich besseres Bild Amerikas haben als ihre Altersgenossen, die noch nicht in Amerika waren. Hier stand insbesondere das seit dem 2. Weltkrieg erfolgreiche Schüleraustauschprogramm Pate. Es ist deshalb auch nicht verwunderlich, dass die größten Aupair-Agenturen vorher meist viele Jahre in diesem Programm tätig waren, und ihre Erfahrungen im interkulterellen Austausch einbringen konnten.

Das amerikanische Aupairmodell sorgt für ein sicheres, qualitativ hochwertiges Programm, von dem viele Länder lernen können, da es eine Balance zwischen Sicherheit, Transparenz und klaren Prozessen gefunden hat.«

Seit 2005 ist es auch möglich, lediglich als Sommer-Aupair zu arbeiten, d. h. drei Monate lang, meist von Mitte Mai bis Mitte September. Allerdings übersteigt das Interesse (noch) das Angebot der Plätze. Ferner gibt es die Möglichkeit, zu einem reduzierten Wochenstundenanteil (30 statt 45) zu arbeiten; dieses Konzept ist unter dem Namen »EduCare« bekannt. Allerdings existieren auch hier noch recht wenige Stellen.

Ganz neu ist die Möglichkeit, den Aufenthalt um sechs, neun oder zwölf Monate zu verlängern. Die Verlängerung ist nicht gastfamiliengebunden; d.h. man kann zwar in der bisherigen Gastfamilie bleiben, sich aber auch eine neue suchen. Die Verlängerung wird von der US-Partnerorganisation beim *US Department of State* beantragt.

Platzierungsschwerpunkt innerhalb der Vereinigten Staaten ist nach Auskunft der einschlägigen Vermittler die Ostküste; Süden, Mittelwesten, Nordwesten und Westküste spielen nur eine untergeordnete Rolle.

Gegenwärtig beschäftigen sich eine ganze Reihe von Stellen im deutschen Sprachraum mit der offiziellen Vermittlung von Aupairs in die Vereinigten Staaten. Bis auf EF (mit eigenem Betreuernetz in den USA) kooperieren jedoch alle mit in den USA offiziell anerkannten Organisationen.

Literatur

- »Abenteuer Au-Pair USA & Europa, Erlebnisberichte, Tips, Adressen«, Euro 15,90. Erhältlich über http://shop.interconnections.de.

Reiseportal

www.booktops.com
www.reisetops.com

Einreise- und Aufenthaltsbestimmungen

Die USA leisten sich ein aufwendiges Visa-System. Für nicht-touristische Besucher wichtig: das H-2B-Visum (»*Temporary Worker*«), das H-3-Visum (»*Trainee*«) und – wie für Aupairs – das J-1-Visum (»*Exchange visitor*«).

Wie oben erwähnt gilt in den USA die Aupairtätigkeit als Arbeit. Das Aupair kann daher nicht einfach mit einem Besuchervisum einreisen, sondern benötigt das Austauschbesuchervisum „J-1-Studentenvisum". Die Aufnahme einer Aupair-Tätigkeit *nach* der Einreise in die USA, etwa mit einem Besucher- oder Touristenvisum, ist nicht erlaubt und führt erfahrungsgemäß zu erheblichen Schwierigkeiten und zur Ausweisung.

Die für das J-Visum benötigten Unterlagen erhält man bei der vermittelnden Agentur, unter anderem auch das Formblatt DS 2019, das die in den USA ansässige Partnerorganisation beim US-Department beantragt. Mit den Unterlagen stellt man bei der Amerikanischen Botschaft in Deutschland den Visumsantrag. Den Termin dazu vereinbart man entweder telefonisch oder online (www.usembassy.de). Hier finden sich auch Informationen zu der Visa-Bearbeitungsgebühr, die vor dem Termin beglichen werden muss.

Folgende Unterlagen sind mitzunehmen:

- ✔ Formblatt DS 2019
- ✔ Formular DS-156, das auf der Website http://evisaforms.state.gov zu finden ist
- ✔ Formular DS-158 (Informationen über Kontaktpersonen), zu finden auf www.usembassy.de
- ✔ ggf. Formular DS-157 (nur für männliche Antragsteller)
- ✔ Einzahlungsbeleg über die Sicherheitsgebühr SEVIS (von der Agentur)
- ✔ Überweisungsbeleg über die Visa-Bearbeitungsgebühr
- ✔ Reisepass, der über die Dauer des Aufenthalts hinaus weitere sechs Monate gültig sein muss

✔ ein aktuelles Passbild (besondere Anforderungen dazu sind auf www.usembassy.de unter „Photo Requirements" zu finden Nachweis, dass man die USA nach dem geplanten Aufenthalt wieder verlässt

Wissenswertes

● *Notruf:* landesweit einheitliche Notrufnummer »911« für Polizei, Feuerwehr und Rettungsdienst. Auch Notfalltransporte ins nächste Krankenhaus sind kostenpflichtig!

● Telefonieren in die USA: 001 + Rufnummer ohne 0

● *Währung:* 1 US-Dollar (US-$) = 100 Cents (cts), entspricht momentan knapp 78 Eurocent

● *Zeitdifferenz:* von Ost nach West gelten folgende Zeitzonen: Atlantic Time (AT; MEZ – 5 Stunden), Eastern Time (ET; MEZ – 6 Stunden), Central Time (CT; MEZ – 7 Stunden), Mountain Time (MT; MEZ – 8 Stunden), Pacific Time (PT; MEZ – 9 Stunden) und Yukon Time (YT; MEZ – 10 Stunden)

Versicherungen

Üblicherweise ist eine Krankenversicherung in den Programmen der Agenturen im Preis mit inbegriffen. Man sollte jedoch die Leistungen der verschiedenen Agenturen miteinander vergleichen.

Bei jedem Arztbesuch ist eine Eigenbeteiligung an den Kosten fällig; diese schwankt von 30 bis 100 US-Dollar. Auch wer in die Notaufnahme eines Krankenhauses aufgenommen wird, zahlt anteilig mit. Augen- und Zahnbehandlungen, die nicht durch einen Unfall notwendig wurden, sind in der Regel nicht vom Versicherungsschutz gedeckt.

Es ist zu überlegen, eine Zusatzversicherung abzuschließen, die auch Haftpflichtschäden abdeckt und ca. 250 bis 500 US-Dollar kostet. Ferner ist auch der Abschluss einer speziellen Aupair-Versicherung von der Heimat aus erwägenswert, da diese weit höheren Versicherungsschutz gewährt.

Aupair-Bedingungen

Die Konditionen für ausländische Aupairs in den USA sind gesetzlich geregelt: Arbeitsleistung, Versicherung und Urlaubsansprüche sind ebenso festgeschrieben wie Taschengeld und Studienzuschuss regelmäßig Anpassungen an die gestiegenen Lebenshaltungskosten erfahren. Ganz gleich, mit welcher Austauschorganisation ein Aupair-Aufenthalt in den USA geplant ist – die Rahmenbedingungen sind für alle Aupairs gleich.

● 18–26 Jahre
● gültiger Führerschein der Klasse III
● polizeiliches Führungszeugnis
● *Arbeitszeit:* ganztägige Beschäftigung, d.h. 45 Std. / Woche; anderthalb Tage / Woche zur freien Verfügung.
● *Lohn:* derzeit 176,85 US-Dollar wöchentlich; ab Juli 2009 195,75 US-Doller pro Woche; (EduCare: derzeit 132,64 US-Doller pro Woche, ab Juli 2009 146,81 US$)
● *Aufenthalt:* zunächst zwölf Monate. Nach Beendigung der Tätigkeit darf man sich noch bis zu vier Wochen auf eigene Kosten in den USA aufhalten, um beispielsweise durch das Land zu reisen. In dieser Zeit darf allerdings keine Aus- und Wiedereinreise, etwa über ein Nachbar-

land, erfolgen. Verlängerung um bis zu zwölf Monate möglich. Programmbeginn ganzjährig.
- *Sonstiges:* meist kostenlose Teilnahme an einem zwei- bis viertägigen Vorbereitungsseminar vor der Abreise und / oder nach der Ankunft in den USA (teilweise wird auch hier ein Eigenanteil erhoben), Betreuung vor Ort während des gesamten Aufenthalt.

Erfahrungsberichte
I.
Sabrina war im Jahr 2000 das erste Mal in New York City und seither überzeugt, dass sie gerne mal für längere Zeit in den USA leben wollte. Gleich nach dem Abitur packte sie ihre Koffer und ging als neunzehnjähriges Aupair nach Illinois:
»Im Frühjahr entschied ich mich für eine Organisation und füllte alle erforderlichen Unterlagen aus. Im April, genau während meiner schriftlichen Prüfungen, meldete sich meine erste Gastfamilie per Telefon. Sie waren mir von Anfang an sympatisch und nach einem Tag Bedenkzeit entschied ich mich, mein Jahr in Illinois, in einen Vorort von Chicago, zu verbringen. Die Monate vergingen wie im Flug und es gab noch so Einiges zu tun: Der Besuch bei der Botschaft, das Verabschieden von Freunden und natürlich das Packen.«
Die erste Woche verbrachte Sabrina in einer Aupair-Trainingschool, wo sie Aupairs aus aller Welt kennen lernte.
»Wir wurden in Gruppen aufgeteilt und hatten täglich ca. acht Stunden Unterricht. Dort lernten wir alles Mögliche, was die Betreuung von Kindern angeht, wie zum Beispiel Windeln wechseln, Kinderlieder und wichtige Vokabeln, die man in der Schule nicht lernt, da sie speziell mit Kindern zu tun haben, aber auch ein paar Grundregeln der amerikanischen Erziehung. Dabei kam aber auch der Spaß nicht zu kurz, wie zum Beispiel bei einem Ausflug nach NYC oder dem gemeinsamen Essen in der Mensa. Je näher die Weiterreise rückte, desto mehr fieberte ich aber dem ersten Treffen mit meiner zukünftigen Gastfamilie entgegen. Auf dem Flug nach Chicago war ich sehr nervös, aber alle Bedenken waren wie weggeblasen, nachdem ich am Flughafen Willkommen geheißen wurde.«
Sabrinas Gastfamilie bestand aus ihrer Gastmutter, ihrem Gastvater und ihrem zu Beginn fünfjährigen Gastkind. Da ihre Gasteltern ganztags als Banker arbeiteten, waren Sabrinas Arbeitszeiten geregelt.
»Zu meinen Aufgaben zählte: morgens um 6 Uhr aufstehen, Frühstück machen, den Kleinen zum Schulbus bringen, der um viertel nach sieben direkt vor unserem Haus hielt, ihn um 14 Uhr von der Schule abholen, Hausaufgaben machen, ihn gegen 16 Uhr zum Sport fahren, und natürlich mit ihm spielen. Meine Gasteltern gingen jeden Morgen sehr früh zur Arbeit und kamen gegen 18 Uhr nach Hause. Mein Gastvater arbeitete von zu Hause aus und hatte sein Büro im Keller. Oft musste er jedoch auch für ein Meeting in die Stadt fahren oder sogar für ein paar Tage auf Geschäftsreise.«

Am Vormittag, während ihr Gastkind in der Schule war, ging Sabrina zwei- bis dreimal die Woche ins College, was sie als tollen Ausgleich zum Aupair-Alltag empfand. Man erlebte den amerikanischen "Schoolspirit" und konnte Kontakte zu gleichaltrigen Amerikanern schließen.

»Zu Beginn des ersten Semesters musste ich einen Englischtest ablegen, da ich nicht in einen Englischkurs für Fremdsprachige wollte. Mein Englisch war schon zu Beginn des Jahres recht gut, da ich 3 Jahre Englisch-Leistungskurs hatte. Der Test beinhaltete Hörverstehen, das Lesen und Verstehen von akademischen Texten und einen Sprachteil. Das Ergebnis war so gut, dass ich jeden beliebigen Collegekurs, den auch amerikanische Studenten machten, besuchen konnte. Ich entschied mich für einen "English Composition"-Kurs, da ich meine Englischkenntnisse noch weiter verbessern wollte. In dem Kurs behandelten wir Zeitungsartikel und Bücher, zu denen wir Reviews oder Essays schrieben. So kam es auch, dass ich die einzige Nicht- Amerikanerin in meinem Kurs war. Ich schloss die zwei Semester mit einem "A" und einem "B" ab, was einer 1 und einer 2 entspricht. Man kann wirklich sagen, dass es dort einfacher ist als in Deutschland, gute Leistungen zu erzielen, wenn man sich auch nur ein bisschen anstrengt.«

Babysitten musste Sabrina kaum, so dass sie an den Wochenenden meistens frei hatte und viel Zeit mit ihren Freundinnen verbringen konnte. Den Gasteltern war es wichtig, am Wochenende so viel Zeit mit ihrem Kind zu verbringen wie nur möglich.

»Nachwirkend kann ich wirklich sagen, dass dieses Jahr das Beste meines Lebens war. Natürlich gab es immer mal wieder Situationen, die nicht so erfreulich waren, wie zum Beispiel das Gefühl von Heimweh oder Frust mit den Gastkindern, und es gab auch Tage, die entmutigend sein konnten. Das alles ist aber schnell vergessen, wenn euer Gastkind das erste Mal "I love you!" zu euch sagt. «

II.

Milena entschied sich nach ihrer Ausbildung, für ein Jahr als Aupair in die USA zu gehen. Da sie Kinder gern hatte und ihrer Oma schon früh bei ihrer Tätigkeit als Tagesmutter geholfen hatte, war sie gleich überzeugt, dass Aupair das Richtige für sie sei.

»Ich wollte außerdem mal von zu Hause raus, was Neues sehen und die große, weite Welt entdecken. Als ich im Fernsehen eine Dokumentationsreihe über das Aupairjahr entdeckte, sah ich mich im Internet um und fand auch schnell eine Agentur. Ich bewarb mich, und dann ging auch alles recht schnell. Drei Monate vor meiner Abreise hatte ich eine tolle Familie aus dem Bundesstaat Pennsylvania, im Osten der USA, gefunden. Mit meiner Gastmutter hatte ich ein paarmal telefoniert, bevor ich abflog, und ich hatte einen sehr guten Eindruck von ihr. Somit freute ich mich riesig und konnte es kaum erwarten, dass die große Reise endlich losging.«

Mit einem doch etwas flauen Gefühl im Magen flog Milena aus Hamburg ab.

»Aber in dem Moment, in dem ich durch die Sicherheitsschleuse zum Gate ging, wurde mich prompt klar: "Milena, ab jetzt bist du ganz auf dich allein gestellt. Du beginnst nun ein neues Leben für ein Jahr!" – und ich konnte mich ab dem Moment wirklich freuen.«

Auch Milena besuchte eine Woche Kinderbetreuungskurse in Long Island, bevor es dann endgültig zu ihrer Familie ging. »Nach vier Stunden Busfahrt wurde ich freundlich von meiner Gastfamilie und dem derzeitigen Aupair, das auch aus Deutschlandkam, empfangen. Sie nahmen mich toll auf und ich fühlte mich sofort wohl. Ich hatte zwei Jungs im Alter von 3 und 9 Jahren als Gastkinder. Milena lebte sich schnell ein und fand neue Freunde, und auch in ihrer Gastfamilie gefiel es ihr immer besser.

»Natürlich gab es in all den Monaten auch mal Probleme; sie wurden aber meistens schnell gelöst, weil wir gleich darüber redeten. Im Großen und Ganzen hatte ich eine tolle Familie und sehr süße Kinder gefunden, die mich gleich als neues Familienmitglied aufnahmen.

Milena lernte die amerikanische Mentalität kennen und lieben, musste sich aber auch an einige Dinge erst mal gewöhnen.

»Das Leben hier ist ganz anders als in Deutschland. Die Amerikaner sind alle viel lockerer in ihrer Lebensweise und stets freundlich. Viele Dinge werden hier vereinfacht wie z. B das Einparken, das Einpacken von Lebensmitteln in Supermärkten an der Kasse, die Verkehrsregeln, etc. Trotz alldem fehlt mir meine Heimat Deutschland sehr. Das Essen hier z. B ist nicht ganz nach meinem Geschmack, und auch manche Einstellungen der Amerikaner kann ich nicht immer ganz nachvollziehen. Ich habe aber gelernt, diese zu respektieren; schließlich bin ich in einem anderen Land, wo eben eine andere Kultur herrscht.«

Ihre Schützlinge schloss Milena schnell ins Herz, und sie lenkten sie von ihrem Heimweh ab, das sie insbesondere in der Weihnachtszeit überkam. Auch die so ganz neuen weihnachtlichen Bräuche halfen ihr, das Heimweh zu überwinden. Am Ende des Jahres konnte Milena kaum glauben, wie schnell es verflogen war. Sie war sehr traurig, da ihre Familie zum Teil ihres Lebens geworden war.

Nützliche Adressen

... in Deutschland

Amerikanische Botschaft, T. 0900-1 85 00 55 (Vereinbarung von Terminen für Visa-Interviews, Mo-Fr 7-20 Uhr), http://german.germany.usembassy.gov

Amerika-Häuser,
✔ Berlin: www.initiative-amerika-haus-berlin.org
✔ Frankfurt: Staufenstr. 1, D-60323 Frankfurt / M., T. 069 97 14 48 28, F. 17 49 62, bibifran@usia.gov
✔ Hamburg: www.amerikazentrum.de
✔ Köln: www.amerikahaus-nrw.net
✔ Leipzig:Wilhelm-Seyffert-Str. 4, 04107 Leipzig, T. 0341 213 84 -25

/ -44, F. -43, ahlleip@usia.gov
✔ München: www.amerikahaus.de

Deutsch-Amerikanische Institute,
✔ Freiburg: www.carl-schurz-haus.de
✔ Heidelberg: www.dai-heidelberg.de
✔ Kiel: www.amerika-gesellschaft.de
✔ Nürnberg: www.dai-nuernberg.de
✔ Saarbrücken: www.dai-sb.de
✔ Tübingen: www.dai-tuebingen.de

Auswärtiges Amt, Koordinator für deutsch-amerikanische Zusammenarbeit, Am Werderschen Markt, 10117 Berlin, T. 030 20 18 60, www.auswaertiges-amt.government.de
Über jegliche Art von Austauschprogrammen zwischen Deutschland und den USA informiert die Broschüre »Wege in die USA« des Auswärtigen Amtes.

... in Österreich

Austrian-American Educational Commission, T. 0043 1 236 7878 0, F. 0043 1 236 7878 17

Amerikanische Botschaft,, F. 0043 1 512 58 35, embassy@usembassy.at, http://vienna.usembassy.gov

... in der Schweiz

Amerikanische Botschaft, T. 0041 (0)31 357 70 11, bernniv@state.gov, http://bern.usembassy.gov
Nur die Botschaft in Bern stellt Visa aus (Mo–Fr 9–11.30 Uhr): Infoline 0900 87 84 72

Intermundo (Council for the promotion of international exchange), T. 0041 (0)31 326 29 20, F. 0041 (0)31 326 29 23, info@intermundo.ch, www.intermundo.ch
Hier sind Informationen über Austauschprogramme erhältlich.

... und in den USA

US Travel and Tourism Administration, www.usa.gov/Citizen/Topics/Travel_Tourism/State_Tourism.shtml

---

AU-PAIR-BOX
Familien – Au Pairs – Agenturen

Beratung und gute Auswahl
Damit die Aufnahme eines Aupairs auch ein Erfolg wird ...
Hier finden Gastfamilien ihre Helfer für die Kinder und den Haushalt.

Sicherheit und Betreuung
Künftige Aupairs erhalten hier Beratung und die Gewissheit, über eine zuverlässige Agentur vermittelt zu werden.

www.au-pair-box.com

Index

A'nF – Au Pair and Family 155
ACT (Aust. Tourist Commission) ... 182
Agence Nationale pour L'Emploi ... 127
AIFS American Institute For
　Foreign Study 2
Aktion Bildungsinformation e.V. 19
Aktiv International Au Pair
　Vermittlung 13
Aliens Office 146
Allostop-Provoya 129
Amerika-Häuser 205
Amerikanische Botschaft 205
Arbeidsdirektoratet 157, 162
Association pour la Diffusion
　de la Pensée Française (ADPF) 129
Associazione Cattolica Internazionale
　al Servicio della Giovane (ACISJF) 153
Associazione Cattolica Internazionale
　al Servizio della Giovane / In Via .. 152
Atlantis (Norsk Stiftelse for
　Ungdomsutveksling) 163
Au-pair-Bundesarbeitsgemeinschaft
　IN VIA 67
Au Pair Agentur Alemania 107
Australische Botschaft 182
Auswärtiges Amt 206
Belgische Botschaft 109
Belgisches Haus Generalkonsulat ... 109
Botschaft der Niederlande 157
Botschaft von Island 149
Britische Botschaft 140-141
British Council 140-141
Bureau Voyage Jeunesse (BVJ) 129
Canadian Tourism Commission
　Deutschland 197
Central de Reservas e Información
　Internacional 174
Centre d'Information et de
　Documentation Jeunesse (CIDJ) ... 128
Centre international de Séjour 130
Centro Turistico 153
Comhaltas Ceoltóri Eireann 147
Council for Instruction of Finnish
　to Foreigners 119
Cultural Care Au Pair Deutschland .. 199
Cultural Care Au Pair Österreich 199
Cultural Care Au Pair Schweiz 199
Dänische Botschaft 114
Dänisches Fremdenverkehrsamt 114
Dänisches Kulturinstitut 114
Department of Foreign Affairs 146
Det Danske Kulturinstitut 114
Deutsch-Amerikanische Institute 206
Deutsch-Französisches Jugendwerk
　(DFJW) 128
Deutsch-griechischer Verein 134
Deutsch-Norwegische Freundschafts-
　gesellschaft 162
Deutsche Botschaft 127
Deutsches Jugendherbergswerk 130
Die Familienagentur GmbH 49
Dr. Frank Sprachen & Reisen GmbH . 43
ECAPS 12
Écoute 129
ENIT (Ente Nazionale Italiano
　per il Turismo) 152
European Committee for Au Pair
　Standards 12
Evangelische Christuskirche 129
Evangelische Kirchengemeinde
　zu Athen 134
Fédération Unie des Auberges de,
　Jeunesse (FUAJ) 130
Finnische Zentrale für Tourismus ... 118
Finnisches Wirtschafts- und
　Arbeitsministerium 118
Fischbacher 128
Folkeregistret 111, 114
Foyer international d'Accueil
　de Paris (FIAP) 130
Foyer Santa Maria dell'Anima 153
Französische Botschaft 127
Fremdenverkehrsamt v. Neuseeland . 188
Friends of Ireland Bern 146
GoAustralia 185
Griechische Botschaft 134
Gütegemeinschaft Au pair e.V. 29
Iceland Tourist Board 149

IHH 147
Institut Français 120, 128
Intermundo 206
International Catholic Society 141
Irish-Swiss Association 146
Irland Journal 146
Isländische Botschaft 149
Isländische Einwanderungsbehörde .. 149
Isländisches Fremdenverkehrsamt ... 149
Isländisches Generalkonsulat 149
Italienische Botschaft 152
Italienische Fremdenverkehrsämter . 152
Italienische Kulturinstitute 152
Kanadische Botschaft 197
Katholische Gemeinde 129, 134
KeyAupairs-China 83
Le Foyer international des Etudiants 130
Le Vasistas 129
Ligue Française des Auberges de
  Jeunesse 130
Maison de la France 127
Maison des Jeunes et de la Culture .. 130
Maison Internationale de la Jeunesse . 130
Marissal Bucher 128
Ministerie van Sociale Zaken 157
Ministerio del Interior 174
Ministero degli Affari Esteri 153
National Youth Council of Ireland .. 147
Nationalparks und Gedenkstätten ... 197
Netzwerk Irland e.V. 146
New Zealand Consulate-General 188
New Zealand Youth Hostel
  Association (YHA) 190
Niederländische Botschaft 157
Niederländisches Büro für Tourismus 157
Northern Territory Tourist
  Commission 187
Norwegische Botschaft 162
Norwegisches Fremdenverkehrsamt . 162
Office du Tourisme de Paris 128
Office du Tourisme des Cantons 109

Office Franco-Allemand pour
  la Jeunesse 127
Official Tourist Information 146
Palais de la Femme 130
Portugiesische Botschaft 164
Portugiesisches Amt für Touristik ... 165
Pro Aupair 79
Rathaus Reykjavík 149
Schweden-Werbung 168
Schwedische Botschaft 168
Secretaría General de Turismo 174
Service Canada 190
Servicio de Información 175
Servicio de Publicaciones del
  Ministerio de Cultura 175
Serviço de Estrangeiros 163, 165
SI – Svenska Institutet 169
Spanische Botschaft 171
Spanisches Kulturinstitut Cervantes . 174
Stepin GmbH 89
STF (Schwedischer Touristenverein) 169
Swedish Immigration Board 169
Swiss Benevolent Society 140
Swiss Club 141
TIVE (Oficina Nacional de Turismo
  e Intercambio para Jóvenes) 174
Tourism Canada 197
Tourist Information, Zentrale
  Reykjavík 149
TURESPANA 174
US Travel a. Tourism Administration . 206
Utlendingsdirektoratet 162
Verein für Internationale Jugend-
  arbeit e.V 99
Vereinigung der Österreicher 134
Vlaams Commissariaat-Generaal
  voor Toerisme 109
Wasteels 153
Young Women's Christian
  Association (YWCA) of Greece ... 134
Youth Information Centre 134